シリーズ・人間教育の探究④
梶田 叡一/浅田 匡/古川 治 監修

人間教育の教授学

一人ひとりの学びと育ちを支える

鎌田首治朗
角屋重樹
［編著］

ミネルヴァ書房

「シリーズ・人間教育の探究」刊行のことば

「シリーズ・人間教育の探究」として，全5巻を刊行することになりました。このシリーズの企画・編集・執筆・監修に参画した方々と，何度か直接に集まって議論をし，またメールや電話等で意見交換を重ねて来ました。そうした中で以下に述べるような点については，共通の願いとしているところです。

　教育の最終的な目標は，ともすれば忘れられがちになるが，人間としての在り方そのものを深く豊かな基盤を持つ主体的なものに育て上げることにある。そのためには，自らに与えられた生命を充実した形で送っていける〈我の世界〉を生きる力と，それぞれの個性を持って生きていく多様な人達と連携しつつ自らに与えられた社会的役割を果たしていける〈我々の世界〉を生きる力との双方を，十分に発揮できるところにまで導き，支援していくことが不可欠である。教育に関わる人達は，お互い，こうした基本認識を共通の基盤として連携連帯し，現在の複雑な状況において直面しているさまざまな問題の解決を図り，直面する多様な課題への取り組みを進めていかねばならない。

　あらためて言うまでもなく，科学技術が日進月歩する中で，経済や文化面を中心に社会のグローバル化が急速に進みつつあります。このためもあって今の子ども達は，日々増大する重要な知識や技能を，また絶えざる変化に対応する思考力や問題解決力を，どうしても身につけていかねばなりません。さらには，そうした学習への取り組みを生涯にわたって続けていくための自己教育力を涵養していくことも要請されています。こうした大きな期待に応えるための教育を，社会の総力を挙げて実現していかなくてはならないのが現代です。アクティブ・ラーニングが強調され，ICT 教育と GIGA スクール構想の推進が図られ，外国語教育と異文化理解教育を重視した国際教育の充実強化が推進される，等々の動きは当然至極のことと言って良いでしょう。

しかしながら，これだけでは「かけがえのない生命を与えられ，人間として充実した生を生きていく」べき個々の子どもを教育する視点としては，決定的に不充分であることを忘れてはなりません。新たな重要知識や技能を習得し，力強い思考力や問題解決力を身につけ，生涯にわたってそうした力の更新を図っていくことのできる自己学習の力を備えたとしても，それだけでは「有能な駒」でしかないのです。自分自身の身についた有能さを自分自身の判断で使いこなす主体としての力，「指し手」としての力が不可欠なのです。同時に，そうした判断を的確なもの，人間性豊かなものとするための主体としての成長・成熟が不可欠なのです。

　我々の志向する「人間教育」は，この意味における「主体としての力」の育成であり，「主体としての成長・成熟」の実現です。我が国の教育基本法が，制定当初から，そして改定された後も，「教育は人格の完成を目指し」と，その第1条にうたっているところを我々は何よりもまずこうした意味において受け止めたいと考えています。

　今回「人間教育の探究」シリーズ全5巻を刊行するのは，この意味での「人間教育」の重要性を，日本の教師や親をはじめとするすべての教育関係者が再確認すると同時に，「人間教育」に関係する従来の思想と実践を振り返り，そこから新たな示唆を得て，今後の日本の教育の在り方に本質的な方向づけを図りたいからであります。こうした刊行の願いを読者の方々に受け止めていただき，互いに問題意識を深め合うことができれば，と心から願っています。これによって，我々皆が深く願っている人間教育が，この社会における現実の動きとして，学校現場から教育委員会や学校法人にまで，また教員の養成と研修に当たる大学にまで，そして日本社会の津々浦々での教育にかかわる動きにまで，実り豊かな形で実現していくことを心から念願するものであります。

2020年10月

監修者を代表して　梶田叡一

人間教育の教授学
——一人ひとりの学びと育ちを支える——

目　次

第Ⅱ部　人間教育を具現する

プロローグ

人間教育の教授学（ペタゴジー）を追究して

鎌田首治朗

（1）人間教育の二つの面，人間教育の教授学の四つの目標

梶田（2016）によれば，人間教育は「教育によって何を実現するかという教育目標に関わる」面と「教育活動やカリキュラム，制度といった教育の具体的な在り方に関する」面の二つの面を持つ（175頁）。人間教育を教育目標の面からとらえれば，それは「『人間としての高次の成長・発達こそ教育の本来目指すところである』ということを強調する」ものであり，さらには「教育の具体的な在り方を『人間的な』ものへと是正していこうという志向として用いられてきた」ものである（梶田，2016，175頁）。

その上で梶田（2016）は，「課題の全てを尽くしたものではない」ことを断りながら人間教育を各学校で実際に実践していく上での具体的な手立てについて列挙している。それらは，人間教育の教授学を実践的に成立させる要素としてとらえることができる。すなわち，人間教育の教授学とは，下記の四つの教育目標の実現をめざし，絶えず指導を工夫し，PDCAサイクルを通して学習者の実態に迫り，その人間的，人格的な成長を本気で引き出そうとするものであるととらえることができる。

①主体的な力の育成

自分自身を知り，常に自分自身の主人公となり，自分の「実感・納得・本音」を大切に，それを拠り所にした思考・判断・表現ができる個の育成。

②自己をわかる力の育成

自己を多面的に理解し，しっかりとした自己概念を形成し，そうした自分自身を

自分のコンプレックスも含めてそのまま受容する態度の育成。

③自己成長を追究する力の育成

克己と自己統制の力を磨き，困難に挑戦し，学び続けようとする態度の育成。

④価値の深まりを追究する豊かな内面性の育成

文化（音楽，美術・工芸，文学，伝統文化等）に親しみ，自己内対話の時間を習慣化し，想像力や思考力，豊かな感覚，感性を磨き，自己をみつめ，自己を越える何かに対する畏敬の念を育み，価値の深化，創造を追究しようとする内面性の涵養。

（出所）梶田（2016）182-184頁，「人間教育を実現するための実践的手立てとして」をもとに筆者作成。

（2）「人間教育の教授学に示唆すること」は「日本の教育の在り方に示唆すること」

　人間教育の二つの面，人間教育の教授学の四つの教育目標は，「人格の完成」をめざす教育の目的からしても，平成29年版学習指導要領が育成すべき資質・能力の三つの柱の一つに「学びに向かう力・人間性等」を明記したことからしても，求められる日本の教育の方向性，在り方とほぼ同義であり，強化するものであり，その先を示すものでもある。とくにそれは，学習指導要領が重視している三つの資質・能力のうちの「学びを人生や社会に生かそうとする学びに向かう力・人間性等の涵養」において顕著である。

　学習指導要領が「学びに向かう力・人間性等」を資質・能力の柱として明記したことは，教育の目的である「人格の完成」に迫るためには大きな成果である。しかし，「人間性とは何なのか」「どう涵養するのか」ということについては，日本の学校と教師の大きな課題となっている。これに対して，前項での四つの教育目標からは，「学びに向かう力・人間性等の涵養」にどうアプローチするのかについての多くの示唆がある。たとえば，「人格の完成」のためには「自己成長を追究する」（③）個人の在り方が求められ，その在り方は「自己をわかる」（②）行為の連続の中で生まれ，鍛えられる。その行為は「自己成長を追究する」（③）目的意識によって進み，自己の主体性を大事にする個人の

在り方の中でこそ生まれ，磨かれる，ということもうかがえる。

　そもそも学校と教師が，または国が，学習者の人間性を規定したり，評価したりすることは難しい。その上，個人の内面世界の在り方をその個人以外の存在が規定するということは，その個人よりも自らの方が優秀であるというある種の傲慢さの現れともいえ，その個人を冒瀆することでもある。このような行為をした途端に，その規定は個人の主体性を犯し，個人の本音との乖離を生む危険性を高める。人間性をどうとらえるのかということは，その育成をめざす教師がこれを自分で考え，自分の解を出す主体的な行為であるといえる。このとき，人間性をどうとらえるかという教師の解に，その教師の人間性が現れる。

　学習指導要領の三つの資質・能力にある「人間性」を，その他の資質・能力と同列にとらえる誤りにも注意が必要である。「人間性」には，梶田（1994）等が述べる「達成目標，向上目標，体験目標」という「三つの目標類型」の「体験目標」に似た質が存在する（本シリーズ第1巻『人間教育の基本原理』「対談　人間教育とは何か」も参照のこと）。育てるためには時間的なスパンを長くとる必要があり，そのようにしても，指導と成果の関係性は不明瞭となる。このように先の見通せないことであっても，学習者の人間的な成長に必要な体験を実現することに，学校と教師はこだわることが求められる。指導と成果の関係が不明瞭であれば，追いかけるべきは一層，結果ではなく学習者をやる気にさせることであり，学ぶことを嫌いにさせないことである。そして，学習者が人間性を磨いていく環境や体験の保障，その教育的計画的組織にこだわり，その質の高まりを追いかけることである。評価においては，個人の人間性が以前に比べてどのように伸びたのかということに対して，深い理解と洞察のできる自分を磨き，つくることである。

　この点から，学校と教師が最も留意すべきことは，学習者に「人間性の涵養」を求める前に自らの人間性を高めていくこと，磨いていくことである。そのためには，いろいろな現象に現れる自分自身を見逃さず見つめ，自らの在り方を自問自答することである。この自己理解の努力なくして，水が自然にしみこむように少しずつ養い育てる「涵養」ということが，学習者に起こっていく

とは考えにくい。

　人間教育は，偏差値教育や体罰と対極にあり，人間的な成長をめざし，その
ための行為を学習者中心の立場に立ちきり，人間の発達と人生をふまえて人間
的に行うことをめざす。このことは，日本の教育とそこに生きた先達たちが，
大切にしてきた教育の本質であり，教育基本法で明記されている「人格の完
成」と重なることであった。学習指導要領が「人間性等の涵養」を打ち出した
今，日本の教育の目的や今後進むべき方向性は一層人間教育と重なった。この
実現のために，人間教育は「日本の教育の在り方」，日本の学校と教師の在り
方を大切に考える。日本中の学校と教師が「人格の完成」という教育の目的を
確かに深く受け止め，「人間性の涵養」の実現に向けて進むことなしには，学
習者に「人間としての高次の成長・発達」を保障し，「教育の具体的な在り方
を『人間的な』もの」にすることはかなわないからである。

　本書は，以上のような視点に立って，人間教育の教授学の在り方，すなわち
日本の教育が求める教授学の在り方を論じている。本書を通して，読者各位が
自らの授業改善の在り方，教師としての在り方，人生を生きる個人としての在
り方を考え，自分なりの生産的意味を生みだされることを願ってやまない。

引用・参考文献

梶田叡一（1994）『教育における評価の理論Ⅰ——学力観・評価観の転換』金子書房。
梶田叡一（2016）『人間教育のために——人間としての成長・成熟（Human Growth）を
　　目指して』金子書房。

第 I 部　人間教育の教授学の基本

第1章

学力保障と成長保障の両全とは

中山洋司

1　氷山の学力観

　梶田叡一は，日本教育界における学力観をめぐる議論の中で，社会がどのように変化しても自らが主体的に対応していけるような，「自己教育力の育成」を図っていく学力モデルとして氷山の学力観を提唱した（図1-1）。この考えは，子どもに付けさせるべき学力保障と成長保障の両全を簡潔に言い表したものである（梶田，1993）。

（1）見える学力と見えにくい学力

　梶田叡一は，人間が培う学力を海面に浮かんでいる氷山に喩え，海面の上に表出している部分を「見える学力」，海面下に隠されている部分を「見えにくい学力」とし，この二つの学力が調和よく培われることが必要だと強調している。

　「見える学力」は，客観的に可視化して測定しやすい学力である。具体的には，計算問題が解けるか否か，文章が書けるか否か，文言の意味を説明できるか否か，目的に応じた作品を完成できたか否か等，「知っている・知っていない」「わかる・わからない」「できた・できない」等が判断しやすい学力であり，「知識・理解」や「技能」といった能力分野が該当する。

　「見えにくい学力」は，単純にわかる・わからない，できた・できない等では測定ができない。それは，一人一人の内に体験する・育つ・形成するといっ

図 1-1　氷山の学力観
(出所) 梶田 (1993) より。

た内面的な要素を基にした学力だからである。具体的には,「思考力・判断力・表現力」や「関心・意欲・態度」等の能力分野が該当し,最近ではコミュニケーション力や共同・協調性,チームワーク力等も含む幅広いものである。

　この氷山の喩えは,水面に出ているわずかな「見える学力」を「見えにくい学力」がその海面下で膨大な質量として支えている。言い換えれば学力を高めようとするならば,成長保障の学力をもアップしなければならぬことになる。したがって学力保障と成長保障は,互いに相関関係があり,双方を獲得できるように授業を展開していかねばならない。ここに学力保障と成長保障の両全関係がある。

　なお,付け足しではあるが,氷山には姿・形・量など同じ物は一つもなく,それぞれが個性的である。人間も氷山と同様に,培う学力の一部が突出すれば,個性豊かな学力を備えた者へと成長していくと思われる。

（2）二つの学力を保障するために

　この二つの学力は,それぞれに特質がある。そのことを踏まえて教育実践を進めることが大切である。その特質の一つは,二つの学力に対する測定方法が異なっていることである。

　「知識・理解」や「技能」等の「見える学力」が習得されたか否かは,目標としている内容に対する形成的評価を行い,子どもの達成度から判断することができる。ところが「体験する・育つ・形成する」等の「見えにくい学力」は,個々人の内面に関する要素が多く含まれているため,テスト問題では測定しにくい。そこで目標とした内容が形成されたか否かを判断するには,学習途上や学習活動の結果表出されてくる子どもの兆し（兆候）を集積し,総合的に判断することが肝要である。「見えにくい学力」を,兆候を通して自分なりに判断することこそに,教師の力量が求められる。

　医師は,体内で起きている病を外に現れてきた一つの症状（兆候）だけでは

判断しない。医師は，患者からの症状をさまざまな角度から聞き出し，質問を加えながら徐々に絞り込みをする。さらに，患者の体に聴診器をあて体内の状況を診察し，時には血液検査も実施する。そして得られた兆候を基に分析・推論し，病気の有無や病状などを判断している。医師は，体内で起こっている異変は体外に兆しとして表出されることを，長い間の経験により知っているのである。

　「見えにくい学力」（成長目標の学力）は，一人一人の内面的な要素をもとにした学力である。その兆しはかならず外に現れてくると信じ，表出されてきた兆候から一人一人の学習者にどのような「見えにくい学力」が形成されたか否かを判断することである。

　第二に，二つの学力をより高めるには，「見える学力」には量の保障を，「見えにくい学力」には質の保障を加えることである。量の保障とは，たとえば計算ができるとしたとき，単純にできるだけでなく「数多くの問題を正確に」とか「正答までの時間を短縮する」といった，数量を条件に学力をより高めていくことである。「質の保障」とは，たとえば「チームワークをもって取り組める」を目標としたとき，その単元で形成されたチームワーク力を掃除や遊び・他教科等でも発揮できるようにすることである。すなわち，培われた力を他の場面にも転化して発揮していく，これが質の保障の考えである。

2　目標づくりと授業設計

　単元計画を完成し授業を実施するまでには，目標づくり・評価づくり・授業づくりの 3 点に力を注ぐことになる。その概略は図 1-2「学力保障と成長保障の両全をめざした授業設計の手順」に示している。

（1）単元計画における学力と成長の目標の設定
　まずは，学校教育目標を吟味することから始まる。学校教育目標は，それぞれの学校の実態を考慮した内容であり，学校・保護者・地域の実情と願いが集

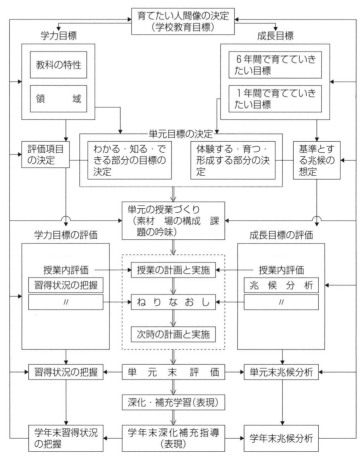

図1-2　学力保障と成長保障の両全をめざした授業設計の手順

（出所）筆者作成。

約されたものといえる。自校の教育目標を吟味することで，学校が教師と子ども
もに何を期待しているかが見えてくる。そして子どもの成長は，日々の教育実
践の積み重ねでなされていくので，とくに学校教育目標の吟味は育てていきた
い成長目標を決定するうえで重要なものとなる。

　次に単元計画を作成する。単元目標は，まず「～がわかる　～を知る　～が
できる」といった学習の結果，着実に習得させたい内容と，「～を体験する

〜が育つ　〜を形成する」といった，人間的成長や発達を促す内容に分けて吟味する。前者を学力目標，後者を成長目標とする。具体的には，次の手順で行う。

a）単元での「わかる・知る・できる」目標（学力目標）の設定手順

①　指導要領の目標（内容）等より，各領域ごとに小学校全学年を見通した「わかる・知る・できる」の目標を吟味する。

領域ごとに目標（内容）が，学年間ではどのような関連を持っているのか，またそれぞれの学年では，どこまでわかり・知り・できるとよいのか。領域がめざす最終的な目標はどこまでなのかなどを決定する。

②　単元で習得させる内容を決定し，目標分析表と評価項目づくりを行う。

実施する単元では，具体的に何を習得させていくのか，目標とする内容を吟味し決定する。内容は，文部科学省発行「指導要領（本体および概説）」や各実践書等からデータを集積し精査することを勧める。

目標とする内容を決定した後，目標分析表に配置する。目標分析表は，縦軸に内容レベル・横軸に能力レベルを置いた二次元のマトリックス表にする。作成にあたっては次のことに留意する。

・習得させる内容は，1項目1内容とし，他と重複しないようにする。

・習得させる内容は，それぞれ一つ一つに基礎基本の性格を持たせる。

・習得させる内容の表記は，能力レベルを踏まえた行動目標で記述する。

・習得させる内容の内で最も重要と思われる目標を「内容の核」と位置付ける。

目標分析表を作成した後，評価項目を検討することになる。評価項目を作成する場合は，次のことに留意する。

・各々の能力レベルを示す内容に対応した形成的テストを作成する。

・作成にあたっては，他の目標の内容や他の能力レベルが混在しないようにする。

・測定は，あくまでも目標とした個々の内容に達しているか否かの評価を心がけ，相対的評価はしない。

b）単元での「体験する・育つ・形成する」目標（成長目標）の設定手順

①　6年間または1年間を通して，育てていきたい「体験する・育つ・形成する」等の成長目標を吟味する。

　子どもの成長にかかわる目標（内容）は，教科の時間のみならずすべての教育活動を借りて行わなければ身に付くことは難しい。そのための目標は，教科・学級・学年を超え学校全体で設定することが望ましい。

②　単元で育てていきたい成長目標の内容を決定し，目標分析表に記述し，評価の方法などを想定する。

　実施する単元では，具体的にどのようなことを育てていきたいのか目標にする内容を吟味し決定する。内容が決定したら，学力目標と同様に目標分析表に配置する。目標とする内容を決めるとき次のことに留意する。

・単元を通して，とくに育ってほしい内容を目標とする。
・前単元まで子どもたちに何が育ち，何が育ち切っていないのかを見極める。まだ育ち切っていないことを本単元の内容としてもかまわない。
・目標とする内容は精査して少なくする。そして抽象的な表現を避け，具体的な行動となってイメージできるような表記を心がける。
・とくに重点的な内容を「育ちの核」とする。また，子どもそれぞれに個別の目標を設定してもかまわない。

　成長目標を決定した後，その目標に対応する教師の姿勢や評価方法等について検討する。具体的には，次の事項等を考慮して作成する。

・目標とした内容に対して，学習の結果，子どもに表れて欲しい兆候を想定する。
・各兆候を系列的に配置し，その中で達して欲しい基準を明らかにする。
・子どもを基準にまで高めるときに，「私は子どもと接するときこうでありたい」という，教師の姿勢（かまえ）を決める。
・子どもの兆候をどのような方法で収集するかを決める。

　以上のように成長目標の評価づくりのポイントは，子どもにかかわる教師の姿勢（かまえ）をしっかりと持ち，基準を明確に設定し，子どもから表れてく

表 1-1　成長保障の評価について

目　標	他人にたよらず，自分たちの力で学習を進めることができる。(育ちの核)
現れて欲しい兆候を想定する	・先生にヒントをもらって学習を進めることができる。 ・つまずいた場合，グループの友だちと相談して解決することができる。 ・実験方法や装置を自分たちで計画し，準備することができる。　(※) ・１回の実験で決定するのでなく，何回もデーターを取ることができる。 ・課題を自分たちで見つけてノートに記入できる。 ・先生に聞くことよりも，本などで調べてどのようにしたらよいかを摑める。 ・自分たちで実験に使用する材料を集めることができる。
現れて欲しい兆候の範囲と規準を決める（※について）	
教師の子どもへのかまえ（※について）	①理科室に備えている器具・用具は，目的に応じて自由に使用させる。 ②薬品は教師が準備する。他の物は子どもに任せる。 ③理科室にないもの，準備できないものについては，子どもの相談にのる。 ④前時に，各自が行う課題の設定と一人一人の考えを予測させる。
子どもの兆候の収集方法（※について）	①子どもの考えと実験方法・準備物が一致しているか否かを見極める。 ②他の物で代用しているかを見つけ，代用している場合はその理由を問う。 ③他のグループと自分が持ってきたものを貸したり借りたりしているかどうかを観察する。 ④授業の終わりに，友だちに助けてもらったことや思いやりを感じたことなどを，「振り返りメモ」に書かせる。

（出所）筆者作成。

る兆候を想定することである。表 1-1「成長保障の評価について」は，以上のようなプロセスに従ってつくられた事例である。

（2）本時中心主義から脱皮する単元計画を

　成長保障を進めるには，子どもが中心になって，主体的に創造的に学習活動を進めていくように単元計画を構成することが大事である。そのため次の事項

は必須条件となる。

・子どもそれぞれが，自分が取り組む課題を明確に持つ。

みんなの課題・私の課題といったように，クラス全員で解決すべき問題に対して自分が追求する課題を明確にして取り組む。

・学習時間をできる限り確保する。

個別の課題に沿って学ぶことが多くなる。そのため自分（たち）のペースで学ぶことができる時間を十分に確保する。

・幾度も繰り返しながら挑戦できることを認める。

課題解決のためにはやり直すことも認める。そして何度も繰り返し挑戦させながら納得する結論を導かせる。

　伝統的な授業は，1時間ごとに「導入・展開・まとめ」を基本に活動を行い，本時完結型を繰り返す単元構成をしている。しかし成長保障を進めていく授業は，子どもたちに学習の時間を確保させ十分に学ばせることが必須となる。そのためには本時中心主義の授業展開では十分に学べず，中途半端で終えることが多い。そこで1時間完結型から単元全体で「導入・展開・まとめ」という段階を設定し，学ぶ課題が鮮明になった後は，個々の子どものペースで十分に学んでいける時間を調整できる単元中心型の展開へと改めることが大切である。

3　子どもへのかかわり

　私たち教師は，日々子どもたちにかかわりながら教育実践を行っている。このかかわり方が子どもに学力と成長を保障する重要なポイントとなる。かかわり方とは，教師が学習活動中に子どもに接し具体的な学習支援をする様のことである。

　かかわりの仕方を決めるには，「子ども像」「かまえ」「手立て」の3方面から精査して決定し，子どもたちに丁寧に対応する（図1-3）。

①子ども像

　子ども像とは，「このような子に育てていきたい」「このような学力をつけさ

せていきたい」という，教育をするときの願いや
ねらいである。教育の目的は，子どもの自立であ
るから，絶えず子どもの自立の方向を意識するこ
とである。

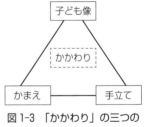

図1-3 「かかわり」の三つの観点
（出所）筆者作成。

②かまえ

　かまえとは，子どもにかかわるとき，「このよ
うな接し方はしない」「このようなことを留意し
ながら接する」と，自分がとり続ける基本的な姿
勢である。曖昧なかまえで対応すると，「人によって対応の仕方が違う」「えこ
ひいき」「気分屋」「優柔不断」等の反応が出て子どもたちに頼りない教師に映
る。

　教育とは，意識的・無意識的であろうとも，一人一人の子どもを，教え育ん
でいく営みである。そして子どもが学んだその結果，前の自分よりもよりよく
変わることである。よりよく変わることに躊躇させていたのでは教育は成り立
たない。かまえは，指導者としての基本的な姿勢である。かまえに沿って子ど
もに応じると，忍耐・洞察・辛抱・自己否定……等を乗り越えなければいけな
いいくつもの課題が生じてくる。中途半端を良しとするようでは教師には向か
ない。

　またかまえは，固執しすぎると「頑固・融通性がない教師」と捉えられ，効
果をあまり発しないこともある。子どもの置かれている状況を察知し，ある程
度の柔軟さをもって対応することである。かまえを決めるとき，つぎの二つを
考慮することである。

⑴子ども像を実現していくためのかまえであることを忘れない。

⑵かまえは，教師の心がけだけではだめである。子どもが困っていることに
　耳を傾け，解決のヒントになる具体的な方法（手立て）を前もって複数は
　準備しておくことである。

③手立て

子どもが壁にぶち当たっている場合，教師は手をこまねいていてはいけない。

相談に乗り，問題解決のための方法を示唆し，学習の支援をしていくのが教師の仕事である。手立てとは，子どもたちが自分（たち）で問題解決していけるように具体的に提示するものや方法のことである。したがって子どもに示す手立てには，次の条件が必要となる。

(1)子どもが自立して（教師の手から離れて）自分（たち）で学習を深めていけるものであること。

(2)手立てを使って学んだ結果，ねらいや願い（子ども像）が達成されていくものであること。

　手立てには，大きな手立てときめ細やかな手立てがある（図1-4）。大きな手立ては，子どもが単元の学習活動全体を通して主体的に学んでいけるような中心になる手立てである。そのため，次のような要素を含むように心がけて提示する。

(1)子どもが夢中になり，すこしでも長い時間活動できる手立てであること

(2)個人差に対応し，繰り返し何度も挑戦できる手立てであること

(3)新たな深い活動へと発展できる手立てであること

(4)より深い気づきをもたらす手立てであること

　きめ細やかな手立ては，学習活動が実際に行われている場面で個々の子どもに対応するために活用する手立てである（表1-2）。そのため個人のつまずきや理解度などの個人差に応じて施すこととなる。とくに個人を成長させる個人内評価を心がけることである。

　教師は，子どもにかかわるとき，まず子育ての理想（子ども像）を描くことである。そして一方的に教え込むのではなく，子どもに寄り添い（かまえ），子どもが自ら学びながら（手立て）習得し成長させていくことを主力とすべきである。自立した学びでなければ，成長保障と学力保障の両全は培われない。そのためにも，「子ども像」「かまえ」「手立て」を念頭に置き丁寧に対応することが重要である。

図1-4　大きな手立てときめ細やかな手立ての関係

（出所）筆者作成。

表1-2　きめ細やかな手立ての場面（例）

問題解決過程	主体的スキル	協同的スキル
①関心意欲	身近な社会や人，自然に対する興味・関心・意欲を持つ	
②問題発見	豊かな体験での気づきを通して問題を見つけ出す	豊かな体験での互いの気づきを出し合い，次時につなげる問題を見つけ出す
③課題設定	取り組むべき課題を決定し，具体的な学習計画を立てる	取り組むべき共通課題を見つけ出し，具体的な学習計画を立てる
④課題解決	実験・観察・調査等により適切に追求・解決を進める	実験・観察・調査等により，協力して適切に追求・解決を進める
⑤評価改善	取り組む内容・方法について適切に評価・改善を行う	互いに適切に評価し，他者の評価を受け入れ，学習改善に生かす
⑥発信表現	学習成果を適切かつ効果的に発信・表現する	学習成果を協力して適切かつ効果的に発信・表現する
⑦振り返り	学習全体を多角的に振り返り，自己と関連させて考える	学習全体を多角的に振り返り，自分たちと関連させて考える
⑧自　　信	自分自身について新たな良さを見つけ自信を育む	

（出所）筆者作成。

4　形成的評価を活用した授業展開と学力・成長保障

　以上の計画に基づいて授業を展開していくことになる。授業を展開していく
うえで大切なことは，形成的評価の機能である「教育活動の途上において，そ
の軌道修正や問題克服のための評価活動」を十分に活用し，子どもの学力目標
の習熟度状況と成長目標の形成状況を把握しながら進めることである。そのた
め優先すべきことは，一人一人の子どもに学力と成長を保障することをいつも
念頭に置くことである。そして授業を終えた後は，形成的評価を利用して子ど
もたちの実態から子ども分析を行い，新たな問題点を克服する方策を考え，軌
道修正すべきところは勇断をもって修正し，次時以降の授業を展開していくこ
とである。そして指導者は，単元で設定した目標を実現する強い意志を持って
指導するとともに，単元終了後の学習者の姿から，目標の妥当性を吟味するこ
とも忘れてはならない。
　学力と成長を保障するために実施する形成的評価は2種類ある。
　一つは授業を展開している最中に行う形成的評価である。この場合は，まず
授業を受けた子どもの実態を把握し，本時で目標としている内容がどの程度形
成されているかを掌握することである。そして次の展開をこのまま継続するか，
軌道修正を行って新たな展開をしていくかを判断し決定することになる。
　もう一つは，単元の終了時に行う形成評価である。この評価は，総括的な評
価といわれ，単元の学習活動を通して目標とした全内容のうち，何が習得され
何が形成されたかを判定するものである。そしてその結果を受けて深化補充学
習を行い，全員が学力と成長の目標を達成できるように努めることである。

（1）授業の途上での形成的評価

　学力目標に対しては，小テストやレポート等が授業途上で行う有効な評価方
法として活用されている。しかし毎回実施すると，テストのための授業との印
象を持たれるので留意する必要がある。

表1-3　情報収集と分析の手法

	情報収集の方法	分析の手法
教師の観察による方法	兆候の記録……目標に対応した学習者の行動記録を記述してデータを集める。 授業記録の見直し……録画・録音で再現して，子どもの行動を集める。	兆候分析 島づくり法
子ども自身の表現による方法	学習記録……学習ノートである。学習者の生の姿をとれるようにする。思考回路法などの発想法を取り入れる。 学習作文……単元や学年の終りに，学習を振り返って学んだこと・得たこと・感じたこと等を記述させる。 記入カード……１時間の終わりなどに，学習の振り返りとして書く。低学年では絵と説明を多用する。 作　品……製作物を観点を決めてチェックする。 データ黒板……黒板を学習者に解放する。そこに書かれたことをもとに，次の展開をする。	系列化法 マトリックス法
教師の準備した物に答えてもらう方法	形成的テスト……一つ一つの目標に対応して，テストを作成し，実施して情報を集める。 質問カード……その時間にとくに設定した目標がある時，あらかじめ質問事項を準備したカードを用意し，記述してもらう。	形成的テスト分析 目標対応分析法 パターン分析法

（出所）筆者作成。

　成長目標に対して，子どもの状況を把握する方法は多くあるが，子どもの内面を汲みとる分析手法等の開発が急がれている。ここでは，この点に焦点を合わせていくつかの方法を紹介する。

a）成長目標に対する子どもの状況を把握する方法

表1-3に子どもの状況を把握する方法を示している。

表1-4　マトリックス分析

	理由がない		
	考えつかない	予想を持っている	予想と方法がある
事実関係がない推測	わからない (A) 予想はつかない (K) どう考えても予想がつかない (K・G)	水に物の重さがかかっている／この下あたりに行ったのかも (A) 石全体の重さの半分位へる (K・N・S・A・T) 10g以下だと思う (K)／およそ8g〜10gぐらい (S) 物の重さが$\frac{1}{3}$ほどかわるのでは (H・I) だいたい水に対して3分の1位軽くなるのかもしれない／この分 (H)	
過去の経験した事実より推測している		それはたぶん入れた物の半分に近いと思う。でもそうしたら珍田さんのグループの30gから8gになったのはそになってしまう (K・T)	
前時までの観察事実より推測している		糸の入った所だけ軽くなる。糸の入った重りが10g なら1g位へると思う (S) 入れた物の重さの半分だと思う (Y・E・T・O) 軽くなった分だけ水の体積がふえる (S) 水のふえたところの半分だと思う／この分 ふえた所 (O・T) 重さは$\frac{1}{4}$〜$\frac{2}{4}$位へるだろう。山下君達と石の重さが50%位へったと言っていた。でも違う人もいたから (S)	ふえた水の量 = 石の半分／もとの水量／水の体積出に出てない部分／重さにでていない ふえた分だけ軽くなるんじゃないか／水 ふえるはじめ ここに重さがいく (Y・A・K・I)

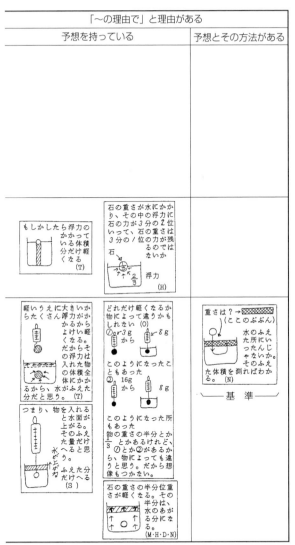

　第一の方法は，教師の観察により子どもの状況を把握することである。子どもの発言や行動がどのようであったかを記録しデータとする。方法としては，授業中に教師が記録用紙に記入する，写真・録画・音声記録等を利用することもできる。

　第二の方法は，子ども自身が学習の過程で学んだこと，学習の経過，考えたこと等を表現したものを利用する方法である。具体的には，ノート，学習の振り返り，自分の考えや解決方法，各種カードの記述，学習作文等がある。

　第三の方法は，形成的テストによるものである。形成的テスト問題は，主に「わかる・できる・知る」に対応して作成されている。「体験する・形成する・育つ」の目標に対応したものとしては，質問紙法や評定尺度法などをよく用いる。いずれにしても子どもの生の反応（兆候）を把握するように努める。

b）子どもの生の反応（兆候）を分析し，子どもの形成状況を探る

　目標にかかわる子どもの生のデータである兆候を集めた後，子どもに何がどのように形成されてきているのかを知るためにデータ分析を行う。具体的な分析方法は，表1-3の右側（分析の手法）に掲げてあるような島づくり法・系列化法・マトリックス法・目標対応（チェックリスト）分析法・パターン分析法等がある。そのうちの一つであるマトリックス法を用いた事例を紹介する。

　表1-4に掲げている事例は，「水の中に入れた物体が軽くなった。どのくらい軽くなるのだろう（4年理科)」という課題に対する子どもの予測をマトリックス法でまとめたものである。横軸には，予想に対して「考えつかない⇒予想はできた⇒予想と判定方法を考えている」という能力レベルを置いた。縦軸には，それぞれの予想が思い付きであるのか，それとも過去の学習経験に裏付けされているものであるのかなど，どうしてそのような予測をしたか根拠（内容レベル）の違いを置いている。私が考えている理科学習での予測では，小学校6年間を通して，「〜の理由から，このような予想をします。そしてその予想は〜の方法で実験し，〜の結果が出た場合判断できます」という現象予測ができる子どもに育てていきたいと願っている。表1-4では，この段階で基準に達しているのは1名である。基準への全員達成にはまだまだ程遠いという判断

をせざるを得ない。そして今後，予想を考えつくことができなかった子どもには，予想をすることができるようになるまで支援すること。予想はあっても方法まで考えつかなかった子どもには，確かめる方法を考え付くように相談に乗るなど，支援の仕方を再考し，かかわりの仕方を軌道修正する必要が生じている。このことは，マトリックス分析を行った結果からわかったことである。

（2）単元末の形成的評価と深化補充学習

　単元レベルでの形成的評価は，計画時に設定した学力目標と成長目標の全体について測定を行う。

a）学力目標に対する総括的評価と深化補充学習

　学力目標については，総括的評価を実施し，一人一人の子どもが何を習得し何が未習得であるのか習得状況を把握する。そして子どもたちを，習得・未収得状況が似ているいくつかのパターンに類別し，パターンごとに課題を設定し深化補充学習を実施する。

　深化学習は，習得状況が良好な子どもに行う学習で，発展的な課題を提示しより深い学びをさせる。補充学習は，目標到達の不十分な部分について行う補充的な学習である。主に今まで学んできたことの復習を中心に実施し学力目標が習得できるようにしていく。補充学習の進め方は，教師の直接指導や子どもたち同士で学びあうグループ学習等の形態をとる。また未習得状況が少ない子どもに対しては，補充学習をした後に深化学習を実施していく。

b）成長目標に対する単元レベルでの兆候分析と成長状況の把握

　単元レベルで成長目標が一人一人の子どもにどのように形成されているかについて知る方法は二つある。一つの方法は，各授業レベルで行ってきた兆候分析を一つにまとめ，時系列に従ってどのように成長目標が形成されてきたか，個人のポートフォリオを作成することである。

　もう一つは，単元の終了時に単元全体を通して何を学んだかについての作文を書き，自己分析を通した自己評価を行い，自己の内面に何が形成されてきているかに気づかせることである。

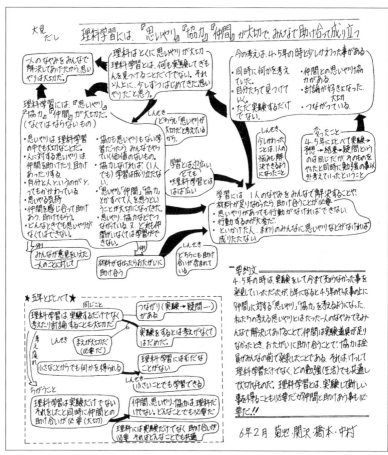

図1-5　「私の考える理科学習とは」のTKJ法分析

（出所）筆者資料。

　図1-5は，単元の終了時に「この単元の学びを通して考えた『私の考える理科学習とは』について書いてください」と投げかけて書いた作文を基にまとめたものである。その手順は，まず書いた作文の中で，それぞれの子どもが学んだ・育ったと思われる箇所に赤線を引き，1項目につき1枚のカードにデータ化する。そしてそのデータを基に，よく学んでいたグループごとにTKJ法で分析してまとめたものである。このグループは，理科の学習を「理科学習には，

『思いやり』『協力』『仲間』が大切で，みんなで助け合って成り立つ」と大見出しにまとめている。それぞれの子どもたちには，学習に関する人間的な成長についての価値観が醸成されてきたといえよう。

　このように単元末に行う深化補充学習を通して，一人一人の子どもたちにさらなる学力保障と成長保障の両全が確実なこととなる。

 さらに学びたい人のための図書

梶田叡一・小泉秀夫・中山洋司編（1987）『形成的評価による理科授業改革』明治図書出版。

　▶子どもが創る小学校理科授業を念頭に置いた実践書である。とくに成長目標をいかに設定するか，成長目標に対する情報収集の仕方や評価分析の仕方等について記載されている。

梶田叡一・植田稔編著（1976）『形成的評価による完全習得学習』明治図書出版。

　▶学力保障，とくに認知領域に的を絞り，形成的評価を取り入れた完全習得学習をめざした実践書である。目標分析・評価問題の作成方法・形成的評価の方法，そして深化補充学習までも含めた単元計画と実践が掲載されている。

引用・参考文献

梶田叡一（1993）「新しい学力観に立つ教育課程の創造と展開」小学校教育課程一般指導資料。

梶田叡一・小泉秀夫・中山洋司編（1987）『形成的評価による理科授業改革』明治図書出版。

第2章

個性を伸ばすとは

老松克博

1　個と個性

（1）個性という謎

　個性というのは，わかるようでわからない言葉である。ある人に特有な心理面・行動面での性質を指すのが一般的かもしれない。しかし，切れ目のない一塊の語「こせい」と考えずに，語の前半に重きを置いて「こ・せい」と捉えれば，ニュアンスはちがってくる。前者が周囲との差異に注目しているのに対して，後者は明確な自律性を強調しているように思われる。

　個性を意味する英単語は複数ある。personality, character, individuality などだが，英会話や英語論文でどれを使うか迷うことも多い。これらには，日常用語としても，諸領域の専門用語としても，相互の微妙な重なり合いと使い分けがある。「こせい」に近いのは personality か character, 「こ・せい」に近いのは individuality だろう。近年，個性をたいせつにする教育が推進されているが，個性とは何か，よく考えておく必要がある。

　ただ「個性をたいせつにする」だけなら，personality や character に関しても individuality に関しても可能かもしれない。ところが，「個性を伸ばす」となると，どうだろうか。personality や character は伸ばすということにあまりなじまない。一方，individuality なら伸ばせそうな気がする。「こせい」は目立つ箇所や不均衡な部分に焦点を絞っているが，自律性に関わる「こ・せい」はじつは，その人本来のすべての構成要素を揃えてこそ成り立つからである。

　その意味で,「こせい」と「こ・せい」は真反対の事態を含んでいる。真反対といえば,両者の間にはもう一つ対照的な特徴がある。前者はどこかから無意識のうちに現れ出てくるものの,ある程度は意図的に演出可能であるのに対して,後者は意識的に練り上げていく努力を要し,かつ意図的に演出することはできない。「こせい」と「こ・せい」の異同についての共通理解がないと,教育の現場における人の関係性の捉え方は混乱しやすくなる。

　たとえば,近頃の子どもや若者には個性が嫌われていると言われる。目立つと,いじめやからかいの対象になりやすいからである。また最近では,グループ内合意に基づく各人への個性(「キャラ」)の割り当てが流行しており,割り当てられたキャラに沿うかたちで棲み分けがなされることも多い。当人にすれば,特定のキャラを強いられるのは重荷だが,予定調和的に関わっていくための有用な仮面にもなっている。「個性」の位置付けはじつに複雑である。

（2）自由にして守られた空間

　子どもや若者の恐れているという「個性」は,基本的には,無意識のうちに現れ出てしまう「こせい」だろう。しかし,それが,意識的に練り上げられる「こ・せい」の価値まで汚染し,自律性の確立に対する不安へと拡大しているようである。一方,「キャラ」は,意図的に演出される「こせい」なのだが,その内側でひそかに「こ・せい」を練っていく隠れ蓑として機能しているところもないではないらしい。「個性を伸ばす」といっても一筋縄ではいかないことがわかる。

　人を成長させ個性を形成する,摩訶不思議な内なる力。その強大なエネルギーが障害物にぶつかると,何らかの問題や症状と化して姿を現すようになる。意識の関心を引き寄せて,みずからの存在を主張し,本来の流路を取り戻そうとするのである(ユング,1980)。

　たとえば,増加し続けている不登校。これもまた,現れ出てこようとする個性が妨げられた結果,あらわになってくる問題の一つとみなしうる。不登校の理由としては,いじめがよく挙げられる。実際,そういうことは多いだろう。

しかし，いじめもなく，当の本人や周囲に理由がわからない不登校も少なからずある。朝になると，なぜか熱発や腹痛などが起きて，登校できなくなってしまう。

　背景に何があるにせよ，引きこもって自身と向き合うことが必要になる。自宅や保健室や心理相談室はそのための場となりうる。そこは，物理的にも心理的にも，自由にして守られた空間（カルフ，1972）でなければならない。そうであれば，子どもは，きっちり必要な分だけ内向する（内向については次節であらためて説明するが，ここでは，心の奥へ奥へと意識を向けることと考えておいて欲しい）。

　すると，活動を妨げられていた内なる力は，本来のはたらきを取り戻す。そして，子どもを個へと成長させずにはおかない。この心の作業が，通常の教育の場ではうまくできないことがある。心の作業といっても，さして特別なことをするわけではない。内なる力の欲するがままにさせるだけ。それができた子どもは勝手に回復する。私たちが自由にして守られた空間を提供しなければならないのはそのためである。

2　心の成立ち

（1）外向／内向と個性化

　教育の場での心の作業がときとして難しいのはなぜか。一つの答えは，そこが基本的に外向的な場だからである。学校では集団の規範が重く，協調性が高く評価される。ひとりでいることはほとんど許されない。孤立もしくは排除として，負の価値付けをされてしまう。協調的な活動は教育上たいせつだが，否応なく求められる外向性はしばしばきわめて暴力的である。

　繰り返すが，個にとって内向は不可欠である。不登校や引きこもりは，子どもたちが不可欠な内向を取り戻すための最終手段となっている。もちろん，長期にわたる不登校や引きこもりは2次的な社会的ダメージも引き起こしやすい。子どもが適切な時期に安心して意味のある内向をできるよう，私たちはそのプ

ロセスの本質を認識しておく必要がある。

　内向を内気なことや気が小さいことと誤解している人が多い。この語を用いたのは，スイスの精神科医にして深層心理学者だったユング（Jung, C. G.）である。ユング（1986/1987）のいう内向とは，心的エネルギーが内へ内へと向かうこと，意識や関心や注意などが心の内側（内界）へ向かうことを意味する。その逆が外向で，意識や興味が外へ，すなわち周囲の現実の世界（外界）へ向かうことをいう。

　内向した心的エネルギーは，無意識の領域で変容を遂げる。その後，今度は外向に転じて，現実の外界での行動や在り方に変化を起こす。内向と外向の反転を繰り返すこうした心の成長のプロセスは，生涯にわたって続くことになるが，ユング（1991）はそのプロセスを個性化と呼んだ。

　個性化は，いわゆる個性的な人になることではない。個になることである。冒頭にも示唆したように，個になることが個性につながっていく。「こせい」にではなく，「こ・せい」に。そして，この意味での個性は，無意識との関係性と不可分である。子どもたちの内向の営みを理解し，個性を伸ばすことに力を貸すためには，無意識の成立ちを少し知っておくほうがよい。

（2）私というパラドックス

　心は意識と無意識から成っている。心＝意識と考えるのは大きなまちがいである。心の大部分を占めているのは無意識であり，意識は氷山の一角にすぎない（図 2-1）。意識の機能的な中心を自我と呼ぶ。いわゆる「私」である。赤ちゃんの成長を見ているとわかるように，人の心はもともと無意識的なものであり，そこに少しずつ意識の領域が成立してくる。

　意識ができたからといって，巨大な無意識の世界はなくならない。睡眠中には無意識の活動がよくわかる。私たちはそれを夢として経験する。夢のなかにも「私」はいる。ただし，意識は清明ではないため，昼間の覚醒している状態での「私」とはちがう。無意識の側の活発さとは対照的に，思ったように動けないし，的確な判断や思考をすることも困難である。

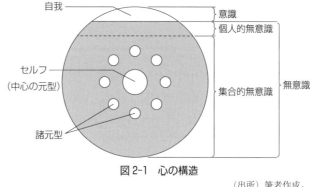

図 2-1　心の構造

（出所）筆者作成。

　ユング（1982）によれば，無意識には個人的な層と非個人的な層がある。前者を個人的無意識，後者を集合的無意識と呼ぶ。個人的無意識は，その人の個人的な経験の一部が意識の層からこぼれ落ちて形成される。だから，人によって内容がちがう。一方，集合的無意識は非個人的，超個人的な層であり，時代や場所に関係なく万人に共通の諸要素からできている。

　この「万人に共通の諸要素」は元型と呼ばれる。元型にはたくさんの種類があって，それぞれが，人間の心の動きに見られる変わることなき典型的パターンの源となっている。比較的わかりやすそうなのは，母親的な心の動きの範型（パターン）（母親元型），父親的な心の動きの範型（パターン）（父親元型）のほか，子ども元型，若者元型，男性元型，女性元型，老人元型などだろうか。ほかにも多種多様な元型があり，枚挙に暇がない。

　なかでも重要な元型がセルフである。自己という定訳もあるが，この和語はさまざまな含意で使われている言葉なので，混乱を避けるため，ここではあえて「セルフ」と呼ぼう。セルフは，中心の元型，元型のなかの元型とも言われ，集合的無意識の機能的中心である。自我はちっぽけな意識の中心にすぎない。それに対して，集合的無意識は心の大部分を占めているので，セルフは心全体の中心とほぼ一致する。つまり，私のほんとうの中心はセルフなのである。

　しかし，無意識の中心部分を知ることはまずできない。セルフは，私の一部でありながら，私にとって絶対的な他者である。心のはたらきのほぼすべてを

司っているのは，私の知らない私。なんというパラドックスだろう。そこには，人が個になることの難しさがあると同時に，個の実現という奇跡がおのずから起きてくる可能性が内包されている。

3　個性化のプロセス

（1）補償作用の妙

　無意識の最も重要なはたらきは補償作用にある（ユング，2009）。その差配をしているのが，ほかならぬセルフである。意識の中心としての自我は，心全体の考えや見方を代表してはいない。なにしろ，自我は無意識とちがって，ものごとを白／黒，善／悪，美／醜など二項対立的に捉えて判断しがちだからである。こうした両面のうちの一方は切り捨てられる。自我のこの偏った見方に対して，心全体を代表するセルフは，心的機能を総動員して異議を唱える。

　つまり，無意識は自我の偏りをカウンターバランスしようとする。この補償作用は，夢におけるメッセージとして現れたり，現実的な問題や病気，関係性における躓きなどのなかに姿を見せたりする。補償が成功すれば，自我の偏りは修正され，心は一つの全体として機能するようになるだろう。意識がめざしている方向と無意識がめざしている方向との対立が解消されるのだから。

　偏りのない全体性の実現に近づくことこそ，心の成長であり，個性化の目標である。個性化と全体性などというと，何か正反対のものを指しているように思われるかもしれない。そしてまた，集合的無意識の内容が万人に共通なら，心の全体性が実現されたあかつきには，誰もがたがいにまったくちがいのない没個性的な存在になってしまう，と危惧する向きもあるかもしれない。もっともな心配ではある。しかし，個は全体に等しい。

　個に相当する英語の言葉は individual である。この語は，分割（divide）できない（in-）ことを意味する。すなわち，個とは，もうそれ以上分割できない最小単位を表す。さらに分割しようものなら，断片でしかなくなってしまうわけである。逆に言えば，断片となる直前の最小単位には必要最小限の諸要素

がすべて揃っているのでなければならない。

　ここで考えておかなければならない重要な点。それは，私たちが何の気なしに「個性」と言うとき，おうおうにして，補償作用がはたらく前の偏った自我の価値観や言動を含意していることである。しかし，それは断片にすぎない。真の個性は，私という心の全体が発するものであり，自我（意識）と無意識，なかんずく集合的無意識があいまって醸し出すものである。

　それゆえ，個性を伸ばし確立していくには，無意識への眼差し，すなわち内向が欠かせない。補償をたいせつにする必要がある。そこを無視すると，ただの偏りを個性と誤解して後押ししてしまいかねない。真の個性の確立には，集合的無意識の中心たるセルフとのつながりがないといけないのだ。ところが，である。まさにそこにおいて，私はほんとうの私を知りえないというパラドックスが厳しく立ちはだかってくる。いったいどうしたらよいだろうか。

（2）螺旋の道を行く

　全体性を備えた個に伴っている特性という意味合いでの個性は，ユングのいう個性化の価値ある産物である。補償以前の偏りを伴う自我は，個性化していかなければならない。ただし，それが人の心の生涯にわたる成長のプロセスを意味する以上，個性化は，その人が生きているうちに完了することはない。したがって，真の個性の完成もまた，見はてぬ目標と考えるべきものである。

　個性化のプロセスは螺旋状に進む，とユング（2009）は言う。たとえば，高い塔の外側に壁に沿って螺旋状に階段がついているとしよう（図2-2）。この階段を登り続ければ，同じ側に回ってくるたびに同じ風景が目に入る。しかし，1周するごとに，同じ風景でも少しずつ変化してくる。視点が高くなるからである。高い分だけ，前よりも視野が広がり，さまざまなものの配置がいっそうよくわかるだろう。

　心の成長のプロセスでも，繰り返し同じテーマに出合うことになる。たとえば，母親的なものとの葛藤は一般に思春期に最高潮に達し，この時期，多くの人が自立と依存の間で揺れ動く。そして，そのうち，何らかのかたちでいった

んは収束する。しかし，この葛藤は，その後，何度も
甦ってくる。中年期には中年期にふさわしいかたち，
老年期には老年期にふさわしいかたちで。螺旋のプロ
セスとは言いえて妙である。

　ユングの螺旋階段には，もう一つ特徴がある。登れ
ば登るほど，中心軸に近づくことである。真上から見
れば，渦巻き状に中心に近づいていくさまがわかるだ
ろう。そこにセルフがある。すでに述べたように，生
きている間にこの中心に到達することはない。つねに
何かが欠けていたり過剰だったりするからである。と

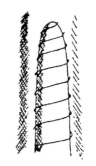

**図 2-2　個性化における
螺旋のプロセス**
（出所）ユング（2009）

はいえ，漸近線的に中心に近づき続けることはできる。たいせつなのは，セル
フの意識化そのものではない。たゆまぬ内向の作業である。

　個性化は，対立し合うものの合一を基本的図式として進む。つまるところ，
意識的なものと無意識的なものとの対立があり，その対立の解消を模索するよ
う生のプロセスは定められている。個性化の成否は，偏りのある自我が無意識
からの補償的メッセージをどう受け入れ続けるかにかかっている。補償はセル
フへの限りない接近を可能ならしめるだろう。そこに，個と個性の実現という
奇跡の生じる余地がある。

4　願わくは内なる社会福祉を

（1）事例——Aくんの箱庭療法から

　抽象的な話はこれくらいにして，一つの事例を提示しよう（ただし，プライ
バシー保護のため，要点しか述べられない。事実関係にも改変を施してある）。8歳
の男児，Aくんの主訴は不登校である。学校ではいじめも含めて目立った問題
はないが，家族関係には少し気がかりな点があった。いがみ合いが絶えず，誰
もが自分の葛藤を自分で抱えることを放棄しているのだった。

　Aくんには，週1回，遊戯療法の一種である箱庭療法を行った。一定の大き

図 2-3　初回の箱庭

図 2-4　2 回目の箱庭

図 2-5　開始 2 か月後の箱庭

さの浅い箱に砂が敷きつめてあり，そこにミニチュア・フィギュア（人間，動植物，怪獣，神仏，建物など，いろいろ用意してある）を置いたり，砂で造型したりして，自由に好きな場面を作ってもらうのである。Aくんは治療開始後およそ半年で登校可能となったが，念のため，さらに 1 年間のフォローアップをした。その間にAくんの個性化のプロセスは螺旋を 2 周したようである。

　図 2-3 は初回の箱庭である。これをAくんの心の様相の見取り図として眺めてみて欲しい。たくさんの樹木や動物が置かれ，さながらジャングルである。エネルギーはあふれているが，混沌としている。これに比べて，翌週，2 回目の作品はどうだろう（図 2-4）。やはりジャングルだが，動物たちの動きを見ると，心的エネルギーが一定方向に流れはじめたことがわかる。内向のはじまりである。

　図 2-5 は開始から 2 か月後の箱庭。中心の山の周囲で二つの軍勢が対立している。その後，ここに登場した諸要素は，紆余曲折を経て，各回ごとにいろいろな表情を見せる一つの山（中心軸）へと集約されていった。そして，開始か

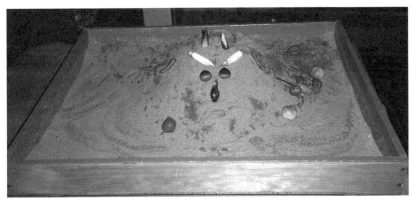

図2-6　開始半年後の箱庭

ら半年後の作品が図2-6である。野菜や果物，すなわち半年をかけた内向の作業の実りによって，勇ましい顔をした山が生まれ出てきた。

この時点で登校は再開された。ここから螺旋の2周目に入る。2周目のプロセスでは，1周目に現れたのと似てはいるが微妙に異なるイメージが連なっていった。最終回に作成された箱庭が図2-7。1周目の終わりと同じく，砂による造型に顔が加えら

図2-7　最終回の箱庭

れているのだが，今回は砂箱いっぱいに表現された鬼の顔である。いっそうの勇ましさもさることながら，顔がこうした3D的な平面として表現されるのは箱庭作品としては異例と言ってよい。

（2）適応の一面性

Aくんは，はじめのうちこそ個性のはっきりしない子だったが，不登校と心理療法によって内向するプロセスを経て，自律性を備えた個の断固たる成長を明瞭に見せた。家族の在り方にも否応なく相当な変化が生じたことは言うまで

もない。これらの変容と登校の再開は時を同じくしていた。対立し合うもの（ここでは，意識／無意識，Aくん／家族，家庭／学校など）の間には，両者を共存させるのみならず，そのもう一つ上に超え出させさえする，細い細い一本の道がある。個性化のプロセスにおいて見いだされる第三の道である。

　正しい内向の重要性を繰り返し述べてきたが，そればかりでは適応が損なわれるという声も聞こえてきそうである。ならば，適応とは何か。たいてい，「適応」という語は社会適応と同義に使われている。その「社会」はどこにある社会だろうか。「適応」の概念にも「社会」の概念にも，通常，外向的な視点しか入っていない。

　じつは，適応にも，外的なそれと内的なそれがある（ユング，2009）。外的適応，いわゆる社会適応がたいせつであることは言を俟たない。しかし，内的適応も同じくらい，いや，もっとたいせつである。なにしろ，すでに述べたように，とりわけ学校という集団の場では，外的適応のほうが重視されやすく，外向性の暴力が知らず知らずのうちに発生しやすいのだから。

　もうあらためて言うまでもないと思うが，内界という社会は，ほかでもない私たち自身の一部である。そして，文字どおり無意識的な領域であるがゆえに気づきにくいけれども，私たちはみな本来そこに属していた。そこには，セルフのように知りえない部分もあるし，夢のことを考えてみれば思い当たるように，内界を案内してくれたり，仲介，媒介をしてくれたりする者もいる。

　私たちの内界には広大な社会が広がっている。外界にあるのは，今ここにある現実的な社会だが，内的な社会はかなり様相がちがう。そこでは時間も空間も相対的である。遠い古代からはるかな未来まで，あらゆる時代の社会が重なり合って存在している。そして，私の今いる場所から宇宙の彼方までが一点に畳み込まれている。内界は外界より圧倒的に広い。

　それだけではない。内界には，外界に存在しえないものまで存在する。神や仏，魔物や怪物などもそこには棲んでいる。アトランティスもエデンもミッドガルドも高天原も竜宮城もあるのだ。自我には，外界の諸存在からと同じく，内界の諸存在からも多くの要求が来ている。自我は内界の無数の住民たちの福

祉も考えなければならない（老松，2014）。

5　個性を伸ばすということ

（1）個性の個性化を

　福祉を求めているのは外界だけではない。内界には意識が届きにくい分，外界に対して以上に住民の安寧に配慮する必要がある。不遇を託つそれら諸存在は，無意識の暗闇に意識の一条の光が射し込んでくることをせつに願っている。意識ないし自我が内的社会に適応していくためには，内界の諸存在からの訴えや求めに真摯に耳を傾けなければならない。

　周囲からの声を聞き，こちらの要求も聞いてもらう。外界においてであれ内界においてであれ，福祉と適応は表裏一体である。そして，外的適応と内的適応も不即不離。なんにしても，外的適応に腐心するあまり，内的適応を疎かにするのはいただけない。外的適応と内的適応のバランスがとれていることが不可欠である。

　外界に適応するためには，多くの場合，仮面が必要となる。素顔では適応しにくい。しかし，本来の仮面は，ただたんに不都合な素顔を隠してくれるというものではなく，周囲との関係性をつくるために有効な窓としても機能してくれる。たいせつなのは，仮面を仮面とわかっていること。役に立つものではあるが，やはり素顔とはちがうと知っていることである。

　外界に対して過剰適応の状態になると，仮面と素顔の区別がつきにくくなる。仮面がはずせなくなり，自分でも素顔を忘れてしまう。これは自己疎外と呼ばれる状態で，一般に恐れられている外界からの疎外よりも始末が悪い。素顔こそが内界とつながっているのだから，もはや個性どころではなくなってしまうのである。

　語の本来の意味での個性を伸ばすというのは，個が確立されていく動的なプロセスを促進することに等しい。すなわち，個性の個性化を促進することである。しかしながら，個の確立は，自我の確立のみを意味しない。繰り返しにな

るが，重要なのは，自我が外界とも内界とも良好な関係性を築き，心が一つの全体として機能できるようになることである。自我がお山の大将になっているようではいけない。

　自我の素性はといえば，心が，より正確に言うならその大部分を占めている無意識が，現実のあれこれに効率的に対処すべく生み出してこの世に送り出したエージェントである。セルフが本社なら，自我は支社。あくまでも，セルフのこの世の支社にすぎない。しかし，有能な自我は，しばしばそのことを忘れてしまう。自我は心全体のために活動しないといけない。それが内界の住民への福祉にもつながる。

（2）心理臨床からの知恵

　意識に対する福祉も，無意識に対する福祉もあってこそ，個という一つの全体が確立されていくのであり，そのプロセスのなかからほんとうの個性が輝き出てくることになる。では，個性を伸ばすためにできることは何か。心理臨床の領域で得られた知恵の一部が役に立つかもしれない。

　個性を伸ばすには，柔軟な自我を育てる必要がある。柔軟な自我は，自分の都合ばかりを考えず，外界の状況を見極め，同時に内界からの要求にも耳を傾ける。そして，無意識に対しては，現実の事情を含めてみずからの立場をよく説明し，主張すべきは主張して，譲るべきは譲る。ときには交換条件を出す。駆け引きを行うのである（老松，2004）。

　このような営みは，自我が自我としてしっかり機能していることを意味する。こうした自我による駆け引きを「折衝」という（ユング，2009）。意識には意識の立場があり，無意識には無意識の立場がある。自我は意識の立場を代表しながら，無意識と妥協できる落としどころ，和解できる一線を探っていく。

　折衝に関するトレーニングは，教育の場で簡単に行うことができる。折衝の要諦は，「なんとなく」や「苦しまぎれ」をできるだけ減らすことにある。まずは，所与の状況からの要求と自分の気持ちを両方よく見つめ，そのうえで今できることの選択肢を複数考える。そして，ベストと思われるものを，「だか

ら，私はこれこれこうするのだ」としっかり意識しながら一つだけ選び，実行に移す。それだけである。

　折衝はじつは特別なことではない。初対面の人と会って話をするようなときに誰でもおのずから折衝を行っていることは，少し内省してみるだけでわかる。折衝のトレーニングは，図工でも，習字でも，体育でも，討論でも，通常の授業中のやりとりでも，なにがしか表現や表出を伴う活動があるなら，どこででもできる。生徒指導の場ならなおさらだろう。学校はそのとき，すぐれた内向の場にもなる。

　ただし，よく考えて意識的にその選択をした以上，その結果には責任を持たないといけない。作品に現れ出てきた内容や相手から返ってきた反応に対して，それが肯定的なものであっても，否定的なものであっても，なかったことにしないことである。その前にした自分の選択や新たに湧き上がってきた今の気持ちと考え合わせて，次なる行動の選択肢を再び考えていく必要がある。

　かくして，外界／内界，意識／無意識といった容易ならざる対立のなかに，あるべき落としどころが多少とも探索される。たとえ，一時的な融和に終わるとしても，双方が手に手を携えて同じ方向をめざそうとすることの意義は大きい。なぜなら，そこにこそ，ほんとうの個性，ほんとうのその人自身の姿が立ち現れてくる可能性があるからである。

　本章で提示した事例は臨床におけるものであり，その技法をそのまま教育の場に持ち込んで使えるわけではない。しかし，あの箱庭療法のなかでなされたことも，つまるところ，折衝のトレーニングにほかならない。そのつもりでサポートしていれば，砂遊びにおいてさえ，個はおのずから現れ出てくる。こうした心理臨床の知恵を教育の場で応用する工夫がなされ，子どもたちの個性を伸ばすために少しでも活かされることを願いたい。

 さらに学びたい人のための図書

老松克博（2016）『**身体系個性化の深層心理学——あるアスリートのプロセスと対座する**』遠見書房。

▶本章で述べた折衝に関する心理臨床の知恵は，ユングのアクティヴ・イマジネーションと呼ばれる技法に由来する。その内容が具体的な事例で詳説されている。

ユング，C. G.／氏原寛・老松克博監訳（2009）『ヴィジョン・セミナー』創元社。

▶ユングがアクティヴ・イマジネーションの１事例を足かけ５年にわたって論じたセミナーの記録。ユング心理学の到達点を示す。

ユング，C. G. 他／河合隼雄監訳（1975）『人間と象徴　上／下』河出書房新社。

▶ユングとその高弟らによるユング心理学の入門書。ユング自身が一般人向けに書いた唯一の入門書として知られる。

引用・参考文献

老松克博（2004）『無意識と出会う（アクティヴ・イマジネーションの理論と実践①)』トランスビュー。

老松克博（2014）『人格系と発達系──〈対話〉の深層心理学』講談社選書メチエ。

カルフ，D. M.／河合隼雄監修，大原貢・山中康裕訳（1972）『カルフ箱庭療法』誠信書房。

ユング，C. G.／湯浅泰雄・定方昭夫訳（1980）「ヨーロッパの読者のための注解」『黄金の華の秘密』人文書院，31-111頁。

ユング，C. G.／野田倬訳（1982）『自我と無意識の関係』人文書院。

ユング，C. G.／佐藤正樹他訳（1986/1987）『心理学的類型Ⅰ／Ⅱ』人文書院。

ユング，C. G.／林道義訳（1991）「個性化過程の経験について」『個性化とマンダラ』みすず書房，71-148頁。

ユング，C. G.／氏原寛・老松克博監訳（2009）『ヴィジョン・セミナー』創元社。

第 3 章

人間教育を進めるために求められること
―― 教科学習を介して何を培うのか（目標分析と目標構造図）――

金澤孝夫

1　子どもの資質と能力の育成をめざす価値のある深い学びとは

　価値のある深い学びをさせるには，子どもたちの内に潜在するであろう資質と能力の育成に着手する必要があると考える。これは，子どもの内に秘めた可能性を，いかにして引き出すか，そこで展開される教育にかかっている。また，自らさまざまな課題を解決していく力は，どのような教育によって培っていくかである。

　その一つとして，2段階の学習方式の導入が考えられる。はじめに，マスタリーラーニング*を導入し，系統的・発見的授業の展開を行い完全習得させていくという学習指導である。ここでは，学力保障と成長保障がバランスよく指導され，形成的評価によるつまずきの発見と補習指導により，一人一人が個性豊かに生かされ，学び方を学び，全体の学力の向上をめざすことができるのである。

　次に，アクティブ・ラーニングを導入した課題解決学習の授業展開を行う。ここでは，単元の内容によって学習方法・学習形態を吟味していく必要があるが，子どもたちの主体的な学習活動を通して，課題の発見から解決に至るまで，繰り返し追究していく学習展開が考えられる。自ら進んで活動した学習が，子どもの資質と能力の育成に役立つと考えている。

　二つ目に体験学習である。体を通して得るさまざまな経験や新しい発見，創作や表現活動など，多岐にわたる繰り返しの学習が，多くの課題に自ら取り組

む姿勢を醸し出す。そこには，進んで何事にも挑戦しようとする学習意欲と主体的な学習活動が見られるようになる。そして，そこで学んだ知識や身に付いた技能を活用して，課題解決に至る学習を展開することができる。

　学び方を学び，自ら課題解決した喜びを感じ，体験を通して得た知識や技能を活用できたとき，子どもたちは達成感と充実感と満足感に浸ることができる。この繰り返しが，学習への自信となり，やがて，価値のある深い学びができるようになると考えている。

　　＊マスタリーラーニング：完全習得学習のこと。ブルームらによって提唱された授業づくりの方法であり，形成的評価を中心に，学習者の目標達成状況に応じた指導を行い，一定の教育内容を最小限最低限のものとして全ての学習者に習得させる学習のことである。日本では，梶田叡一が中心となって目標分析の手法を活用して提唱し，多くの学校で取り組まれたが，そこでは狭い意味での習得を超え，「学力保障と成長保障の両全」を実現するものとして位置付けられている。

2　ねらいとねがいを大切にした深く学べる授業の展開

（1）ねらいとねがいを大切にした授業の展開

　日々の授業では，どんな人間教育をしていくのか，問うことが少なくなっているように思う。各教科や教材に振り回され，今，この単元で，この本時の展開で，何を習得させていくのか，しっかりとしたねらいとねがいを持って指導できているだろうか。

　どんな単元にも到達させる目標がある。その目標に到達するには，授業設計づくりをしていく必要がある。まず，目標分析を行い各観点別学習能力の項目ごとに目標を分類する。次に目標構造図をつくる。前提目標・基礎目標・中核目標・発展目標にそれぞれ目標を分けていく。この構造図から，指導の構想が湧き，この単元のねらいとねがいがはっきりしてくる。そして，指導のための学習方式や学習方法が吟味され，どんな学力保障と成長保障を成し遂げていくことができるのか，明確になってくるのである。

　ここで大切なことは，レディネスの理解をしておくことである。教科・単元

の学習課題に入るとき，受講する子どもが，そこで学習する際の土台となる知識や技能を備えているか，前提能力を確認しておく必要がある。さらに，その学習課題に関して，子どもはどのような気持ちや興味の持ち方をしているのか，といった内面も理解しておく必要がある。

　この時点で学習方式・学習方法が決まり，具体的な指導順路案が作成でき，単元指導計画を組み立てていくことになる。そこでは，領域別学習内容の習得のための指導方法が決まり，本時の授業展開によって，各観点別学習能力も育成していくことができるのである。

　しかし，いきなりアクティブ・ラーニングによる課題解決学習というわけではない。学び方が学べているか，基礎・基本に当たる自ら学ぶ学習力が身に付いているかなど，人間教育をしていく上で，相応しい学力が身に付いているかどうか問われてくる。

　したがって，人間教育を進めるにあたって，その基本ともいえるマスタリーラーニングの学習方式が，ねらいとねがいを到達していける授業展開の中で，繰り返し行われていくことが大切であるといえるのである。

（2）マスタリーラーニングの学習方式が基本

　このマスタリーラーニングの学習方式が基本になって，アクティブ・ラーニングの展開が見られるようになり，やがて，価値のある深い学びへと学習指導が展開していくものと考えている（図3-1）。

（3）社会科の授業の展開における導入の工夫から

　たとえば，体験を通した発見学習から導入し，課題解決の方法を取り入れたのが，下記の社会科「郷土学習」の実践例である。

　郷土学習「仙台の町を探ろう」の実践から，ねがいとしては，郷土学習の学習の仕方を学んで欲しい。そして，ねらいとしては，「本物の地図に触れてその見方や使い方を理解する」という本時の中核目標の到達を考えている。そこで，次のような授業の導入を行った。

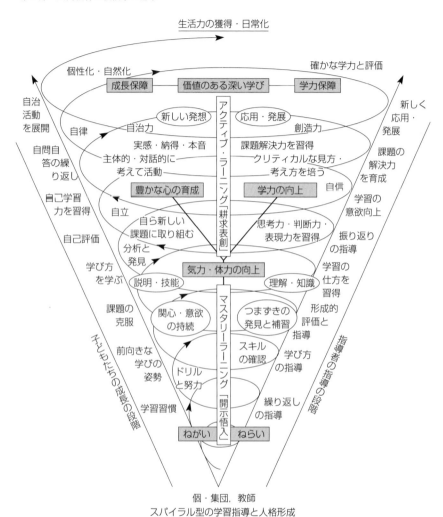

図 3-1　人間教育のための 2 段階の学習方式による人格形成図

（出所）筆者作成。

　この学習では，すでに小学１年生の「学校探検」の学習で床地図をつくり，「秋と遊ぼう」の学習では掛け地図をつくっていて，いずれも絵地図ではあるが，地図上での見方や使い方を体験している。この体験学習を基に前提目標を確認し，先で述べたように「ねらいとねがい」をはっきりさせて実践を行った。

　本時の展開は，小学２年生の「地図の導入のための学習」として以下のように展開した。授業の一部を抜粋してまとめた内容である（以下，Ｔ＝教師，Ｃ＝児童）。

　Ｔ：みんな，「社会」とは何だと思う。

　認知的領域によるゆさぶりをかける。

　Ｃ：ぼくは，人間がつくったものだと思います。（他の子も口々に発表する。）

　Ｔ：では，つくったものとはどんなものかな。

　Ｃ：私は，町をつくったと思います。

　Ｃ：ぼくは，住む家をつくったと思います。

　この後，次々に発表が続いた，町，家，道路，自転車，自動車，飛行機，船，店，ダム，食べ物，おもちゃ，衣服，名前，文房具，ランドセル等（板書より）。

　Ｔ：町についてみてみよう。みんなの住んでいる所はどこかな。

　Ｃ：仙台です。仙台市です。

　Ｔ：そうですね。（ここで仙台市の大地図を見せる。大歓声が起こる。）

　情意的領域のゆさぶりを行う。そのときの様子は，みんな黒板に寄って来て，自分の住んでいるところを探し，住所と地図を見比べて確認していた。「あっ私の家この辺やわ」と声が上がっていた。

　Ｔ：では，仙台市の周りってどうなっているのかな。（大地図２つ目，宮城県の地図を見せる。再び大歓声が起こる。）

　Ｃ：うわあ，仙台市が小さい。先生，この色は何ですか。

　Ｔ：地図の色ですか。良い質問ですね。赤が商店をあらわし，ピンクが住宅をあらわします。

　Ｃ：黄色はなんですか。

　Ｔ：黄色は山や丘をあらわしています。

　緑色や茶色など地図の見方を話し合いながら確認していった。

　Ｔ：では，宮城県の周りはどうなっているのでしょう。（日本全土の大地図を掲げ
　　　て見せる。大歓声とともに全員が掲げた地図の前に駆け寄ってきた。）

　驚きと感動でしばらく興奮がおさまらなかったが，地図を観察させながら，
見方や使い方を指導して席につかせた。ノートに「仙台市の町を探ろう」と書
かせて，「次は，仙台市について勉強します」と予告して終了した。

　こうして導入時に，大雑把な発問を用意し認知的なゆさぶりをかけ，本物の
地図に触れさせて，情意的なゆさぶりから関心・意欲を高めることができた。
こうして仙台市の郷土学習に取り組ませ，さまざまな課題を設定して，課題解
決学習の展開へ導いていきたいと考えて行った実践であった。

（4）数学科の授業設計づくり

　もう一つの例としては，算数・数学の力をどのように身に付けさせていくか
である。基本的には，ねらいとねがいをバランスよく習得させ，形成的評価を
行いながら，マスタリーラーニングで系統的に学習を積み上げていくことが多
いのだが，アクティブ・ラーニングから価値のある深い学びへと，学習を深め
る方式を導入するとすれば，どのような課題に取り組むときが相応しいのか考
えてみることにした。

　一番深めていける課題としては，証明問題に取り組ませることである。「証
明力」を鍛えるという姿勢が指導者側にあれば，学習が深い学びへと展開して
いけると思う。それには，「なぜ，このような解答になるのか」という疑問か
ら，過程を大切にする証明の教育を展開する必要がある。そのためには「課題
解決力」と「論理力」の育成が必要だと考えている。それは，「なぜ」という
問いかけと，「論理的に証明された解答」からの納得と，「自発による学習活
動」から得た課題解決の実感，これらが備わっていれば，アクティブ・ラーニ
ングを通して，価値のある深い学びができると思うからである。そう考えると，
算数・数学で行うさまざまな公式や方程式の証明，文章題の証明などが，課題

解決のための仮説・仮定・試行錯誤・発見・解明・解決へと学習を進めること
ができる。

　また，論理力を身に付けるための空間的・視覚的思考の学習展開や文章表現
的読解力が，算数・数学の学習を通して育成できると思う。

　したがって，アクティブ・ラーニングから価値のある深い学びに至るには，
知識の詰め込みではなく，ねらいとねがいをはっきりさせた授業設計のもとで，
学習展開していく必要があるといえるのである。

　以下は，その実践例として，中学 3 年生の教材より，数学「三平方の定理」
の授業設計案の一部を紹介したものである（資料3-1，3-2）。

　単元としては，11時間扱いで，三平方の定理の証明を考えさせて課題解決に
迫る。一年前倒しの教材として中学 2 年生で行った。

　授業は，ランゲージアート（言語技術）を導入した形式で進め，考えたこと
を振り返って言語化させることを大切に行ってきた。ランゲージアートでは，
つねに根拠を基に意見を述べることが求められる。したがって，「なぜ」とい
う問いかけに，根拠を基に的確に答えられる生徒に育ってきた。課題に対して
も結論→根拠→結論という「説明する型」は，そのまま証明に生かすことがで
きた。中学 2 年で学ぶ，さまざまな式による説明や図形の証明分野などで活用
していた。

　生徒は，一つの課題に対して多様な見方ができるようになってきているが，
発見したことや解明したことを伝え合う力が弱い。以上のことを前提として，
生徒自身が伝え合う場面を増やし，相手を意識して物事を表現できる力をつけ
ていきたい。解答は一つでも，さまざまなアプローチがあるという数学の良さ
に気づき，学んだことを一人だけのものとせず，互いに共有し合える技術と姿
勢を身に付けていきたい。そこで，直感力を大切にしながら，仮説を検証して
いく過程に重点を置いて，授業を展開していくことにした。

　到達目標　「ねがい」
　①　三平方の定理は非常にシンプルな定理でありながら，その証明にはさまざまな
　　　視点からのアプローチがあることを知り，数学に対する興味・関心を深めさせた

資料 3-1　目標分析表：「三平方の定理」中学 2 年生

学習事項	関心・意欲・態度	数学的思考力・見方や考え方	技　能	知識・理解
三平方の定理	・三平方の定理のいろいろな証明方法に関心を持ち，それらについて調べようとしている。 ・三平方の定理の逆について考えようとしている。	・三平方の定理を見いだし，それを証明することができる。 ・証明においてどのような性質や面積の関係が使われているかを考えることができる。 ・三平方の定理の証明においてどのような性質や面積の関係が使われているかを考えることができる。 ・三平方の定理をいろいろな性質を使って証明することができる。	・三平方の定理を，直角三角形の 3 辺の長さを用いた式であらわすことができる。 ・2 次方程式を解くことができる。 ・三平方の定理を利用して，直角三角形の辺の長さを求めることができる。 ・三角形が直角三角形であるかどうかを判断することができる。	・三平方の定理は，直角三角形の 3 辺の長さの関係をあらわしていることを理解している。 ・三平方の定理が証明できることを理解している。 ・直角三角形の斜辺を知っている。 ・三平方の定理の逆を知っている。 ・三平方の定理の逆を使うと，直角三角形であるかどうかを判断することができることを理解している。
三平方の定理の利用	・具体的な場面で三平方の定理が用いられることに関心を持つ。	・いろいろな図形の中に直角三角形を見いだし，辺の長さなどの求め方を考えることができる。 ・立体の断面図を考えることができる。 ・具体的な場面で，直角三角形を見いだし，三平方の定理を利用して問題を解決することができる。 ・複雑な図形の中に直角三角形を見いだし，三平方の定理を利用して問題を解決することができる。	・三平方の定理を利用していろいろな長さを求めることができる。 ・特別な直角三角形の 3 辺の比を利用して，いろいろな長さを求めることができる。 ・立体の展開図を書くことができる。	・正方形や正三角形の性質を理解している。 ・三平方の定理を利用するためには，図形の中に直角三角形を見いだせばよいことを理解している。 ・特別な直角三角形の 3 辺の比を理解している。 ・立体の体積の求め方を理解している。 ・三平方の定理が，身近なことがらなどいろいろな問題の解決に利用できることを理解している。

（出所）「第10回英智公開研究会実施要項」（冊子），2014年11月29日（土），Ⓐ。

資料 3-2　目標構造図：「三平方の定理」中学 2 年生

前提目標（R）	基礎目標（A）	中核目標（B）	発展目標（C）
	A1　三平方の定理は，直角三角形の 3 辺の長さの関係をあらわしていることを理解している。（知・理）		
	A2　三平方の定理が証明できることを理解している。（知・理）		
	A3　三平方の定理を見いだし，それを証明することができる。（考え方）		
	A4　三平方の定理のいろいろな証明方法に関心を持ち，それらについて調べようとしている。（関・意・態）		
R1　直角三角形の斜辺を知っている。（知・理）	A5　三平方の定理を，直角三角形の 3 辺の長さを用いた式であらわすことができる。（技能）	B1　三平方の定理の証明においてどのような性質や面積の関係が使われているかを考えることができる。（考え方）	C1　三平方の定理をいろいろな性質を使って証明することができる。（考え方）
R2　2 次方程式を解くことができる。（技能）	A6　三平方の定理を利用して，直角三角形の辺の長さを求めることができる。（技能）		
R3　三平方の定理の逆を知っている。（知・理）	A7　三平方の定理の逆について考えようとしている。（関・意・態）		
	A8　三平方の定理の逆を使うと，直角三角形であるかどうかを判断することができることを理解している。（知・理）		
R4　図形のさまざまな性質を知っている（知・理）	A9　証明においてどのような性質や面積の関係が使われているかを考えることができる。（考え方）		
	A10　三角形が直角三角形であるかどうかを判断することができる。（技能）		
R5　正方形や正三角形の性質を理解している。（知・理）	A11　三平方の定理を利用するためには，図形の中に直角三角形を見いだせばよいことを理解している。（知・理）	B2　いろいろな図形の中に直角三角形を見いだし，辺の長さなどの求め方を考えることができる。（考え方）	C2　複雑な図形の中に直角三角形を見いだし，三平方の定理を利用して問題を解決することができる。（考え方）
	A12　三平方の定理を利用していろいろな長さを求めることができる。（技能）		
	A13　特別な直角三角形の 3 辺の比を理解している。（知・理）		
R6　立体体積の求め方を理解している。（知・理）	A14　特別な直角三角形の 3 辺の比を利用して，いろいろな長さを求めることができる。（技能）	B3　具体的な場面で，直角三角形を見いだし，三平方の定理を利用して問題を解決することができる。（考え方）	
R7　立体の断面図を考えることができる（考え方）	A15　具体的な場面で三平方の定理が用いられることに関心を持つ。（関・意・態）		
R8　立体の展開図を書くことができる（技能）	A16　三平方の定理が，身近なことがらなどいろいろな問題の解決に利用できることを理解している。（知・理）		

（出所）資料 3-1 と同じ。

い。

② 三平方の定理の活用の幅の広さを知り，平面や空間において，必要な図を自分
で書いて問題を解決する力を身に付けさせたい。

③ 現実の場面の問題においても，状況を理想化・単純化することで，数学の問題
と捉えて解決を図る姿勢を身に付けさせたい。

「ねらい」

① 三平方の定理の意味を理解し，それが証明できることを知る。

② 三平方の定理を具体的な場面で活用することができる。

　以上の授業設計案では，目標構造図の，発展目標 C1「三平方の定理をいろ
いろな性質を使って証明することができる」が，数学的思考力，見方・考え方
の観点に見ることができる。この発展目標に到達させるために，前提目標・基
礎目標はもちろんのこと，中核目標 B1「三平方の定理の証明においてどのよ
うな性質や面積の関係が使われているかを考えることができる」を，しっかり
習得させていくことが大切である。ここでさまざまな学習の体験を通して，目
標への見方や考え方を吟味し，子どもたちが，自らよく考えて学習していける
ように，指導の構想を練る。そして，アクティブ・ラーニングによる展開を考
えて，学習指導計画を立てていく。

　こうして，算数・数学は，証明された解答から課題解決に至るような，学習
の展開をすることで，価値ある深い学びをさせていくことができるのである。

3　子どもが主体的・対話的に考え，活動できる学習指導の展開

（1）学習の指導段階を大切に

　何のために指導するのか，その目的がはっきりしているか，意識してその目
的に向かって指導しているのか。問われる所である。

　学習の段階で，導入時の課題提示と課題把握がとても大切である。学習の課
題が提示されたとき，その課題をしっかり把握せずに授業が始まってしまえば，
当然その授業への意識は低く，前向きに参加できなくなるであろう。

　指導者は，授業に対して「ねらいとねがい」をしっかり確認して臨まねばならない。授業中は，どのような活動をさせるのか，本時の課題を把握させ，調べたり考えたり体験させて，追求活動へ移行していかないと，授業は成立しない。したがって目標や課題がはっきりしていたら，全体の見通しを立て導入し，吟味した発問により子どもたちに何かできそうな気を起こさせる。見てみたい，聞いてみたい，調べてみたい，読んでみたいなど，学習意欲が高まり追求活動が始まるのである。

（2）インパクトのある発問から深い学びへ

　インパクトのある発問から授業は即興劇となって，子どもと指導者の生の脚本のないドラマの展開が繰り広げられる。第二，第三の発問でよく考え，話し合いさまざまな資料を持ち寄って調べ，見事に課題解決に至らしめる。こうして目標の到達に至ったとき，子どもたちは，歓声と感動と歓喜に包まれる。ここで得た達成感・充実感・満足感が，次への自信となり学習意欲をさらに高め持続させていくことになる。この学習指導がマスタリーラーニングとして繰り返し行われるならば，やがて，新しい課題の発見につながり，その課題を放っておかない子どもたちと指導者に育っていき，課題に対して自ら学習計画を立て，もっと調べたい，深めたい，体得したいと，主体的・対話的に考えて活動していくようになる。まさしくアクティブ・ラーニングの展開となっていくのである。

　課題の追求が探求となり，こうしたら解決できるのではないかと自問自答しながら，調べてみよう，聞いてみよう，実験・観察してみようと取り組むようになる。こうして学習を繰り返し深めていくなら，価値のある深い学びへと導かれていくものと考えている。

（3）主体的・対話的に考えて行動させるには

　図 3-2 にあるような指導の段階と学習の積み上げによって，目的が成し得ると考える。

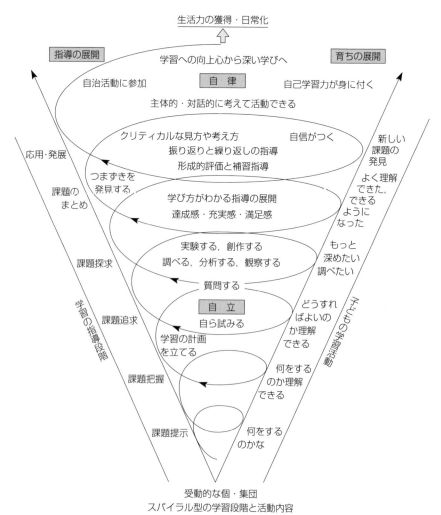

図3-2　主体的・対話的に考えて活動させる指導の段階と内容

（出所）筆者作成。

主体的・対話的に考えて活動できる子どもに育ってくれれば，さまざまな学習方法（発見学習・課題解決学習等）を取り入れて，授業を展開していくことができる。なかでも体験学習を重視して，日常化できる力や身のまわりを教材化できる力を培うことで，主体的に自ら取り組む姿勢が育ち，対話的に活動を展開していけるようになる。そこでは，何事も見逃さない目配り，人の気持ちを感じ取る心配り・気配りといった心情的な内面の育ちも培うことができるようになる。

（4）生活科の実践から応用・発展した学習

たとえば，小学1年生の生活科「秋と遊ぼう」の単元でのことである。

さまざまな学習を終えて，いよいよ校庭内の「秋のおすすめコース」を絵地図にして，掛け地図をつくっていたとき，一人の児童が「先生このマークは何のマークですか」と質問してきた。それは，ノートの端に載っている「グリーンマーク」であった。さっそく新しい課題として取り上げ，学級で話し合った。その結果，緑を大切にする運動としてこのマークを集めることになった。活動は，「グリーンマーク運動」と名付け，学校全体を動かすことになり，大がかりな取り組みに発展していった。学校中の子どもたちから協力を得て，そのマークは6千枚以上集めることができた。結果，3箱のダンボールに一杯つめられたさまざまな花の球根をいただくことができた。学校を花一杯にしようと球根を植えて活動は終了した。

皆で決めた目標を達成したとき，子どもたちは，充実感と満足感を得て自信をつけていく。そこに自立した姿を見るのである。このように学習する途上で起こり得る事象，新たな課題の発見や疑問等を，見逃さない・放っておかない子どもたちや指導者に，育っていることが大切だと思う。

この実践では，子どもの何気無い疑問を取り上げ，学級で話し合い「秋と遊ぼう」の学習から，緑を大切にという新たな課題に取り組むことになった。そこで大がかりな活動の展開となったが，見事に新たな教材化ができた。

その後，子どもたちの主体的な姿が見られ，毎日の掃除活動，牛乳パック集

資料3-3　目標分析表：「秋と遊ぼう」小学1年生

学習事項	関心・意欲・態度	思考・判断	観察・資料・技能・表現	知識・理解	体験目標
・校庭の様子はどうなっただろう。	・以前に見た自然の様子を思い浮かべ，季節によってどのように変化していくかを予想することができる。	・草木の葉の色がさまざまに変わっていることに気づく。 ・学校内の校庭でまわってみたい秋見つけのコースと活動計画を立てる。		・春・夏とは異なった生き物が見られることを知る。	・秋の校庭の木の実や落ち葉を集め，また，かわいい草木を見つけ，虫探しなどの活動ができる。
・校庭の秋を見つけよう。	・春・夏に学校探検で活動したことを思い出し，秋の校庭はどのように変わっているかを予想する。	・校庭で秋見つけのできるコースを選ぶ。	・グループごとに活動し，校庭で秋見つけの成果を発表することができる。		・自分たちの学習計画に基づいて，グループごとに秋見つけの活動を行う。 ・校庭へ行き，遊んだり，散歩する中で秋見つけを行い，季節の変化を体感する。 ・校庭で見つけた秋を発表しあい秋見つけの絵地図をつくる。 ・絵地図をつくる活動を通して，校庭の中で秋見つけのできるコースをつくることができる。

（出所）筆者資料より。

めのリサイクル運動，学校を綺麗にする早朝クリーン作戦，そして，毎朝のあいさつ運動など，さまざまな学校を良くする活動が展開して，日常化していったのである。

　次の資料3-3・3-4は，生活科1年「秋と遊ぼう」の授業設計案の一部を抜粋して記載したものである。応用・発展する前の学習である。

資料 3-4　目標構造図：「秋と遊ぼう」小学 1 年生

前提目標	基礎目標	中核目標	発展目標
R1　以前に見た自然の様子を思い浮かべ，季節によってどのように変化していくかを予想することができる。 　　　（関心・意欲）	A1　春・夏とは異なった生き物が見られることを知る。　　（知識・理解） ｜ A2　草木の葉の色がさまざまに変わっていることに気づく。　（思考・判断） A3　学校内の校庭でまわってみたい秋つけコースと活動計画を立てる。 　　　　　　　　　　（思考・判断）		
R2　春・夏に学校探検で活動したことを思い出し，秋の校庭はどのように変わっているかを予想する。（関心・意欲）	A4　秋の校庭の木の実や落ち葉を集め，また，かわいい草木を見つけ，虫探しなどの活動ができる。　　　（体験） A5　自分たちの学習計画に基づいて，グループごとに秋見つけ活動を行う。 　　　　　　　　　　　　（体験） ｜ A6　グループごとに活動し，校庭で秋見つけの成果を発表することができる。 　　　　　　　　　　（技能・表現）		
	A7　校庭へ行き，遊んだり，散歩する中で秋見つけを行い，季節の変化を体感する。　　　　　　　　　（体験） A8　校庭で見つけた秋を発表しあい秋見つけの絵地図をつくる。　　（体験） ｜ A9　校庭の中で秋見つけのできるコースを選ぶ。　　　（思考・判断）	B1　絵地図をつくる活動を通して，校庭の中で秋見つけのできるコースをつくることができる。　（体験）	

指導順路案　例1：「秋と遊ぼう」小学 1 年生
第 1 次　　第 1 時　　　　　R1―R2―A1―A2
第 2 次　　第 2 時～第 5 時　　A3―A4―A5
　　　　　第 6 時～第 9 時　　A6―A7―A8―A9―B1

（出所）筆者資料より。

目標分析を行い目標構造図を作成した。

中核目標 B1 を習得させるための指導計画を立て，グループ活動・体験学習を繰り返し展開し，観察力や表現力を育成した。

こうして応用・発展した授業では，「これは何か」「なぜこうなるのか」と出されてくる疑問を見逃さない子どもや教師がいて，アクティブ・ラーニングによる授業の展開からは，クリティカルな見方や考え方も育てていくことができると考えている。

（5）自治活動の盛んな児童・生徒会活動の実践

子どもたちが，主体的・対話的に考えて活動することが，学校生活の中に生かされていくことで，私たちがめざす人間教育を進めることができると思う。また，人間教育を進める学校とは，自治活動の盛んな学校であると考えている。したがって，いつも自分たちの学校を良くしようと自治的な活動を児童・生徒会を通して行っている学校では，何事も主体的に考えて活動していくことのできる児童・生徒が育っているといえる。

たとえば，小・中一貫学校の聖ウルスラ学院英智小・中学校では，児童・生徒会が発足して 3 年目，毎年行われる文化祭は，いつも高校と一緒に行ってきた。ある日代表の中学生から「自分たちの文化祭をさせて欲しい」と訴えがあった。学校は，これは素晴らしいと賞賛し，さっそく実施に当たるように伝えた。5・6 年の小学生と中学生が，一致団結して計画から準備に至るまで，すべて自分たちで考えて実行した事例である。テーマから各クラスの出し物，練習計画，プログラムづくりなど，当日を含めて一切の運営を児童・生徒会が中心になって行い，内容のある素晴らしい大成功の文化祭となった。多くの参加者から褒めていただき，児童・生徒の絆は，よりいっそう深まっていった。そんな中，代表の中学生から，来年の児童・生徒会は，会長・副会長を選挙で選びたいとの申し入れがあった。まさしく自治活動の始まりであった。学校にとってこれほど喜ばしいことはない。子どもたちの力で学校を良くしていこうという気運のあらわれである。後日，自分たちで選挙活動を計画し運営して，児

童・生徒会選挙運動を大成功させていた。来年の会長・副会長を児童・生徒の手で見事に選出していったのである。そして，各学級には意見箱が設置され，学級会活動も活発になり，学校全体が自治的な雰囲気となって，主体的・対話的に考えて活動できる児童・生徒に育っていった実践であった。

　その後，この児童・生徒会は，いじめ問題に取り組んだ。いじめをなくそうと話し合いを繰り返し行い，どうしたらいじめをなくせるのか，さまざまな課題に挑戦し解決していった。その結果を第11回英智公開研究会で発表したところ，文部科学省から声がかかり，再び発表の場をいただき講評を得たのであった。究極のところ，人間教育は，学校教育の中で価値のある深い学びをどのようにさせていくか，問われることになる。一人一人，今何をすべきか，目の前の課題に対して，主体的・対話的に考えて活動していくことのできる人づくりであることは，こうした実践からも間違いないといえるのである。

　見事な自治活動の中，いじめ問題に取り組んだこの勇気ある児童・生徒会に，そして，指導された先生方に，賞賛のエールを送りたい。

4　指導者の授業力を向上させる

（1）今，指導者に求められていること

　教育現場は，「すべて指導者で決まる」といっても過言ではない。「子どもにとって，最大の教育環境は教師自身である」とは，私の恩師の言葉である。

　人間教育を進めるに当たって指導者に求められることは，授業力をどのように身に付けていくかである。まず，用意された教科・教材を研究し，それぞれに備わっている目標・学習指導法・教育評価を一体化させた中で吟味して，その単元に相応しい授業設計案をつくっていくことである。そして，指導者が，日々の実践を通して，授業力を向上させていくことが望ましいと考えている。

　授業設計づくりでは，単元の目標分析と目標構造図づくりが，授業を創る鍵となることから，それぞれの教科に網羅された単元の目標を見直し，教材研究を深めて授業設計を行っていく必要がある。

　教材研究は，単元の内容を熟読して読み取り，そこに網羅されている領域別学習内容の目標を，学習項目ごとに並び替え，観点別学習能力の項目に分類していくのである。表にしてあらわしてみると，その単元で到達させたい領域別学習内容の目標が，それぞれ観点別学習能力の目標となってあらわされていることがわかる。この段階が，単元の目標分析の完成したときである。

　次に，この目標分析をもとに前提・基礎・中核・発展のそれぞれの目標に分け，どんなはたらきがある目標なのかを考えて，そのつながりから構造図をつくっていく。こうしてつくられたのが単元目標構造図である。この段階で，それぞれの目標のつながりから指導の順路が見えてくる。とくに到達させたい中核目標を確認するとともに，どのような学習方式，また学習方法で単元指導計画をつくっていくか，考えていくことになる。

　こうしてつくられた授業設計案を基に，授業の実践を積み重ねていくことで，授業力は身に付いていくのである。

　また，授業設計づくりをしていると，指導の構想が続々と浮かび上がってくることを経験するが，このとき，指導者には指導意欲が湧き，子どもたちとの具体的な学習活動が思い描かれ，授業をシミュレーションすることができる。このシミュレーションできた授業の展開が，現場でも実践し成功したとき，またそのような授業が繰り返し行われることで得た充実感や達成感が，大きな自信となる。さらに創意工夫した授業を展開することができ，学習指導力が身に付いて授業力として備わるものと考えている。

（2）国語科の授業設計づくりと実践——アクティブ・ラーニングの授業をめざして

　資料3-5・3-6は，国語科の説明文の分析を通した，課題解決学習の授業をめざして作成されたものである。ここでは，その授業設計案の一部を紹介する。

　国語科授業設計案　小学6年生

　はじめに（レディネス）

　小・中一貫の本校（聖ウルスラ学院英智小・中学校）では，「ことばの学校」をめざし「ことばの力」を育んでいる。そのため従来の「国語」の時間に加え「ラン

資料 3-5　目標分析表：「「持続可能な社会」への取り組みについて調べよう」小学 6 年生

学習事項	国語への関心・意欲・態度	話す・聞く力	書く能力	読む能力	言語についての知識・理解・技能
1．説明文を読む	・エネルギー問題に関心を持って読み，進んで感想や筆者の主張に対する意見を出そうとしている。			・資料や具体例の示し方に注意しながら，筆者の意見を読み取っている。	・新出漢字を正しく読んだり書いたりしている。
2．エネルギー問題について調べ学習をし，プレゼンテーションの構成を考える	・必要な情報を得るために進んで複数の資料で調べようとしている。	・伝えたいことをはっきりさせながら，話し合いの手順に沿って計画的に話し合っている。	・目的に応じて適切な資料を選び，効果的に活用している。 ・伝えたいことを明確に表現するために構成を考えている。 ・資料の示し方や具体例の挙げ方を工夫してプレゼンテーションの構成を考えている。	・複数の資料を分析し情報を得ている。	・話し言葉と書き言葉の違いに意識を向けている。
3．プレゼンテーションをする	・聞き手の理解や同意を得るプレゼンテーションをしようとしている。	・話し手の意図を捉えながら聞き，自分の意見と比べる等して考えを深めている。	・プレゼンテーションを通して，深まった自分の考えを文章にまとめている。	・提示された資料を分析し，正しく読み取っている。	

(出所)「第10回英智公開研究会実施要項」(冊子)，2014年11月29日（土)，Ⓑ。

ゲージアート（言語技術)」を学んでいる。この時間では「ことばによってあらわされた他者の考えや想いを十分に理解する力」「相手の立場や考えを尊重しながら，自分の考えをことばによって適切に表現する力」を身に付けさせ，論理的思考力と表現力の向上をめざしている。

　今回の授業は，説明文の分析・読解の学習に終わらず，環境問題について，課題

の発見やそれに対する対策などを考え，それらを聞き手に伝えるといった発展的な学習である。

　これまで学んできた「情報の分析」「説明」の技術を活かして授業を実践したい。

単元　「持続可能な社会」への取り組みについて調べよう」

　　　「未来に生かす自然のエネルギー」

牛山　泉（東京書籍『新しい国語6下』）

到達目標　「ねがい」

　説明文の分析を通して筆者の意見を読み取り，それに対する自分の考えを持たせたい。また，社会におけるエネルギー問題について関心を持たせ，目的に応じた方法で調べたり，資料を活用したりする力を付けさせたい。さらに，聞き手を納得させたり，聞き手の気持ちを変えさせたりするようなプレゼンテーションの仕方を習得させたい。

「ねらい」

① 　資料や具体例に注意して，文章構成をつかみ，筆者の意見を読み取ることができる。

② 　聞き手の理解や同意を得るプレゼンテーションができる。

③ 　話し手の意図を捉えながら聞き，自分の意見と比べる等して考えを深めることができる。

　この授業設計案から読み取れることは，学習方式が，明らかにアクティブ・ラーニングへの挑戦となっているということである。

　それは，資料3-6目標構造図の中核目標（B1，B2）に到達した上で，発展的に学習を展開していこうとしているからである。そして，その意図が，はっきりした発展目標（C1，C2）があることでわかる。さらに，ねらいとねがいからもわかるように，説明文の分析から，その内容をプレゼンテーションして伝達させ，自分の意見と比べて考えを深めさせるなど，まさしくアクティブ・ラーニングとして授業を組んで展開しようとしていることがわかる。

　こうした実践からわかるように，授業力を向上させるには，指導者の授業に対する前向きな姿勢と，子どもの資質や能力を引き出す授業設計力が備わって

資料3-6　目標構造図：「「持続可能な社会」への取り組みについて調べよう」小学6年生

前提目標 R	基礎目標 A	中核目標 B	発展目標 C
R1 新出漢字を正しく読んだり書いたりしている。	A1 資料や具体例の示し方に注意しながら、筆者の意見を読み取っている。		
	A2 伝えたいことをはっきりさせながら、話し合いの手順に沿って計画的に話し合っている。	B1 資料の示し方や具体例の挙げ方を工夫してプレゼンテーションの構成を考えている。	C1 話し手の意図を捉えながら聞き、自分の意見と比べる等して考えを深めている。
R2 エネルギー問題に関心を持って読み、進んで感想や筆者の主張に対する意見を出そうとしている。	A3 複数の資料を分析し情報を得ている。		
	A4 話し言葉と書き言葉の違いに意識を向けている。	B2 聞き手の理解や同意を得るプレゼンテーションをしようとしている。	C2 プレゼンテーションを通して、深まった自分の考えを文章にまとめている。
R3 必要な情報を得るために進んで複数の資料で調べようとしている。	A5 目的に応じて適切な資料を選び、効果的に活用している。		
	A6 伝えたいことを明確に表現するために構成を考えている。		
	A7 提示された資料を分析し、正しく読み取っている。		

（出所）資料3-5と同じ。

いることが重要だということである。そして、学習指導力・学級経営力が伴えば、2段階の学習方式からめざす授業を展開していくことができる。したがって、授業力も身に付いてくるのである。

（3）教師の立場から見た指導の一考察

　図3-3は，教師の立場から見た指導の段階を一考察したものである。

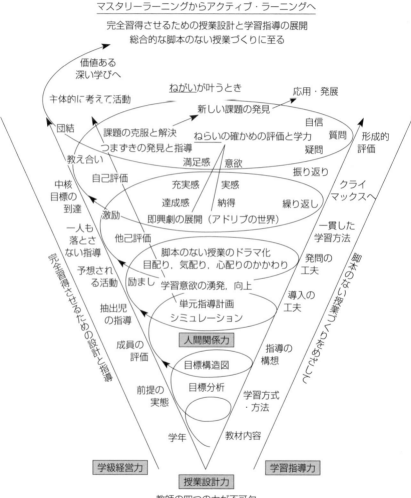

図 3-3　教師の立場から見た指導の一考察

（出所）筆者作成。

5　教科学習で価値のある深い学びを

　人間教育を進めるためには，各教科の特色を生かした2段階の学習方式によって，子どもたちを価値ある深い学びへと導いていくことが，指導者に要求されている。

　そのためには，授業設計する力と学習指導する力を持ち合わせている必要がある。なぜなら，日々の授業が，子どもにとって価値のある学習内容となって展開していなくてはならないからである。その授業には，ねらいとねがいがあって，今日は何を学ばせるのか，中核目標がはっきりしていることが大切である。そして，指導の構想が湧き，計画された学習内容の指導が，授業として展開されている。また，その授業では，子どもたちが持ち合わせている知識や技能が反映され，発揮されて，主体的・対話的に考えて活動していける授業の展開となっている。こうして，そこで得たこと学んだことが，課題の解決に至り，さらに新しい発見につながっていくような，学習の展開が望まれるのである。

　展開される授業には，計画はあっても脚本はない。すべて指導者の発問から，即興的に授業が始まる。その授業で子どもたちの資質が生かされ，一人一人の能力の開花が見られるとき，ドラマ化された授業となり，本時の中核目標にせまっていく。そこでは，本音が飛びかい，実感と納得があって，まさしく脚本のない授業が，即興のドラマとなって展開し課題の解決に至る。

　子どもたちは，感動の中で学びの喜びを体得し，達成感と充実感と満足感に浸って終了していく。そのとき，わかった・できた・もっとしてみたいと，学習意欲が高まり持続する。その繰り返しの授業が行われていけば，学習への大きな自信となって，子どもたちの姿にあらわれてくる。その姿とは，気力・体力を培い，豊かな心を育み，学力の向上を勝ち得た姿である。

　このような授業の展開が，やがてすべての教科学習を通して行われるならば，価値のある深い学びとなり，子どもたちの身に付いていくものと考える。そこに人格の形成を見ることができるならば，「人間教育を進めるために求められ

ること」の答えがあるように思う。

 さらに学びたい人のための図書

梶田叡一（1986/2016復刻）『形成的な評価のために』明治図書出版。

▶著者が提言する教育の成果にこだわり，真の学力を育てるためには，教師の授業力を向上させていかなくてはならない。その糧となる本である。

梶田叡一（2016）『人間教育のために』金子書房。

▶今の教育現場で，人間をどのように教育していけばよいのか，人間としての成長，成熟をめざす指導について，本書から学ぶことができる。

梶田叡一（2017）『教師力の再興』文渓堂。

▶どうして教師は「尊敬」されなくなったのか。今の教師に求められるのは，使命感と指導力を培い，責任感のある指導者をめざすことであり，本書ではその根本理念を学ぶことができる。

引用・参考文献

「第10回英智公開研究会実施要項」（冊子），2014年11月29日（土），

Ⓐ．聖ウルスラ学院英智小・中学校，数学科授業設計案：教諭・田村奈緒子。

Ⓑ．聖ウルスラ学院英智小・中学校，国語科授業設計案：教諭・早坂愛。

第 **4** 章

子どもにとっての授業の意味を考える

遠藤野ゆり

1　希望としての授業

　尾木（2012）が「『学び』という希望」と述べるように，教育は，希望を生み出すものとして語られることが多い。他方で，社会学者の山田昌弘は，教育格差を含む社会格差が，自分の将来にやる気や意欲を抱く「希望」そのものを失わせてしまう，とも指摘する（山田，2007）。いずれにせよ，両者からいえるのは，教育は，そしてその中核となる授業は，教師と子どもとに希望をもたらす何らかの作用を備えているはずだ，ということである。

　その作用は，多様であろう。たとえば高い学歴を得ることで，将来の展望が開けること。教師や同級生らと意見を交わし合う中で，教室が自分の「居場所」になること。しかし授業における最も根源的な希望とは，人口に膾炙した表現ではあるが，わかることそのものの喜びではないだろうか。本章では，二つの授業実践から，子どもにとって授業が希望になるとはどういうことなのかを考えたい。

　最初に考えたいのは，「わかる」瞬間の子どもの姿である。筆者は，約2年間にわたり，ある小学校で，毎週1日授業を参観させていただいていたことがある。以下は，その小学校の6年生のクラスで生じた，他愛のない日常的な授業風景である。このクラスの子どもたちの大半は，半年後に中学受験を控えており，5年生の後半からは，学校や塾での成績が頻繁に話題になるなど，子どもたち同士の関係においても，また授業中も，ピリピリとした雰囲気が漂って

いた。以下の場面に出てくるマモル君（仮名）もまた，中学受験を控えた一人だ。小柄で線の細い，ふだんは比較的おとなしい男の子である。

「$\frac{3}{5} \times \frac{25}{7}$ の計算を工夫してやろう」。先生が呼びかける。前時の授業で，ある子どもが，分母同士，分子同士をかけて $(3 \times 25) \div (5 \times 7)$ をしてから約分をするのではなく，先に25と5を約分してよいはずだ，と主張した。ところが，それは「塾で習ったから」であって，理由はよくわからない。そこで先生は，「ちゃんと理由を考えて」とみんなに投げかけた。子どもたちはしばらく，思い思いに考えたり，他の子と話し合ったりしていた。そんな中，だらりと机にもたれて一人で考え込んでいたマモル君は，通りかかった私を見ると，「遠藤先生〔＝筆者〕，ヒントちょうだい」と，困ったように訴えてくる。「もしもこれが，$\frac{25}{5} \times \frac{3}{7}$ だったら，わかるよ，約分できる。でも，ななめに約分できるって，そんなのある？」というマモル君に，「ふーん，そうだね，入れ替えられたら簡単だよね。掛け算で，ねえ」，と私は意味深にうなずいた。その瞬間にマモル君は，「あっ」と叫んだ。そして，勢いよく私を見返し，「だめ，先生，答え言っちゃだめ，なんかわかるかも，ダメだよ」と興奮気味に言うと，まわりの子どもたちが興味深そうにのぞき込むのも振り払って，勢いよく机に向かって何かを書きだした。そして，小柄な体で躍り上がりながら，「わかった！」と叫んだ。

　この場面でマモル君は，筆者にヒントを求めている。マモル君自身，先に約分する方法を塾で習っており，その理由をこれまで考えたことがなかったようだ。この時点でマモル君は，受験を控えた神経質さからか，すぐに「正解」を知りたくて，筆者に質問しているようにも見えた。しかし，もともとカンの良いマモル君は，筆者の言葉に，考えるとっかかりを得たのだろう。マモル君は，はっと緊張する。そして，「わかるかもしれない」と興奮する。このように，わかることとは，まず，未知のものに惹きつけられそこに向かっていく，内的な躍動だといえる。

　このとき着目したいのは，変化するのが内面だけではない，ということである。内面の変化と呼応するがごとく，マモル君の身体もまた，弛緩から緊張，

そして躍動へ，と変化する。わかることそのものが，授業の受け手の内面と身体を未知の何かへと向けて突き動かしていくのだ。授業における希望とはこのように，いまだ知らぬ何かを知ろうとして，自らの思考と身体が未知の未来へと突き動かされていくという，ダイナミズムそのものであろう。

　と同時に，もう一つ見逃してはならない変化がある。それは，「だめ，言っちゃだめ」と制止することで，マモル君は，答えを筆者に教えてもらうことを拒んでいる，ということだ。それまでは，人から答えを聞いてでも早く解くことを願っていたのに，ここでマモル君は，自分の力で答えにたどり着きたい，というのである。このことに典型的に見られるように，わかろうとするまさにその瞬間，人は，他者に手渡していた問題を，自分自身のものとする。

2　授業が希望でなくなるとき

（1）わかる喜びのない授業

　上述の場面のような話し合いを中心とした授業であれ，教師主導の授業であれ，授業は基本的に，子どもたちの「わかった」という喜びの産出を企図している。つまり授業は，子どもたちに「未知の未来へ向かいたい」という希望，そして，「問題を我がことにしたい」という希望そのものを生み出す場だといえる。

　しかしながら，実際の授業では必ずしも，こうしたポジティブなことが生じるとはかぎらない。次に，ある高校の国語授業の様子から，問題が我がことにならない，ということを考えてみたい。

　国語教師の那須は，小説教材『羅生門』を取り上げた授業を報告している。この高校はいわゆる高偏差値の私立進学校であり，「同年代の高校生と比較すると相対的に読書好きの生徒も多いことから，そこそこの『深い読み』を期待しつつ，初読後の感想を進めた」という（那須，2016，39頁）。ところが，「その期待は大きくはずれ，『感情語』で片づけてしまう生徒の多さに驚愕した」という（同頁）。具体的には，「作品全体のイメージ」は，「気持ち悪い」「不気

味だ」といったものであり，「下人の行為」に対しては「老婆の服を盗むなんて最低だ」「人として許せない」といった批判，また「老婆の行為」に対しては，「死人の毛を抜くなんて信じられない」「卑劣だ」といった感想だったという（同頁）。

『羅生門』は，作品の場面設定も，芥川の独特の文体も，現代の高校生には馴染みにくい題材であり，内容を理解するだけでも容易ではないだろう。初読で内容がわかる，この授業の受け手の理解力は，決して低いものではないはずだ。しかし，那須はこれらの感想を総じて，「作品（作品世界）を客観視した上で自己に投影し，人間の『本質』へと結びつけていくという思考の欠如した感想」（同頁）だと指摘する。

（2）授業の時間性

那須の指摘が正しいならば，生徒たちはこのとき，わかることの躍動感のないままに，ただ内容を正確に理解していたにすぎないことになる。しかしこれは，決して珍しいことではないだろう。ある調査によると，「授業中，時間がたつのがおそく感じる」という項目に「よくある」「時々ある」と回答した小学生はそれぞれ，24.4％，34.4％（計58.8％），中学生はそれぞれ，24.3％，46.1％（計70.4％）だという（ベネッセ教育総合研究所，2015，5頁）。

マモル君の例をみればわかるように，人は，わかるとき，あるいはわかろうとして格闘しているときには，答えにたどり着くことに向かって，内的に突き動かされていくため，自ら前へ前へと進んでいく。このとき，物理的な時間は，忘れ去られているため，答えにたどり着いてふと我に返ると，「あっという間に時間がたった」と感じることになる。必ずしも，楽しいといった快の感情状態でなくともよい。苦しいと思いつつも，その中に埋没して無我夢中で動いていると，時間はあっという間に過ぎていく。他方，授業が理解できるかどうかにかかわらず，面白くない，退屈だ，これは自分には関係のないことだ，と授業の内側に自らを置くことができなくなると，時間がたつのは，とても遅く感じられる。記述されていないため想像の域を出ないが，『羅生門』を「不気味」

と評する生徒たちは，授業を，あっという間に過ぎ去る充実した時間とは感じていなかったのではないだろうか。

（3）「空気を読んで」発言しないこと

　そもそも授業は一般的にいって娯楽性の乏しいものであり，わかる喜びや躍動感は容易に生み出せるものではないだろう。しかし，それ以上に学ぶ喜びを阻害するものがあるのではないか。教員として大学に勤務する筆者の経験から，そのように感じることがある。それは，授業の受け手が「空気を読んで」発言しない，という事態である。

　大学の授業において，明らかに答えがわかっているにもかかわらず，自発的には発言しない学生はたくさんいる。彼らは，筆者から指名されると，しっかりとした意見をよどみなく答えてくれる。那須の授業と質は異なるとしても，この受講生たちもまた，内容を理解しているがわかる躍動感のない状態にある。なぜ考えているのに発言しないのか，困惑してその理由を問うた筆者に対し，ある大学生が言ったのは，「僕たちは子どもの頃から，『誰か発言して』っていう先生の言葉の裏には，『でも空気を読めよ』っていうことがあることを学んできたんです」という言葉であった。続けて別の学生は，「自分は中学校の頃に，発言したら，先生から，『お前空気読めよ』って言われたことがある」，と言った。

　「空気を読む」という表現は，近年，若者の人間関係を表す表現として指摘されることが多い。社会学者の土井によれば，とりわけ1980年代以降の「若者たちは，自分の対人レーダーがまちがいなく作動しているかどうか，つねに確認しあいながら人間関係を営んで」いるという（土井，2008，16頁）。土井はこうした人間関係を「優しい関係」と名付け，優しい関係において「周囲の人間と衝突することは，彼らにとってきわめて異常な事態であり，相手から反感を買わないようにつねに心がけることが，学校での日々を生き抜く知恵として強く要求されている」（同書，16-17頁）という。しかも，「そのような関係の下で，互いの対立点がひとたび表沙汰になってしまうと，それは取り返しのつかない

決定的なダメージであるかのように感じられる」（同書，17頁）。そのため，若者は，お互いの対立点が露呈しないようつねに腐心し，そのことに疲労困憊してしまう，というのである。

　現代の若者たちはおしなべて過剰に空気を読み合い疲弊している，という土井の記述は，いささか大げさなものかもしれない。だとしても，上述した学生の発言に見られるように，授業中の発言を躊躇する要因として，クラス内の人間関係や，ひいては教師との関係においても，「空気を読むこと」が作用していることは，たしかだろう。筆者自身，自分の学生時代（1990年代）を振り返ると，授業中にいつ誰が発言しうるかは，暗黙のうちにクラス全体で共有されていた，という実感がある。こうした人間関係は，「過同調を互いに煽り合った結果として成立」（同書，47頁）しているため，「決して相手を傷つけないように配慮しあう」というルールを「遵守することが，対人関係の地雷原でわが身を守っていく最善の策だと，彼らは互いに信じあっている」（同書，49頁）。そうなると，授業中に発言する際にはつねに，「今この場で発言するべきことは何か」だけでなく，「自分はこの場で発言するのにふさわしい存在か」といったことまでも，考えなくてはならない。本来発言すべき，たとえばクラスのリーダー格の誰かがいるのに，立場をわきまえずしゃしゃり出て発言することは，「『優しい関係』に抵触する行為」（同書，48頁）だからである。

3　空気を読むことと授業

（1）ヒドゥン・カリキュラムとしての「空気を読むこと」

　授業中，時間が遅々として進まない。内容がわかりテストでは正解が答えられたとしても，わかる躍動感がない。この停滞した時間性を生み出すものの一つが，空気を読んで発言しないという在り方であるならば，次に考える必要があるのは，空気を読むことがなぜわかる喜びを奪うのか，ということであろう。

　多くの若者論が近年指摘するように，空気を読むようにという子どもたちへの要請は，明示されないにしても，学校に蔓延している。土井の指摘に従えば，

若者に限らず，40，50代までもが，空気を読むこと，優しい関係を築くことを，人間関係の基本とした世代にあたることになる。授業においては教師もまた「空気を読み合う」者の一人となることがあり，実際，上述したように，「空気を読めよ」と教師が直言する例さえある。この不適切な（と筆者には思われる）発言は，その生徒をからかったのではなく，教師自身が，場を面白おかしくおさめて欲しいというクラス内の空気を読んだために出てきたものであったのかもしれない。

　そうであるならば，空気を読むべきという価値観は，ヒドゥン・カリキュラム（学校のフォーマルなカリキュラムの中にはないが，教師や子どもたち同士から，意図しないままに教えられる，知識，行動の様式や性向，意識や価値観，態度）として子どもたちに浸透し，ぬぐいがたい位置を占めているとしても不思議ではない。実際，空気を読んで，指名されるまで発言しないという筆者の大学の授業に示されるように，「学級」という枠に縛られないはずの大学生になってもなお，「教師に指名された」という形がなければ自分の意見を述べることは仲間内で良しとされない，という空気が蔓延しているのである。このことは，「授業においても空気を読むべきだ」という価値観が，深く子どもたちの間に浸透していることを意味しているだろう。

（2）空気を読むことの影響

　このように，空気を読むという事態が生じるのは，現象学者のシュミッツが指摘するように，「感情は普通個々人の私的な事柄であるとみなされているが」，実際には「それがまた雰囲気でもある」（シュミッツ，1978，367頁）からである。感情は，個々人の内側に留まるものではなく，その場に漂う雰囲気として，私たちに知られるものである。それゆえ，他者に配慮できる人であればあるほど，雰囲気をとおして周囲の感情という「空気」を読むのである。

　したがって，空気を読めることは，社会適応という重要な意味を持つことでもある。「空気を読み合うだけの希薄化した人間関係」という切り取り方は単純すぎるもので，相互に空気を読み合える授業空間は，心地よいものにさえな

りうる。しかしながら，授業は同時に，本章の冒頭でマモル君の例に即して述べたように，他の誰でもなく自らが真理に到達する喜びに向けられている，という性質も備えている。そのため子どもたちは，空気を読む空間としてだけでなく，未知のものを理解できる空間としても，授業を能動的に生きている。空気を読むことをヒドゥン・カリキュラムとして教育されてきた子どもたちは，授業空間のこの二義性に，板挟みになる。わかった瞬間に，躍動感にあふれつつ発言しようとしたまさにその瞬間に，その発言がその場にふさわしくないこと，自分はその発言をするのにふさわしくない存在であることを思い知らされることになる。

　ここにおいて，わかることは，喜びよりも，不安や恐怖を呼び起こすことになる。もしもわかりさえしなければ，発言したい，自身の発見を他者に伝えたいという思いを抱くこともなく，したがって，今発言すべきかどうかを注意深く見極める必要もない。わかってしまうから，そのような迷いが生じる。

　苦しいのは，空気ゆえに発言を許されない子どもたちだけではない。反対に，リーダー格の子どもは，何ら新しい発見をしていなくても，しばしば発言を余儀なくされる。教師が発問した以上，何かを答えなければ授業としておさまりがつかなくなることがある。このとき，空気の読めない誰かの発言によって気まずさが教室にもたらされる前に早く発言をして欲しいと，子どもたちは，あるいは教師までもが，その場を統べることのできる子どもに期待を寄せる。授業では実際に，周囲のまなざしを受けた子どもが，何を発言するかは定まらないままにとりあえず挙手をし，立ち上がり，それから何を言うかを考える，といった空虚な場面がしばしば見られる。この場合に，誰がリーダーであるかもまた，優しい関係においては，暗黙のうちに定まっていく。それは，リーダー格の子どもにさえ，選びえない。したがって，聡明な子どもであればそれが何の意味もない空虚な発言であることを知っているにもかかわらず，発言せざるを得なくなる。

　ここにおいても，わかることはもはや，希望や喜びではなくなってしまう。その子どもが発言する，ということだけが意味を持つため，よほど内容がひど

く場の空気を乱すことがないかぎり，何を言うかは，問題にならなくなってしまう。授業において，あらゆる子どもたちから，学ぶこと，わかることが，無意味化していってしまうのである。

（3）学級崩壊と空気を読むこと

　空気を読むことが授業にもたらす影響として，もう一つ，学級崩壊を挙げることができる。もちろん，学級崩壊はさまざまな要因があって生じることであり，一概に論じることはできない。ただ，学級崩壊が生じるとき，そこに，学級崩壊を生じさせる空気が充満することはたしかだろう。そしてこのことは，たんに授業が成立しなくなるがために学べない，ということよりもずっと根深く，わかることの喜びを奪っていくのである。

　ある大学生は，小学校高学年時に経験した学級崩壊について，以下のように報告してくれている（筆者の大学の授業のレポートより）。

　私のクラスは先生と仲が良く「先生」と呼ぶこともあるが，基本的にはあだ名で呼ぶことが多かった。5年生の時は比較的落ち着いていて，授業もまじめに取り組んでいた。しかし6年生に進級した4月頃から急に落ち着きが無くなり，授業中の私語が増え，教科書は出さずに塾の宿題や過去問を解いていた。また，クラスの4分の1は学校にDS〔＝ポータブルゲーム機の一つ〕を持ってきて授業中に遊んでいたり，お菓子を食べていたりした。また，晴れている日は紙飛行機を作って教室内で飛ばし，次第に校庭へと飛ばし始める。雨の日は道路に向かって窓からチョークを投げて道路がカラフルに染まることを楽しんでいた。教師が注意をしても直す気はない。次第に担任が嫌いという生徒が増えていき，教師に対して暴言が増えたり，反抗的な態度をとったりする子が増えた。私も友達に流されて話を聞くうちに「自分も担任嫌だな〜」と思い始め，それに加えて学校の勉強にやる意味を見出せず教師の言動や行動に少々イライラすることがあったため特にその状態を問題視することはなかった。しかし日に日に態度がひどくなっていくクラスメイトに対して次第に不安を感じはじめ，自分のクラスを客観視する機会が増え，友達のノリと担任への罪悪感で板挟み状態になっていた。

　この報告からは，1年前まではむしろ生徒たちに好かれていた教師が，同じ子どもたちに，これといったきっかけもないままに，次第に嫌われていくことがわかる。「私」は，教室が「荒れ」始めると，それまで「仲が良」かった教師に対して，「嫌だな〜」と思うようになり，「イライラする」ようになっていく。それは，教室に漂う空気そのものが，担任教師に対してネガティブになっていったからであろう。教師が嫌だ，というクラス内の空気が個々の子どもの内側に浸透していき，自分もこの教師が嫌いだったのだ，と感じるようになっていく。このように，「感情」は雰囲気（＝空気）を介して「伝播」する（シェーラー，1977，41頁）。ネガティブな感情は，個々人の内部においてと同時に，場そのものにただよう感情として，増幅していく。

　留意したいのは，「私」は，心情としては，クラスメイトたちに完全に同調しているわけではない，という点である。彼女は，「日に日に態度がひどくなっていくクラスメイトに対して次第に不安を感じはじめ」た，と述べている。担任教師に対してネガティブな感情を抱くようになったとしても，「私」はまだ，「先生の言うことは聞くべきではないか」といった「良識」をも併せ持っている。おそらく，学級崩壊に遭遇する多くの子どもたちは，「私」と同様，良識をそなえているだろう。にもかかわらず，学級崩壊において，クラスが完全に無秩序状態に陥ってしまい，ひどい場合には子どもたちが一切の良識を失っているかのようにふるまうのは，感情の伝播が過度になり，他者と自分の感情とが切り離されなくなってしまう「一体感」に陥るからだろう（同頁）。他方，まだ良識を併せ持っている「私」は，友だちの「ノリ」に合わせつつも，「罪悪感」をも抱く，「板挟み状態」に陥ってしまった，というのである。

　ここで彼女は，二重の意味で，「我がこと」性，すなわち「当事者性」を喪失してしまっているといえる。一つ目は，学級崩壊という事態の責任者としての当事者性の喪失である。教師に対してネガティブな感情を抱くのは，教師の言動や行動に少々イライラすることがあったからであり，クラスメイトに不安を感じるのも，彼らの態度が日に日にひどくなっていったからだ，と「私」は述懐する。「私」自身，クラスの状態を改善することなくその状況になじんで

おり，学級崩壊の当事者となっているはずである。しかし「私」は，担任教師やクラスメイトの言動によって，ネガティブな感情を抱かされている，と感じている。この事例では，最終的に担任教師は入院に至るのだが，「私」には，一人のおとなを傷害せしめた，という感覚は当時にはなかったという。というのも，「私」は能動的にこの学級崩壊に参与したのではなく，ヒドゥン・カリキュラムとして空気を読むことを教えられ，また実際に空気を読んだがゆえに伝播してくる感情に浸されてしまっただけだからである。

　そしてさらに根深い二つ目の当事者性の喪失は，クラスという場における当事者性の喪失である。このとき「クラスを客観視」している彼女は，クラスを自分から切り離しているのであり，もはや自分もそこに仲間とともに属している場としては捉えていないことになる。彼女にとって，クラスそのものが，我がこと，我が居場所ではなくなってしまっているのである。

　マモル君が，わかりかけた瞬間に，筆者からのヒントを拒み，我がこととして考えようとしたように，学びは，当事者になることによって初めて動き出す。わかる喜びにおいて時間が生き生きと過ぎるのは，問題を我がこととして引き寄せる心身の動きが，内的な時間性を速く動かしていくからである。しかし，学級崩壊によって，その場の当事者でなくなってしまう子どもには，授業（が仮に成立したとしてそこ）において取り上げられた問題を，我がことにするチャンスがほとんど残されていないだろう。こうして，空気を読むからこそ生じる学級崩壊は，子どもたちから，わかることの喜びを何重にも奪っていってしまうことになる。

4　授業における当事者性

（1）当事者性の喪失

　『羅生門』の授業例，筆者の授業例，学級崩壊の例に即してここまで述べてきた，授業がわかる希望をもたらさない事態は，すべて，この「当事者性の喪失」と結びついている，といえる。

　「気持ち悪い」「不気味だ」といった感情的な言葉で教材を捉えるということは，一見すると問題に対して内的に接近しているようにも思われる。しかし，当事者として物事を捉える心の動きと「感情とは区別されねばならない」（シュミッツ，1978，362頁）。なぜなら，登場人物の行為について「不気味」とか「ゆるせない」「信じられない」といった感情的な捉え方をするということは，教材に描かれたことが自分自身とは無縁の「何かひどいもの」として捉えられているということだからである。自分には実際には生じていない外側の出来事であっても，はたして自分がその状況に置かれたならばどうするだろうかと，自分自身の内側に取り入れて捉える，すなわち，教材そのものの当事者に自らなっていくという取り組みを放棄しているということである。このように，感情的な教材理解も，教材に対する当事者性の不十分さを意味している。

　授業で時間がたつのが遅く感じられるのも，授業の内容に自らが参与していないからである。先に繰り返し述べてきたように，未知のものをわかろうとして突き動かされている心身は，時間の流れを自らつくり出しており，時間の流れが遅いと感じることはない。このとき，マモル君がいみじくも述べたように，答えは他の人は「言っちゃだめ」なものに，つまり他の誰が答えても意味がなく，自分によってわかられて初めて意味あるものになる。すなわち，問いを，我がものとして生きることが，時間があっという間に過ぎるということなのである。したがって，時間の流れが遅く感じられてしまう子どもたちにとって，問いは我がことではなく，授業は自らには関係のない出来事になってしまっている，といえる。彼らは，授業を当事者として生きていないことになる。

　こうした，我がことではなくなることによる当事者性の喪失は，繰り返しになるが，空気を読むべきというヒドゥン・カリキュラムによってもたらされる。先に述べたように，空気を読むことばかりが重視されると，わかることは意味を失ってしまうからである。発言をする子どもにとっても，発言をしない子どもにとっても，重要なテーマは，いつ，だれが言うかであり，何を言うかではなくなってしまう。彼らが当事者として生きているのは，教室内の人間関係であって，授業そのものではなくなってしまうのだ。

（2）当事者性とは何か

　では，子どもたちが，授業を当事者として生きられるようになるとは，どういうことだろうか。これは，容易な問いではない。その深さを捉えるために，まず，「主体的な授業参加」を促す筆者の授業実践を検討してみたい。

　筆者は，数百名の受講する授業において頻繁に，学生同士で意見交換する場を設ける。こうした授業形式は，授業の受け手にはおおむね高評である。「受け身で先生の話を聞くより，話すことで興味が持てた」。「自分と違う考え方があるとわかって，視野が広がった」。学生からのこうした感想は，授業に対して（筆者の話だけでは退屈だという指摘でもあるがそれはもとより），一見すると，多少なりとも当事者性を回復していることを示しているようにも見える。しかしながら，少なくとも筆者自身の貧しい授業における，形式だけのアクティブ・ラーニングでは，受け手は本質的には当事者性を回復してはいない。このことを示してくれるのは，「当事者性」という言葉そのものである。

　「当事者」を，ドイツ語では，「die betroffene Person」と表す。betroffen は，「巻き込む」「関係する」といった意味を持つ betreffen の過去分詞であり，したがって「die betroffene Person」は，直訳すると，「巻き込まれている人」という意味になる。

　では，巻き込まれているとはどういうことなのか。この点について，現象学者のシュミッツは，以下のように考察している。

　「第三人称で語られるだけでは，……その話の話題になっているのが私自身であるということは，伝えられない」のに対し，一人称で語られるということは，「情動に（affektiv）襲われているということに付着している」（シュミッツ，1978，362 頁）ことである。この「情動に襲われていること」こそが，「Betroffensein」と表される事態である。「情動に襲われていることによって，何かある事柄が私を感動せしめ，それが私の事（問題）となる」（同頁）。たとえば，誰かが今まさに窓から突き落とされようとしているといった恐怖体験を，第三者として聞いているときは，「自分もそれに一枚加わっているような恐怖感をもって，しかし本当のところはその恐怖感を楽しみながら，聞きいる」

（同書，361頁）。ところが，「自分こそが窓から突き落とされるはずの男であると気づく」その瞬間に，この恐怖物語には，「新しい種類の重みと真面目さ」という「ニュアンスがつけ加えられる」（同頁）ことになる。ここには，「反応の激しい変化」が起きる（同頁）。もはやこの恐怖体験は，まったく異なったものとして経験される。

　情動に襲われることによって，事柄が私の問題となる。これが当事者性を備えるということである。そうであるならば，第三者として自分もそれに一枚加わっているような，しかし実際にはそこから自らが切り離された状態で事柄を学ぶのでは，当事者になっているとはいえない。たとえば「関心が持てるようになった」とか，「視野が広がった」という仕方で，事柄を自分の外側に置いて眺めているのでは，当事者になったとはいえない。自分とは異なる意見を，「そういう見方もあるのか」といった仕方で，自分の意見を揺さぶったり打ち壊したりすることのない遠方に位置付けているのでは，当事者とはいえない。事柄の当事者になるということは，その事柄に巻き込まれ，その事柄に対して激しい反応の変化が生じ，巻き込まれる以前には想像もしていなかった見方に自らが引きずり込まれるということである。それは不可逆的な出来事であり，一度当事者となってしまった以上，それまでとは異なる，新しいニュアンスが付与された仕方でしかもはや出来事が感じられなくなる。たとえばマモル君は，「先に約分できる理由」を自らの手で見いだした途端に，計算のこの操作の妥当性はたしかなものになり，もはや，なぜそうしていいのか理由がわからなかった自分には立ち戻ることができなくなっている。「本当にたしかなことだった，あたりまえのことだった，それなのになぜ自分はそんなことに気づかなかったのだろう」と驚かされるような，そうした根本的な変容に迫られる仕方で事柄を学んだときに初めて，子どもたちは，授業の当事者になった，といえることになる。

（3）当事者になること

　ではどうすれば，子どもたちは当事者性を回復できるのか。筆者の貧しい授

業経験では，この問いに答えることはできない。しかし，先に触れた，国語教師の那須の実践は，果敢にこの問いにチャレンジしている。

　那須は，先に述べた『羅生門』の授業を，その後次のように展開していったという。まず，有名なサンデル教授の「白熱教室」から，遭難したボートの乗組員が食糧の尽きた後，船員の一人を殺害し飢えをしのいだ「ミニョネット号」事件を取り上げたうえで，羅生門との共通点を考えさせる。この比較によって，羅生門で描かれる場面もまた，やむにやまれぬ極限状態であることを理解した生徒たちは，「『人間って極限の状態に置かれると，自分の命を優先する生き物だ』という『真理』から作品を分析する視点を獲得してくる」（那須，2016，42頁）。

　さらに，同じく「白熱教室」から，アフガニスタン戦争に送り込まれたあるアメリカ兵が，戦争とは無関係かもしれないヤギ飼いを殺さなかったために仲間が大勢戦死する場面を取り上げる。「戦死」という結果が出る前に，生徒たち自身にもヤギ飼いを殺すかどうかを判断させることによって，生徒たちは，ニュースなどで見知っている遠いどこかの出来事が，誰かにとっては自分や仲間たちの命の選択という生々しい現実であることを，疑似的に体験する。疑似的な体験であるとしても，自らの判断（多くの生徒は「殺さない方」を選択した）が仲間の死という結果をもたらすことの衝撃によって，「生徒たちは『人殺しはいけない』『戦争は絶対悪だ』といった既存の道徳観を疑い，『何が正義か』を自分たちの頭で考えるようになっていった」（同書，44頁）という。

　この授業実践において，生徒たちは，まさに情動に襲われているように見受けられる。それは，生死といった事柄の重さもあるだろうが，それ以上に，これまで疑いようもなく正義だと信じていたことが，たんなる「借り物」の価値観にすぎなかったという事実に打ち当てられたことによるだろう。この価値観は，我がものになっていなかった。この気づきとともに，アフガニスタンで起きていた問題は，生徒自身の生き方の問題になる。選択を生徒自身にさせることによって，遠いどこかの国で誰かが体験していた悲劇は，自らが引き起こした問題になっていく。まさに，シュミッツの述べるとおり，情動に襲われるこ

とをとおして，何かある事柄が私を興奮，感動せしめ，その事柄は，私の事（問題）となるのである。

（4）授業が希望であるために

　那須の実践は，授業における当事者性の回復という点で，大きな示唆を与えてくれる。授業において子どもたちは，既知で手持ちの何かを積み重ねていくだけでは，真の発見ができない。そのような授業では，手持ちの言葉でも正解にたどり着いてしまったと感じられるため，時間の進みは遅くなり，子どもたちは授業以外の何か，すなわち，今教室内の空気はどうなっているのか，誰が何を言うことがこの場のおさまりをよくするのか，ということばかりに気を取られるようになる。そのことによってますます，子どもたちは授業から遠ざかり，授業は，「世の中のだれかの問題」を取り扱っているのであって，「私の問題」を取り扱っているのではなくなる。

　したがって授業が希望であるためには，手持ちの言葉では考えられない問いへと，子どもたちを誘わなければならない。いうまでもなくこれらは理想論であって，多忙な教師には過重な課題であろう。しかし那須の実践は，その課題に取り組む教師たちの授業によって，子どもたちが当事者性を獲得し，新しい世界に到達できるという希望をもたらしうることを示している。

　そのような授業をつくるために，日々教師がしていること。それはおそらく，今子どもたちの手持ちの言葉が何なのか，未知のままにあるのは何なのか，この教材は今の子どもたちに何をもたらすことができるのか，といった，子ども理解と教材理解のあくなき循環ではないだろうか。

　子どもを理解することも，教材を理解することも，教師にとっては，日々継続して積み上げてきた経験があることだ。したがって，既存の子ども理解や既存の教材理解をもってでも，十分に授業は可能である。しかし，専門家としての教師は，子どもたちが教材において新たな自己を形成していくのと同様に，そのつど新しい子ども理解や教材理解に開かれている。子どもも教材も，固定化した「正解」のない存在である，という仕方で，飽くなき探求を可能にする

のであり，この営みの中で教師自身が，未知の子どもや教材に出会うという希望を体験し続けることこそ，授業に希望をもたらしているのではないだろうか。少なくとも，筆者がこれまで出会ってきた，子どもを当事者に巻き込んでいくことのできる専門家としての教師は，つねに，自らが子どもに出会い，教材に出会うという仕方で，当事者であり続ける努力をしている教師たちなのである。

 さらに学びたい人のための図書

土井隆義（2008）『友だち地獄──「空気を読む」世代のサバイバル』筑摩書房。

▶現代の若者たちに特徴的な「空気を読み合う」ことによる「優しい関係」の構造と，その生きづらさを端的に描写している，画期的な若者論。

佐藤学（2000）『「学び」から逃走する子どもたち』岩波書店。

▶日本の教育の最も根深い問題は，子どもたちが学びそのものから逃走していることだ，という指摘は，発行後20年を経てもなお真実をついている。

中田基昭（2008）『感受性を育む──現象学的教育学への誘い』東京大学出版会。

▶ある出来事に襲われることで世界は異なって体験されることを，身体や表情，意識，世界の在り方に目を向けることで現象学的に描いた著作。

引用・参考文献

尾木直樹（2012）『「学び」という希望──震災後の教育を考える』岩波書店。

シェーラー，マックス／吉沢伝三郎他編（1977）『シェーラー著作集 8　同情の本質と諸形式』白水社。

シュミッツ，ヘルマン／竹市明弘・小川侃訳（1978）「身体の状態感と感情」新田義弘・小川侃編『現象学の根本問題』晃洋書房，359-395頁。

土井隆義（2008）『友だち地獄──「空気を読む」世代のサバイバル』筑摩書房。

那須泰（2016）「小説世界を自己に投影していくための試み──生徒の『主体的な学び』を促す授業実践」『早稲田大学国語教育研究』第37集，38-48頁。

ベネッセ教育総合研究所（2015）「小中学生の学びに関する実態調査報告書［2014］」［https: //berd. benesse. jp/up_images/research/Survey_on_learning_sheet_1. pdf］（2020年 2 月 8 日確認）。

山田昌弘（2007）『希望格差社会──「負け組」の絶望感が日本を引き裂く』筑摩書房。

第5章

人間らしさのある学びが成立する教材の条件

進藤聡彦

1　人間らしい学びと教材の関係

（1）主体的な学びと教材の関連

　現在の学校教育では，子どもたちの学習意欲をどう高めるかが課題の一つになっている。小学6年生と中学3年生を対象に毎年行われている全国学力・学習状況調査では，国語や算数・数学の好き嫌いを問う設問があり，2017年度の結果では否定的な回答が児童・生徒の3割から4割に達した（国立教育政策研究所，2017）。国際比較でもわが国の子どもたちの学習意欲に問題があるという指摘は多い。たとえば，各国の15歳児（わが国では高校1年生）を対象にOECDの学習到達度調査（PISA）が3年ごとに行われているが，2015年には科学的リテラシーを中心に，読解力・数学的リテラシーが調べられた。その結果，わが国の生徒はいずれのリテラシーにおいても調査対象国の中で上位を占めた。しかし，併せて行われた科学に対する態度について尋ねる「科学の話題について学んでいるときは，たいてい楽しい」といった項目からなる「科学の楽しさ」の指標や，「科学に関するテレビ番組を見る」といった項目からなる「科学に関連する活動」の指標でいずれもOECD平均を下回った（国立教育政策研究所，2016）。

　では，なぜ学習意欲が低いのだろうか。それには子どもたちの学習観が関連していると思われる。植阪他（2006）は，望ましい認知主義の学習観（思考重視の学習観）と，その反対の望ましくない非認知主義の学習観（思考を重視しな

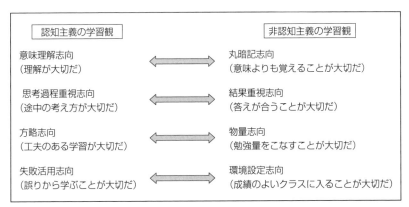

図 5-1　望ましい学習観・望ましくない学習観

(出所) 植阪他 (2006) より筆者作成。

い学習観) を見いだしている (図 5-1)。望ましくない学習観とは, 第一に学習とは丸暗記さえすればよいという丸暗記志向の学習観, 第二に答えさえ合えばよいという結果重視志向の学習観, 第三に勉強量さえこなせばよいとする物量志向の学習観, そして第四に成績のよいクラスに入れば成績は上がるなどと考える環境設定志向の学習観である。

　これら四つの学習観は相互に関連して形成されると考えられる。まず, 授業を熱心に聞いていても学習内容の理解が難しいと, 手っ取り早い丸暗記に頼ってしまう。丸暗記によってもテストにはある程度対処できるため, こうした丸暗記志向の学習観が生まれる。また, 内容を理解しないまま学習するため, 学習内容のおもしろさは感じられずに, 学習の目的がよい成績を取ることだけに焦点化されてしまう。これが結果重視の学習観となる。さらに, 内容の理解を欠いたまま丸暗記するには, 時間をかけて何度も繰り返すことが必要になるため, 物量志向の学習観が生まれる。こう考えると, 学習は苦痛であり, 結果として学習意欲が低下する理由が理解できる。そして, そこでは自ら進んで学んでいるという行為の主体としての感覚が希薄なために, 他者に依存した環境設定志向の学習観が生まれるのであろう。

　こうした主体性を欠く学びは, 教えられた内容を単純に何度も繰り返して頭

の中にコピーするだけの苦役になってしまう。これでは，人間らしい学びとはいえない。ここでの議論から教えられた内容を頭の中に受動的にコピーするだけの苦役としての学びから脱し，人間らしい自らの意思による主体的な学びが成立するためには，まず学習内容を理解できることが必要ということになる。授業で学習内容を理解させるための重要な要素の一つが教材である。

（2）教材の位置付けと教材の工夫

　いうまでもなく授業は教育上の目的があって行われる。教科教育の目的は学習指導要領に掲げられた目標の達成である。学習指導要領に掲げられた目標とは，たとえば小学校理科であれば，「自然に親しみ，理科の見方・考え方を働かせ，見通しをもって観察，実験を行うことなどを通して，自然の事物・現象についての問題を科学的に解決するために必要な資質・能力を育成すること」となっている（2017年告示の小学校学習指導要領による。以下同）。この目標の下に，6年生を例にとると物質・エネルギー分野では「燃焼の仕組み，水溶液の性質・てこの規則性および電気の性質や働きについて追究する中で，主にそれらの仕組みや性質，規則性及び働きについて，より妥当な考えをつくりだす力を養う」などの目標が設定されている。そして「燃焼の仕組み」では，植物体の燃焼における酸素の消費と二酸化炭素の発生などを学ぶことになっている。これが実際の授業で取り上げられる教育内容であり，学習者の側からいえば学習内容になる。

　さらに，この教育内容を教えるときに，燃焼に酸素が必要なことをどのような実験装置を使って，どのような課題設定をするのかなど，具体的な材料が必要になる。これが教材である。つまり，教材とは「授業において指導すべき教育内容を学習者の学習課題として具体化した材料」などと定義されるものである（山口，2008）。

　教材の代表的なものは，教科書（正式には教科用図書）であり，教科書は教材集と呼べる性質を持つ。しかし，学校教育法では「教科用図書を使用しなければならない」という文言がある一方，同時に「教科用図書以外の図書その他

の教材で，有益適切なものは，これを使用することができる」とある。したがって，教師は自らが工夫を凝らした教材を授業で使うことができるということになる。

　小学4年生の理科では，水の三態変化が取り上げられる。しかし，多くの4年生にとって，水を冷やせば氷になるし，熱を加えれば水蒸気になることは自明であろう。そこで，ある教師が「モノはすべて三態変化する」というルールの事例として，水の三態変化を位置付ければ，授業がおもしろいものになり，また水の特殊性が強調されずに三態変化の一例であるという認識もつくることができるだろうと考えたとする。そして，水の三態変化の実験だけでなく，塩が液体になるようすを教師が演示実験したり，鉄については映像教材を使用したりする。また，塩と鉄の気体の存在については，口頭で説明すればよいのではないかと考えたとする。この場合，教育内容は学習指導要領から逸脱しているわけではなく，水の三態変化の学習をより深め，興味のあるものにするための教材として塩や鉄が使われたという位置付けになる。そして，それはその教師なりの教材の工夫である。また，その工夫は水の三態変化は自明だろうという子どもたちの実態を前提に塩や鉄の三態変化を取り上げた結果，彼（彼女）らは鉄や塩の気体が存在することに驚き，それまで知らなかった知識を得たことを実感できる。このように教材を工夫することで，引き出された興味・関心は学習者の意識を学習内容そのものに向かわせ，自ら学習に取り組もうとする態度をもたらすであろう。

2　主体的な学びを保障する教材

（1）子どもの理解と教材

　先に学習内容の理解が難しいことが出発点になって，丸暗記志向の学習観が生まれ，最終的に学習意欲の低下につながるという過程が想定された。心理学では学習内容が理解できるためには，学習内容が学習者の既有知識と構造的に結びつき，納得できることが必要だとされている。このことを，誤概念の例で

図のようにロープにつながれた荷物を一人または二人で持ち上げています。荷物の重さはどれも同じです。a〜cの場合で最も大きな力が必要なのはどれでしょう。

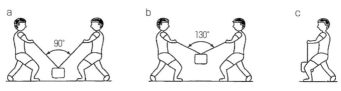

図 5-2　「力の合成と分解の法則」の誤概念を調べる問題
(出所) 進藤 (2002) を一部改変。

見ていくことにする。誤概念とは，人が日常の経験から自らつくり上げた誤った知識のことである。ストーブに近づけば温かいといった経験から，「夏に暑いのは地球と太陽が近づくからだ」のような子どもたちの持つ誤った知識が誤概念にあたる。この誤概念の例のように，人の認知は，新たに遭遇した事象・現象を，既有知識と結びつけて理解しようとする性質がある。既有知識と結びつけば，納得できるからである。

　誤概念の一つに中学校の理科で取り上げられる「力の合成と分解の法則（力の平行四辺形の法則）」に関するものがある。図 5-2 の問題では，大学生でも c が最も大きな力が必要だと考える者が少なくない。しかし，正解は b である。この場合，ロープの間の角度が120°を越えると水平方向に必要な力が大きくなってしまうためである（ロープの中心に荷物を吊り下げて，綱引きをしている事態を想像すると分かりやすい）。しかし，一人で荷物を持つよりも，二人で持った方が楽だといった経験を積み重ねるうちに，「一つの力よりも，二つの力を合わせれば，つねに大きい力を発揮できる」といった誤概念をつくり上げてしまう。一般に誤概念は自らの経験に基づくために，確証度は高い。

　誤概念は学校で教えられる科学的概念と矛盾するはずであるが，教師がその存在を考慮せず，科学的概念のみを取り上げた場合，誤概念が自動的に修正されるとは限らない。子どもたちは確証度の高い誤概念が誤りであることに納得できないからである。その結果，暫くすると科学的概念の方は剝落し，確証度の高い誤概念のみが残存する。中学生のときに学習したにもかかわらず，大学

生が c を選択してしまうのもそうしたメカニズムによる。

　これを回避するためには，教師が誤概念を取り上げる必要があるが，ロープ間の角度が大きくなると水平方向の力が大きくなってしまうという理論的な説明だけでは不十分である。上記のように理解のためには，既有知識と結びつくことが必要であった。ロープの間の角度が大きいと，大きな力が必要なことを生徒が実感できる既有知識にはどのようなものがあるだろうか。たとえば，鉄棒で懸垂をするときに，両腕を大きく広げた場合と狭めた場合で，前者で大きな力が必要なことや，テニスやバレーボールのネットを張るときに，ワイヤーの角度が段々大きくなるにつれて（つまり，ピンと張られるにつれて），ハンドルを回すのに大きな力が必要だといった経験ならあるだろう。仮にない場合でも，実際に体験させることは可能である。こうした生徒が実感できる現象を教材として取り上げれば，科学的概念の妥当性に説得力を与え，誤概念の修正も図ることができる。

（2）丸暗記学習からの脱却

　英単語を覚えるような場合には，何度も読んだり書いたりすることも必要であり，単純な繰り返しを全面的に否定すべきではないのかもしれない。しかし，丸暗記から脱却できるはずの学習内容なのにそうなっていないものもある。子どもたちに暗記教科だとする考え方が浸透している社会科を例に，この問題について考えてみる。

　中学校の教科書には「幕府は藩に独自の統治を認めていた」（黒田他，2012）と記されているように，江戸時代の幕藩体制は地方分権的な性質を持っていた。しかし，多くの生徒は時代劇などからつくられたイメージによって，学習を終えた後でも「江戸時代は，中央集権的だった」とする誤りを持ち続ける。こうした誤りも学習者が自らつくり上げた誤った知識であることから，歴史に関する誤概念の一つといえる。この場合，教師が「江戸時代には各藩は幕府からの統制を受けながらも，自分の領地に関してはかなりの自治権を持っていた」と生徒に伝えるだけでは，具体的なイメージがわからずに丸暗記になってしまう。

そこで，事前に「加賀百万石の殿様は前田家だ。前田家の農民が差し出した年貢は誰の手に渡ったか」という問題に，①農民の差し出した年貢は前田家のもの，②農民は前田家と徳川家の両方に年貢を納めた，③農民は前田家に納め，前田家がその一部を徳川家に納めた，という選択肢で答えさせておく。その後に正解（①）を示して，中央集権的なのになぜ徳川家に納めなくてよかったのかについて，当該誤概念との矛盾を解消させる話し合いなどを行わせれば，歴史を暗記教科から考える教科に変えることができる。この他にも「江戸時代にある藩で罪を犯した者を幕府が罰することができたか（選択肢は，①できた，②できなかった。正解は②）」なども生徒の持つ誤概念と矛盾する事例となる（麻柄・進藤，2008）。

　ところで，こうした事例はどのように特徴付けられるのだろうか。学校で教えられる知識は，「ｐならば（は）ｑである」というように一般化されたルール命題形式を持つ。算数であれば「三角形ならば，内角の和は180°だ」，理科であれば「金属ならば電気を通す」といった具合にである。このような一般化された知識であるルール（法則，公式や一般化された命題など）を教える場合，具体例を伴わせるのが普通である。このときの具体例は，「ｐならばｑである」の前件ｐを具体化する代入例と，後件ｑを具体化する象徴事例が考えられる（麻柄・進藤，2008）。金属の通電性（良導性）では「金属は電気を通す」というルールに対して「銅は電気を通す」「亜鉛は電気を通す」などが代入例であり，「（通電している）金属の導線に触ると感電する」などが象徴事例である。また，「北海道は寒い」というルールでは，「札幌は寒い」や「釧路は寒い」などが代入例であり，「北海道は４月までコートが必要だ」とか「北海道では５月に桜が咲く」などが象徴事例となる。

　先の江戸時代の政治体制を「江戸時代は地方分権的性質があった」とルール化すれば，「農民の差し出した年貢はその藩のものだった」とか「幕府に藩の捜査権はなかった」という事例は，「ｐならば（は）ｑである」の後件ｑにあたる地方分権を象徴しているので象徴事例といえる。

　小学６年生の社会科でも，参勤交代や鎖国などの幕府の政策を通して，江戸

時代の政治を学ぶ。これらはいずれも藩の力を抑えようとする幕府の政策である。参勤交代の趣旨に関して，藩の側から「大名は参勤交代の大名行列にかかる費用を節約した」とルール化すれば，代入例は「加賀藩の大名は参勤交代の費用を節約した」などが該当する。これに対して象徴事例は，「参勤交代の大名は，人目がある場所だけアルバイトを雇った」「参勤交代の大名は，（移動時間を短くして宿泊費を節約するために）大名用のトイレの駕籠（厠 駕籠）を使った」などとなる。麻柄・進藤（2008）によれば，この種の象徴事例を使って小学生に参勤交代を教えると，参勤交代の趣旨の理解が深まり，学習内容をおもしろいとする者が多かったという。

おもしろいとする者が多かったのは，象徴事例が実感を伴うものであり，思いもしなかった意外性が感じられるからであろう。実感できれば自分とは関係のない遠い過去の歴史事象が身近に感じられる。そこでの学習は，興味・関心を伴ったものになるため，学習内容を単純に頭の中にコピーするだけに留まらない。このように子どもたちに暗記教科だと捉えられている社会科でも，教材を工夫することで，考える教科に変えることができ，また学習内容を自分に引きつけて捉えられるようになる。

（3）実感のある学びをもたらす体験教材

象徴事例の導入によって，その学習内容を実感でき，おもしろさがもたらされる長所があることについて述べた。であるならば，理科の実験や観察，社会科見学などは現実に学習対象に触れることから，実感をもたらす要素を十分に備えていることになる。現実に触れることの効果を小学校社会科の授業実践から見てみよう。

小学4年生の社会科では，廃棄物の処理について学ぶ。A先生は自宅から持ってきた1日分のゴミ袋を児童の前で開けて見せた。生ゴミ，紙ゴミ，ビニール，プラスチックなど，いろいろなゴミが入っていた。また，別の袋に入った分別用のアルミ缶やペットボトル，ガラス瓶を取り出した。そして，紙ゴミや消しゴムのカス，丸められたティッシュペーパーしか入っていない教室のゴミ

箱と比べさせ，生活ゴミの種類の多様さや量の多さを実感させた。また，事前に各児童の家庭の１週間分のゴミ袋の数を調べさせておき，クラス全体の総数を発表した。児童はその数の多さに驚いていた。

　続く授業でＡ先生は，ゴミ収集車が近所のゴミ収集所に来る時間を打ち合わせておき，クラス全員を連れて行った。まず，作業員にインタビューを行った。「困っていることは何ですか」という児童の質問があった。「割れたガラスを入れたゴミ袋が破れてゴミが散乱したり，燃えないゴミを袋の中に入れてしまう人がいて困る」という回答に，児童は得心したようすであった。

　次に実際に作業員が投入口に放ったゴミ袋を，収集車が押し込み板で奥に詰め込んでいく作業のようすを見学した。そのときのことであった。周囲でその作業を見ていた児童たちのところに強烈な臭気のする液体が勢いよく飛んできた。多量の水分を含んだ生ゴミを入れたと思われるビニール袋が破裂したのである。児童たちは叫声をあげ，ハンカチなどで液体を必死に拭い取っていた。

　Ａ先生は日頃から実感を伴った授業を大切にしている。今回の廃棄物処理の授業でも，自宅のゴミ袋を教室に持ち込んだり，作業員にインタビューを行って直接話を聞く機会を設けたりした。そして，液体が飛び散るという思いがけないことがあったものの，ゴミ収集の作業のようすも実際に見せたりした。この過程で児童は机上では得られないものを学んだと思われる。とりわけ，強烈な臭いのする液体が飛び散ったことは最大の成果だったかもしれない。ゴミ収集作業の大変さや，水気を払ってゴミ出しをするといったルールを守ることの大切さをたんなる概念的な知識としてではなく，実感を伴って学ぶことができたからである。ここに体験教材の意義がある。

3　二つの教育研究グループの教材

（1）仮説実験授業研究会の授業

　これまでわが国には，たくさんの民間の教育研究グループが生まれ，その成果は学校教育にも影響を与えてきた。それらのうち，ここでは主に自然科学教

育に焦点をあててきた仮説実験授業研究会と極地方式研究会を取り上げ，それ
ぞれの教材の考え方について探っていく。

　仮説実験授業研究会は1963年に板倉聖宣を中心に創設され，その活動の中心
は仮説実験授業の開発とその実践および検証である。仮説実験授業とは，「科
学上のもっとも基本的な概念や原理・原則を教えることを意図した授業」であ
る（板倉，1997）。「科学上のもっとも基本的な原理・原則」とは，いろいろな
場面に適用可能な知識を指し，具体的には小学校の自然科学分野では，「モノ
はすべて粒（原子）からできている」「モノにはすべて重さがある」「モノの多
様性と同一性（融点・沸点・密度・三態変化など）」などである（庄司，1965）。

　板倉（2010）は仮説実験授業の基本的な考え方として，次の三つを挙げてい
る。第一に，「科学的認識は，対象に対して仮説・予想をもって意識的に問い
かける実験によってのみ成立する」という認識論的な考え方である。これは，
実験を学習者が主体的に対象にはたらきかけていく行為であるとして，そのは
たらきかけを通して，対象についての知識を獲得していくということである。

　第二に，「科学的認識は社会的な認識であって，個々の人間が仮説実験的に
確かめた事柄を超えた認識を目指すものである」という科学論的な考え方であ
る。これは第一の考え方と矛盾するようにもみえるが，科学は先人たちの蓄積
の上に構築されたものであり，個々人が検証しなくても信頼に基づいて使うこ
とのできる知識体系になっているという認識を持てるようになることをめざす
ということである。

　第三に，「授業には，各クラスの教師と生徒の個性を超えた法則性があって，
個々の教師の作成した思いつき的な教材で授業するよりも，他のクラスで成功
したプランで授業したほうが成功するのが普通である」とする授業論である。

　こうした考え方に基づき，実際の授業方法としては，「問題→予想・仮説→
討論→実験」の過程の積み上げを経て，目標とする科学上の最も一般的で基礎
的な諸概念や原理的な法則が学習者に習得されることをめざす。この一連の過
程は「授業書」と呼ばれる印刷物に沿って進められる。その例として中高校生
向けの授業書「電流」の一部を図5-3に示す。これは「電位差（電圧）と電流

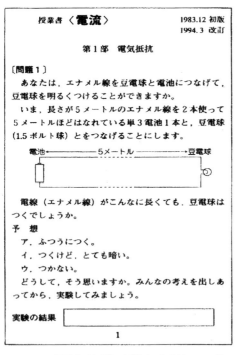

図5-3　仮説実験授業の授業書〈電流〉の一部
（出所）出口・板倉（1994）

の量」「オームの法則と電流計」などからなる四部構成の第一部「電気抵抗」の最初のページである。出口・板倉（1994）によれば，この問題での三つの中学校の「ア」から「ウ」の選択率の平均は，それぞれ80.2％，18.8％，1.0％であった。正解は「イ」であるので，多くの生徒が抵抗を考慮しない誤った選択肢を選んだことになる。

　仮説実験授業にとって「問題」は，「学習の対象に対する問いかけ」の契機になるものであり，「実験」はその「問いかけ」に応えてくれるものであって，いずれも重視される。授業書の作成にあたっての教材の選択基準は，大部分の子どもや大人が当然のように正しい解決ができなくてはならないのに，多くの者が間違える問題であること，またその問題の正否を明確に示し得る簡単な実験があることである（板倉，1988）。このことからすれば，図5-3に示した問題は8割もの者が間違え，正否を簡単な実験で検証しうる点で意図通りのものとなっている。

（2）極地方式研究会の授業

　極地方式研究会は高橋金三郎・細谷純などが中心になって1970年に発足した。その命名は，ベースキャンプを設けて，前進キャンプを順次設置し，目的地に到着する極地法という登山・探検の方法に由来し，集団で役割を分担しながら，

漸進的に目標に到達するという意味が込められている（中村，1973）。

　極地方式の目的は，「すべての子どもに高いレベルの科学をやさしく教える」ことである。そして，「高いレベルの科学」とは，六つの性格を備えた基本概念の総合体を子どもが自分の力でつかみ出すものとしている（高橋・細谷，1990）。ここではその性格のうちの三つを挙げる。

① 　今までの教科書に法則として記載されているものではなく，教師が子どもにおおよその内容の見当がつけられるようなやさしいコトバで，新しく表現した概念（法則）であること
② 　多種多様の自然現象のどれにでも重要な役割を演じている概念（法則）の中で，理解のやさしいもの
③ 　広大で未知の自然の中で行動する指針となり，自然改造の土台となるもの

　細谷（1987）は，①についてオームの法則を例に，次のような説明をする。オームの法則では，電圧は電流と抵抗の積として表現される（E(電圧 V)＝I(電流 W)×R(電気抵抗Ω)）。しかし，おそい扇風機をもっと速く回したい，電気ストーブをもっと高温にしたいといったように，いまよりももっと仕事をして欲しかったら，電流を増やしてみればいい。そのためにはスイッチで電圧を上げればいい。この関係は子どもにとってイメージしやすい。そして，電圧を上げれば電流が増えるというイメージしやすい電流と電圧の関係では，「I(電流 W)＝1/R(抵抗Ω)×E(電圧 V)」などと表現されることになり，子どもたちがそう考えたとしたら，その法則は納得を伴い，また使い勝手のよい自分自身の法則になるというのである。

　②について，極地方式では「バネの伸びは，バネに加わる力の大きさに比例する」というフックの法則をそのままの形で採用しようとはしない。バネという道具の一種の性質を知ることよりも，弾性体における力と伸び，あるいは広く力と変形の関係を知ることが重要だと考えて，「固体はすべてバネである」「引っ張られて，伸びれば伸びるほど，引っ張り返す力が大きくなる」と表現されたルールを取り上げる。これならば，多くの現象を統一的に考えられる法則になるからである（高橋・細谷，1990）。

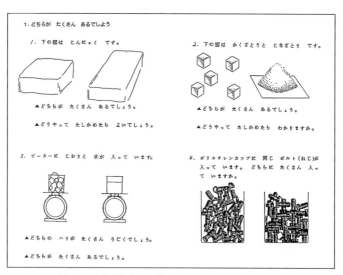

図 5-4　極地方式研究会のテキスト「重さ」の一部

(出所) 福山 (1995)

　③は人が自然にはたらきかけることを意味しており，極地方式の使う表現を引用すれば，「ベラかシャベルかブルドーザー，それでもだめならハッパでこい」というのがその例にあたる。これは堆積岩による地層の固さとその地層が造られた年代との関係を表現したものである。ベラとは移植ベラ（移植ゴテ）のことで，移植ベラで掘れるくらいならば，新生代第四紀沖積世（完新世），「シャベル」が要るようなら新生代第四紀洪積世（更新世）の固さであることを表している。また，「ブルドーザー」ならば新生代第三紀，「ハッパ（発破）」をしなくては掘ることができないほどの固さならば，中生代もしくは古生代のものというわけである。このような考え方の裏には，「操作と結びつかない知識は，高いレベルの科学ではない」という操作主義の考え方がある（細谷，1983）。

　極地方式においても仮説実験授業の授業書と同様に，図 5-4 に示すようなテキストに沿って，学習者が意見を出しながら授業が進められる。そして，教授方法として「生兵法実践主義」を採る（高橋・細谷，1990）。これは半わかりで

よいから，自分の考えを大胆に大自然に適用し，失敗しながら法則をつくり上げていくという意味であり，そのようすは Zigzden-Zagzden（ジグズデン‐ザグズデン）方式と呼ばれる。その法則では通用しないさまをズデンと転ぶことに，また新たな知識を得ながら，当該の法則が試行錯誤的に洗練されていくさまを右へ左へとジグザグと行き来しながらも前進することにたとえた命名である。

（3）仮説実験授業と極地方式の教材

　教えられた知識を頭の中にコピーするだけではなく，学習者が主体的に考えていく授業という観点から仮説実験授業と極地方式の授業を検討してみる。まず，両者にはいくつかの共通点がある。その一つが問題に対する学習者の認識を出発点にして，学習者どうしの討論の過程を経て，科学的法則を導くという授業展開である。こうした授業形態は，現在ではよく見られるものであるが，教師の一方向的な授業が珍しくなかった当時としては画期的だったといえる。また，現在望ましい学習形態として奨励されている協同学習を先取りするものでもある。そして，子どもたちの積極的な討論が成立するような工夫のある問題を教材に用いている点も共通している。

　両者には違いも見られる。仮説実験授業で子どもたちは，授業書で呈示される問題の正解を選択肢で予想する。その中には正解の選択肢とともに間違えやすい選択肢が含まれている。誤った選択は先に述べた誤概念が根拠になっていることが多い。誤概念の特徴の一つは自らの経験に基づくために，確証度が高いことであった。図5-3の問題でも正答者（18.8%）と誤答者（80.2%）に分かれ，8割の生徒が誤りの選択肢を選んだ。このような意見が分かれる問題を教材として用いることで，生徒たちは自分の支持する選択肢の正当性を主張しようとするため，その後の討論も白熱したものになる。そして，そうした討論を経て行われる実験も主体的に行われる。このことが「科学的認識は，対象に対して仮説・予想をもって意識的に問いかける実験によってのみ成立する」という仮説実験授業のねらいを実現させている。そこでは，教えられた知識を頭

の中にコピーする学びではなく，授業全体にわたって自ら関わろうとする主体的な学びが展開される。

　一方の極地方式は，仮説実験授業での「問題」から「実験」への移行や，学習者が誤りやすい問題の採用のような定式化された授業方法や教材はない。何を，どう使えば有効なのかは教育内容によって，また学習者の実態によって異なると考える。極地方式で重視するのは，知識のルール化とその活用である。生兵法実践主義に基づいて，子どもたちにルールをいろいろな場面に適用させる。子どもたちにとっては，いろいろな場面で使え，役立ちそうな知識（ルール）は主体的に学ぶに値すると感じられるであろう。また，そのルール自体もフックの法則をそのまま取り上げるのではなく，広範な状況に使えるルールを取り上げる工夫や，オームの法則のように学習者が既有知識を使えて納得して理解できる表現にするなどの知識を使いやすくする工夫が見られる。

　学んだ知識をさまざまな問題状況に使おうとすると，正しい解決に至ることもあれば，ルールの例外となる事例に遭遇して誤ってしまうこともある。極地方式では，むしろそのような状況を望ましいと考える。それは予想が的中すれば用いたルールへの確信を強め，次の問題状況でも使おうとするからである。また，ルールを適用してみて予想が外れる驚きは，使用したルールの改変を促し，より妥当な洗練されたルールの発見へと動機づけられるからである。このことを極地方式では「ルールなければ，思考なし。ルールなければ学習意欲なし」と標語化している（細谷，1996）。

　このように，仮説実験授業では学習者が自らの問題として捉えられる「問題」，そしてその問題を解決してくれる「実験」を通して，自然にはたらきかけ，解決する過程でねらいとする科学上の基本概念や原理・原則の獲得を可能にする教材がよい教材であるとする教材観を持っている。これに対して，極地方式では知識は使うためのものであり，知識をルール化してその使用を促すことで，より洗練された知識の獲得につながる教材が優れたものであるという教材観を持っていることが見て取れる。しかし，いずれの場合も学習者が主体的に考える教材や教授法の工夫が見られる点は共通している。

4　学習者にとって望ましい教材とは

（1）自我関与できる教材

　心理学では記憶の性質のある側面に着目し，その側面から対比的に 2 分類して捉えることがある。そうした分類の一つに意味記憶とエピソード記憶がある。意味記憶は「アメリカの首都はワシントンだ」といった一般的な知識の記憶であり，エピソード記憶は「ぼくは中 1 の夏休みに富士山に登った」のような特定の時や場所の情報を伴う記憶である。エピソード記憶の中でも個人の生育史上の記憶のことを自伝的記憶という。

　一般に意味記憶の対象になる知識はすぐに忘れてしまうのに，自伝的記憶は忘れにくい。たとえば，受験勉強のときには頻繁に使った解の公式でも，大学に入って 1 年もすると忘れてしまっている学生が少なくない。一方，「大学 1 年生の秋に失恋した」とか，「高校 2 年生のときに海外に短期留学に行った」といった自伝的記憶は忘れない。両者の違いは記憶する対象に対して，直接的であれ間接的であれ，当事者として関わったか否かという点にある。当事者として関われば，その関わりに対して何らかの感情を持つ。記憶の対象に感情を伴うことが，自伝的記憶の長期保持を可能にするという考え方がある。では，学校で習う知識は意味記憶の対象としての性質を持つので，記憶の定着は期待できないのだろうか。

　それを可能にするのは，頭の中に客観的で正確な知識を詰め込んだ百科事典をつくるのではなく，頭の中に日記をつくることだという考え方がある（麻柄，1998）。日記をつくることとは，出会った知識が自我関与できるものであり，その出会いが驚きや喜びといった感情とともに頭の中に記憶されるようなことを指す。本章で挙げた例では，塩や鉄を使った水の三態変化の授業で，家に帰って母親に向かって「今日の理科でやったんだけど，塩や鉄も溶けたり，気体になったりするんだよ」と話したくなるような知識である。こうした知識は意味記憶としてではなく，自伝的記憶として頭の中の日記に書き込まれ，長期に

わたって保持される。

　一方，百科事典をつくることとは，これまで本章で学習内容をコピーするような学びとして言及してきたものである。自分と関連付けられずに学ぶ知識は，詰め込むことに主眼がおかれた借り物の知識であり，当事者としての関わりを持たず，何の感情も伴わないために記憶に残ることはない。

（2）頭の中に日記がつくられる教材の条件

　頭の中に日記がつくられるような感情を伴った知識とはどのような教材によって実現するのであろうか。まず，仮説実験授業や極地方式の授業から拾ってみる。仮説実験授業の「問題」は，学習者の誤概念をうまく利用したものであった。討論の中で，自説の妥当性を主張するときには自我関与的であり，まさにそこには自分がある。また，最初に誤った予想をした場合，その自説は，討論や実験を通じて覆される。そのときの意外さによる驚きは頭の中の日記に書かれる知識の要素になる。

　極地方式の授業では，ルールの適用を重視していた。いろいろな問題解決状況でルールを適用して解決できれば喜びになる。逆に，例外の存在によってルールが外れた場合でも驚きの感情が生まれる。そして，ルールの適用を促進するために「ベラかシャベルかブルドーザー，それでもだめならハッパでこい」のような使いやすい表現が工夫されていた。また，「I(電流W) ＝1/R(抵抗Ω)×E(電圧V)」と表現されたオームの法則は，目に見えない電気の世界を具体的にイメージできるようにしてくれ，まさに自分にとって腑に落ち，納得のできる知識になっていた。こうした知識（ルール）は借り物ではなく，自分のものになっているために日常のさまざまな場面で使おうとするし，こんなところでも使えた，あんなところでも使えたという経験によって，知識の有用性という学びの意義を感じることができる。

　新しい知識を学ぶことで，それまで見えなかった世界が見えてくることもある。地球の公転について，「地球は太陽の周りを１年かけて回っています。これを公転といいます」と教えただけでは，百科事典の知識である。麻柄

(1999) は，これを「半年前，私たちは宇宙空間のどこにいたのだろう。空に向かって指さしてみよう。その場所はここからどのくらい離れているだろう」と問うことを提案している。正解として指さすのは太陽の方向で，その場所は，いま居る場所から太陽までの距離の 2 倍離れている。

　それまで，何気なく太陽を見ていた子どもたちが，そのことに気づかされると「私たちはこんなすごい距離を移動しているんだ」という大きな感動がもたらされるのではないだろうか。このようなこれまで見えなかった世界が見えてくる知識も頭の中の日記に書かれるであろう。子どもたちにとっての望ましい教材とは，こうした日記に書かれるような知識をもたらしてくれるものだといえよう。日記に書かれるための大前提になるのは，その教材によって行われる学習内容が，理解できるものでなければならないことはいうまでもない。

 さらに学びたい人のための図書

『たのしい授業』編集委員会編 (2010)『仮説実験授業をはじめよう』仮説社。
　▶仮説実験授業の授業書とその実践記録が載っており，仮説実験授業の実際に触れてみたいと思う人に向けて平易に書かれている。

高橋金三郎・細谷純編 (1990)『極地方式入門——現代の教育科学』国土社。
　▶極地方式研究会の授業の対する考え方やテキスト作成のプロセス，そして実践記録が掲載されているため，極地方式研究会の全体像を知ることができる。

引用・参考文献
板倉聖宣 (1988)『仮説実験授業の研究論と組織論』仮説社。
板倉聖宣 (1997)『仮説実験授業の ABC ——楽しい授業への招待　第 4 版』仮説社。
板倉聖宣 (2010)「仮説実験授業の基礎理論とその成果」『たのしい授業』編集委員会編
　　『仮説実験授業をはじめよう』仮説社，110-127頁。
植阪友理・瀬尾美紀子・市川伸一 (2006)「認知主義的・非認知主義的学習観尺度の作成」
　　『日本心理学会第70回大会発表論文集』，890頁。
黒田日出男・小和田哲男・阿部恒久他 (2012)『社会科　中学生の歴史——日本の歩みと
　　世界の動き』帝国書院。
国立教育政策研究所 (2016)『生きるための知識と技能 6　OECD 生徒の学習到達度調査

（PISA）2015年調査報告書』明石書店。

国立教育政策研究所（2017）「平成29年度全国学力・学習状況調査の調査問題・正答例・解説資料について」［http://www.nier.go.jp/17chousa/ 17chousa.htm］（2018年5月確認）。

庄司和晃（1965）『仮説実験授業』国土社。

進藤聡彦（2002）『素朴理論の修正ストラテジー』風間書房。

高橋金三郎・細谷純編（1990）『極地方式入門――現代の教育科学』国土社。

出口陽正・板倉聖宣（1994）「授業書〈電流〉改訂版とその解説」仮説授業研究会編『仮説実験授業　第Ⅲ期　5』仮説社，123-219頁。

中村敏弘（1973）「私たちの極地方式」極地方式研究会編『極地方式の授業71』評論社，8-16頁。

福山晶子（1995）「授業記録『重さ』（小3算数)」『わかる授業の創造』第2巻第3号，2-27頁。

細谷純（1983）「プログラミングのための諸条件」東洋他企画『講座現代の心理学3　学習と環境』小学館，299-388頁。

細谷純（1987）「科学をどう教えるか――順序性と教授方略」東洋他編『教育の方法6　科学と技術の教育』岩波書店，139-172頁。

細谷純（1996）『教科学習の心理学』中央法規出版。

麻柄啓一（1998）「『学ぶ』とは頭の中に『日記』を作ることだ」『学習評価研究』第34号，40-47頁。

麻柄啓一（1999）「『知識』は『情操』の敵なのか」授業を考える教育心理学者の会編『いじめられた知識からのメッセージ』北大路書房，78-89頁。

麻柄啓一・進藤聡彦（2008）『社会科領域における学習者の不十分な認識とその修正』東北大学出版会。

山口満（2008）「教材とは」日本教材学会編『『教材学』現状と展望　上巻』協同出版，22-26頁。

第6章

これまでの授業改革が人間教育の教授学に示唆すること

鎌田首治朗

1 学校と教師が活用できる価値を求めて

プロローグで述べたように，人間教育が最も重視することに「日本の教育の在り方」を考えることがある。日本中の学校が教育基本法で明記されている「人格の完成」という教育の目的を確かに深く進めることなしに，梶田（2016）がいう「人間としての高次の成長・発達」は子どもたちに保障されないし，「教育の具体的な在り方を『人間的な』ものへと是正」することは前には進まないからである（175頁）。そのため本章では，「人間教育の教授学に示唆すること」を「日本の教育の在り方に示唆すること」という面から論じている。

しかし，一つの章という限られた紙面で戦後の「これまでの授業改革」を詳細に読者に伝えることは不可能である。そこで，本章では「これまでの授業改革」の具体的内容，方法の詳細については立ち入らず，逆に学校と教師が汎用，活用できる価値がある，それらの在り方や価値観（哲学）を取りあげることにした。これにより，読者は学校と教師の在り方を思考することになり，その結果，学校と教師の日々の取り組みと実践に生きると考えるからである。

本章では，「主体的学習研究会」「『学び方』を育てる教育」「バズ学習研究会」「範例的学習」「発見学習」「仮説実験授業」「極地方式研究会」そして「完全習得学習」の八つの「これまでの授業改革」を対象としている。これらは，すでに70年代末に梶田（1978-1979）が雑誌『総合教育技術』で「現代教育主張の総点検」として12回にわたる連載を行った際に対象とした授業改革のほとん

どすべてを対象にしている。

　論じるにあたって，まず次のことを述べておきたい。教育の在り方，授業の在り方，教師の在り方を追究しようとする努力は，日本の教育に関わる学校，教師，研究者，団体，組織等において絶えず行われてきたものであり，日本の教育が発展するエンジンともいえるかけがえのない大切な努力である。その結果として一つの学習方法や学習方式を打ち立てるという行為は，並大抵の努力やエネルギー，苦労では実現しないものである。この苦労や努力を不断に続けてきた過去の先輩方，すべての人々に，心から最大限の敬意を表したい。あれこれ述べるのは，どこまでいってもこの敬意の上での話である。

2　これまでの授業改革は何を示唆しているのか

(1) 主体的学習研究会

　「主体的・対話的で深い学び」が日本の学校と教師に問われている今，「主体的学習」を研究会名に掲げる「主体的学習研究会」について振り返ることは意義のあることである。村上（1968）によると，主体的学習ははじめからそれを目標に掲げて始まったものではなく，「学力を育てようとして……（略）……現代学習指導の欠陥にメスを入れた際に浮かんだもの」（20頁）であるという。

　では，村上の述べる「現代学習指導の欠陥」とは何なのか。それは当時の教室で展開されていた，子どもたちに「受身」を強いる授業であった。その代表例が「"教える─覚える"の教授中心型学習」である。これを村上は「先生が学習展開の中心になって一時間の殆どを話し，子どもは聞き，ノートしているというような学習指導」「一時間の内の七割から八割までが教師活動で，残りの二，三割が子どもの活動といった学習指導」とより具体的に述べ，これでは「いったい誰が学習しているのかと言いたくなる」（17頁）と批判している。これらの授業を，村上は全くの受身学習であるとし，このような学習指導では子どもに「受身の学習態度が身について」しまい，子どもが「先生の教えがなければ」学習しなくなり，「学級全員の主体的な学習態度の形成などは思いもつ

かない」と述べ，厳しく批判している。そして，「このような指導をつづけて」いると「記憶による学力」はついても，「理解していく力，問題を解決していく力」はつかないということを述べ，教授中心型学習では求められる力を子どもたちに育てることは難しいという本質的指摘を鋭く行っている（31-32頁）。ここには，授業の中で子どもたちを受け身にしている限り，子どもたちに主体性を育てることはできないという村上の強い問題意識がある。

　一斉授業，学習者を受け身にする学習の問題点を鋭く突いた村上（1968）の批判からおおよそ半世紀が経ったが，「当時の授業」が持っていた問題点は未だ現在の教育が抱える問題点でもある。

　さらに，村上は以下のように述べている。

　　従来の学習指導では学力向上というねらいが強く，<u>学習を通して人間形成をする</u>という面が，ややもすると忘れがちでした（ママ）。私たちは<u>学習指導という真理</u><u>探究の学問の場で主体的に探究していく過程においてこそ，人間形成としての重要</u><u>な一部面である主体性の教育ができる</u>と考えたのです。（村上〔1968〕27頁，下線部は以下もすべて鎌田）

　主体的学習の主張から示唆を受けるべきは，学習者理解を怠り，教師が一方的に話し，板書し，学習者の人間的成長を見落としているような教授中心型学習から脱却することの重要性である。そのような授業では，児童生徒はおとなしく聴いている，従順にノートに板書を写しているという学びを強いられ，肝心の「人間形成としての重要な一部面である主体性の教育」は進まない。「主体的に探究していく過程」のない学びが，学習者に主体性を育てることはできない。そして，このような授業に終始していると，人生を主体的に生きる「指し手」を育てなければならないはずの教育が，学習者を「駒」に育ててしまうことにもなりかねない。その結果，教師は「師」とはいえない「教え屋」に成り下がってしまう（この「指し手」と「駒」については，梶田〔2016〕がド・シャームの言葉であることを紹介しながら，それらの内面構造について言及しているところである〔13-28頁〕）。

　「アクティブ・ラーニング」が強調されているからこそつけ加えるが，いく

らアクティブであっても，学習者個人が「主体的に探究していく過程」がない
学びでは，「人間形成としての重要な一部面である主体性の教育」を実現させ
ることはできないのである。

（2）「学び方」を育てる教育

　梶田は，日本学び方研究会が「第二次大戦後，『むり』と『むだ』と『むら』
のない合理的，能率的，連帯的な教育活動の展開をねらいとして繰り広げられ
てきた『教育技術運動』を母体として，昭和四十一年六月に発足」し「昭和五
十年現在で会員数一万人と豪語する」研究会であって，「大正新教育運動以来
さまざまな形をとって展開されてきた学習中心的教育観に立っており，わが国
の授業改善運動の系譜を最も忠実に受け継いでいるものの一つといってよい」
（「現代教育主張の総点検―2」『総合教育技術』昭和53年5月号，小学館，70頁）存
在であることを述べている。梶田（1978）によれば，「確固とした理論的体系
や斬新な創意を欠く反面，非教条的かつ臨機応変的に既存のさまざまの主張や
実践上のアイデアをどん欲に取り入れ，自分たちのものにしている」（70頁）
研究会ということになる。

　「学び方研究会」の研究に込められた願いは，「学び方」という名称ではあっ
ても，そこだけにはとどまらない。石川（1995）によれば，その願いは「学び
方」ではなく，学習者の主体的成長にある。石川（1995）は「『学び方』とい
うことばは，すでに戦前から使われていますが，それは主として，学習のスキ
ルに対するハウツーであった」こと，「現在の『学び方』は，学習の効率化ば
っかりを問題にするのでなく，自ら学ぶ主体的な人間の育成を中軸に据え，<u>広
く人間のくらし方や人間の生き方，そのあり方を問題にしているもの</u>」である
ことを述べている（63頁）。つまり，「学び方研究会」の「学び方」は「スキ
ル」や「ハウツー」ではなく，「自ら学ぶ主体的な人間の育成を中軸に据え，
広く人間のくらし方や人間の生き方，そのあり方を問題にしている」というこ
とである（同頁）。

　ただし，そこには「主体的」とは「自ら学ぶ」というとらえだけでよいのか

という疑問が残る。人間が主体的になることとはどういうことなのか，そのためにはどんな資質・能力が求められるのかということを究めようとすることなしに，主体性を育てる試みが真に前進するとは考えにくい。しかし，ここでは「個が集団のために抑圧されたり，阻害埋没されることのないよう配慮される必要がある」（51頁）ことを述べ，現在の教育が見逃しがちな集団における個の主体性の問題を指摘していることをむしろ評価しておきたい。

　石川（1995）が述べる「知識をたくさん身につけたもの知りよりは，たとえ身につけた知識は少なくても，それをなん倍かに生かす，自ら学ぶ力を持つ人間が必要である。このことは頭で理解しながら，実際の授業になると，あいかわらず教科書の知識を教え，それを子どもが受容するという授業をおこなっています。多くの現場の教師はこの矛盾に陥っています」（41頁）という授業への問題意識，「教育には，教える働きと育てる働きがあります。人間それぞれに『育つ力』があるから，教えることが可能なのです」「教育は教えるのではなく，『育つ力』を助けるという，育てる働きであって，教えるなどとはおこがましいということになります」（19頁）という教育観は，現在も各教師が自身の教師としての在り方を自問自答する上で大切な視点を含んでいる。

　「おこがましい」という言葉には，過去において諸先輩方が生み出した授業実践への研究，理解を欠いたまま自らの授業実践を最適解扱いし，無自覚に無謬主義に陥り，自分を勘違いしてしまいやすい一部の現場教師や実務家教員が参考にすべき意義と意味がある。

　ただし，「教育は教えるのではなく，『育つ力』を助ける」と言い切ることには，相対的に教師の指導性を弱めてしまう危険性があることも指摘しておかなければならない。「教えるのではなく」という表現で教えることを否定し，「『育つ力』を助ける」として「助ける」ことに焦点を強く当てることが，学校と教師の指導の実態を踏まえたバランスのとれた表現になっているのかという問題である。これを文字通り受け止めて，教えない教師が生まれたらどうなるか。

　「学び方研究会」の願いを反映するとすれば，「教育は，教え育てること。そ

して，教え育てたのであれば，学習者に付けたい力が付いていなければならない」と述べる方が適切ではなかろうか。教えない教師は学習者を育てることはできない。教えるだけで学習者を育てられない教師は，「師」ではなくたんなる「教え屋」である。そして，「教え育てたい」と願うのであれば，その結果学習者にめざす力が付いているのかということを，梶田（1994）が述べる「達成目標，向上目標，体験目標」の三つの目標類型にそって見届けることができなければならない。

（3）バズ学習研究会

　バズセッションは，参加者が積極的に発言できる少人数の話し合いとして知られている。しかし，バズ学習の提唱者である塩田（1970）は，「人間関係を基盤とする教育。認知と態度の二つの目標を同時に達成することをねらいとする指導。そのために適切な学習課題を設定し，それらを児童生徒の充実した相互作用によって解決させていく過程の中でひとりひとりの児童生徒の学習をより効果的なものとしようとする方法」であり，「このような教育の研究や実践は，もはや『バズ学習』という名称ではじゅうぶんに現し得ないような包括的，一般的なもの」であると述べている（6頁）。これは，「バズ学習」がたんなる小集団を軸にした話し合いの活用技法ではなく，学校学習全般を対象とした学習指導原理をめざしているものであることの表明である。

　バズ学習もまた，その他の授業改革運動がそうであったように「一斉学習という漫然とした体制や形態の中では，あまりにもたいせつないろいろな要素が見落とされている」と述べ，一方通行の指導を批判している。その見落とされている「いろいろな要素」について塩田は，「学力と人間関係」が「それぞれ別々に培われるのが当然だと考えられて」いること，そこから「学力を高めることと，仲よく協力し合うこととは，必ずしも同一の学習活動の中で同時に求められはしなかった」こと，そして「一方では仲よく協力しようといいながら，他方では競争的排他的にならざるを得ないような指導方法が無自覚に進められ」，その中で「必要以上の優越感や劣等感が交錯して，楽しいはずの学習の

場が，実は冷えきったものになっていたり，望ましい人間形成をはばんでいた
のかもしれない」ことなどを挙げている（20-21頁）。そして，「テストがあっ
て教育がない。他人をけおとすことがあっても協力することはない。話はして
も対話がない。自己防御はするが連帯性はない。個々バラバラで知識一辺倒の
エゴイスティックな人間形成。こんな現代教育の反省にたち，本質にたちかえ
るためにバズ学習の研究や実践をはじめた」（37頁）と述べている。

　塩田が述べるように，「バズ学習」もまた，これまでの授業改革運動と同様
に，学習者の主体性育成についての高い問題意識を持っている。それは，次の
二つの引用からもわかる。

　　班を構成するという形のうえからは，バズ学習もグループ学習とよく似ているが，
　本質的には大きな違いがある。バズ学習は，班もだいじにするが学級もだいじにす
　る。しかし究極は個人を高めることなのである。バズ学習は集団主義の教育理念か
　らは出ていない。けれども個人が高まるためには全体が高まらなければならない。
　ときには班としての結論も求めるが，それは原則ではない。したがって，班に対し
　て，学習分野や役割の分担をしないのが普通である。課題も，個々に対して同じも
　のが投げかけられ，個々がそれに取り組む。そして，思考や練習の過程で相互作用
　するのである。（25頁）

　　「まず自分で考える」という鉄則が忘れられてはならない。課題が投げかけられ
　たら，まず自分で取り組み，わかることとわからないことをはっきりさせ，あるい
　は自分の考えを持って話し合いにはいらせたい。漠然と聞くのではなく，何の，ど
　こを聞くのかを明確にし，自分はこう思うがどうなのか，という姿勢をもたせたい。
　（43-44頁）

　平成29年版学習指導要領が述べる「主体的・対話的で深い学び」は，個の主
体性を学校と教師が本気で保障し，育成しようとしなければ，泡と消えるであ
ろう。上記のような「バズ学習」の持つ問題意識を現在の学校と教師は重要な
示唆として受け止めるべきである。「対話的」という言葉を字面だけで追いか
け，小グループでの話し合いさえしていれば「対話的」だと安易に考える傾向
を，残念ながら否定できないからである。「バズ学習」のめざすところが，「究

極は個人を高めること」にある（塩田，1970）と言い切っていることの意味は大きい。主体性の育成をめざすということは，これまでの授業改革運動が持つ本質の一つなのである。

（4）範例的学習

　井上（1971）は，範例的学習が1951年ごろから西ドイツに出現した「範例方式（das exemplarische Verfahren, das Exemplarische）」にのっとった学習のし方であることを述べている（11頁）。この「範例方式」の教育観をとらえるために少し長いが以下の二つを井上（1971）から引用する。

　　従来の教育では，たくさんの知識を網羅的に何でもかんでも教え込み，しかもそれらの知識がバラバラで断片的なまとまりのないものになりがちで，いわば百科全書的なもの知りをつくりながら根本的な理解が欠けている，という傾向がつよかったように思われます。そこで網羅的にすべての知識を平板に教える代わりに，似たような共通の性質をもった教材がいくつかあるとき，これらを「類型」（Typus）としてとらえ，これらの共通性質を最も典型的に表現している一つの教材（「個物」Individum という）を代表としてえらんで学習し，その教材の学習でえられた考え方を，その類型に属する他の教材にも適用し，類推的に把握させよう，という方式が，範例方式です。（12-13頁）

　　実質的陶冶説のいうように，すべての知識をもらすことなくことごとく学習できると考えることは幻想に近いことであり，形式的陶冶説のいうように，無内容の知的能力の鍛錬などというものは成立しえないことです。一定の内容に即して形式的陶冶を行い，それによってえられた力で新しい教材を学びとる，というように，実質的陶冶と形式的陶冶とが相互補完的に循環してこそ，教授の目的が可能である，というのが古くからの結論です。それにもかかわらず，教育界の大勢としては，多量の知識を知っていることをもって学力があるとする実質的陶冶説のような考え方が支配的です。（18頁）

　これらの箇所は，現在の教育の課題を検討する上で重要な示唆を含んでいる。範例方式には，「従来の教育」が「たくさんの知識を網羅的に何でもかんでも

教え込み，しかもそれらの知識がバラバラで断片的なまとまりのないものになりがち」であるという問題意識がある。そこには「いわば百科全書的なもの知り」をつくる，「多量の知識を知っていることをもって学力があるとする」悪しき教育観が存在し，その結果，結局学習者には「根本的な理解が欠けている」学びをさせてしまっているという，「従来の教育」に対する強い問題意識がある。それは，社会で通用しない「生きない学び」を学校と教師が懸命に追求しているという矛盾の指摘であり，「生きる力」を育てなければならないと考える強い問題意識である。

　社会で通用する「生きる力」を育てるため，「範例方式」は「類型」という共通性質を最も典型的に表現している「個物」を代表としてえらんで学習し，「その教材の学習でえられた考え方を，その類型に属する他の教材にも適用」する反復を保障し，考え方を「類推的に把握させよう」とする。これは，いわば個人が活用できる諸々の概念の構成を学習の目標におこうとするものであり，学習指導要領が三つの資質・能力の柱を教育によって育成しようとする際に示している，教科の本質を通してものの見方・考え方を育成する道筋と重なる主張といえる。つまり，「範例方式」は学習指導要領よりも早くに，教科の本質を通してものの見方・考え方を育成する試みに取り組んだ授業改革運動としての面を持っている。

　「実質的陶冶と形式的陶冶とが相互補完的に循環してこそ，教授の目的が可能である」と井上（1971）は述べているが，ここには「相互補完的に循環」するのは「教授」という行為上のことであるという確かな視点がある。この視点を，学習指導要領の示した三つの資質・能力の柱を育てる際にも堅持すべきである。すなわち，授業改革の視点を落としては三つの資質・能力の実現はありえないということである。

（5）発見学習

　水越（1977）は，「発見学習」とは何かについて「1　学習課題をとらえる」「2　仮説を立てる」「3　仮説をねり上げる」「4　たしかめる」「5　発展す

る」(36-53頁) の条件を満たしたものであるとし,「歴史的なタテのひろがり」(14頁),「発見学習の裾野の広さ」「ヨコの広がり」(17頁) について述べている。

　「歴史的なタテのひろがり」について水越 (1977) は,「近世以降に限定してみても, コメニウス, ルソー, ペスタロッチ, スペンサー, デューイ, ラッセル」といった人物をその系譜として紹介している (14頁)。「発見学習の裾野の広さ」「ヨコの広がり」については,「我が国の場合に限ってみても, 多種多様な類似形態があげられる」こと,「すなわち, 発見学習の前身ともいうべき課題解決学習, 現場に広く浸透している主体学習や創造的学習, 理科をテーマにとった仮説実験授業や探究学習, さらには各教科・教材での展開を前提にした発見的学習などをあげることができる」ことを述べ (17頁),「発見学習」がアメリカはもちろん, 西ドイツでは「範例方式の中に, 発見学習的な考え方が組み込まれ」(18頁) ていたり, 日本では「森　昭氏 (空白ママ)」が「発見学習」と「篠原助市氏の『教授原論』, 広岡亮蔵氏の『発見学習』, ブルーナーの『発見法』, さらには板倉聖宣氏らの『仮説実験授業』などにみられる共通の土壌を分析している」(30頁) ことを紹介している。このように水越 (1977) が述べる「発見学習」のタテ, ヨコのつながりと広がりは, 教育という営みにおいて「問題解決」や「発見」ということが, いかに重要で本質的なものであるかということを示唆している。

　教育は, 学習者を教え育て, その結果として, 学習者が自分の意志で「人格の完成」の道を主体的に進むという人間的成長をめざすものである。そのためには, 学習者個人が自分自身の学びと体験, 自問自答の繰り返しを通して, 自身の「実感・納得・本音」を積み上げていかなければならない。個人の在り方を究めようとする行為である「人格の完成」が, 教壇からの一方通行の知識の伝達によって成り立つと考えることには本質的に無理がある。したがって, 学習者が自分自身をとらえ, 自分自身と対話し, 自分自身を深めていくためには, 教育に「問題解決」や, 教材の「謎」の「発見」と「解決」, そして自分自身の「発見」を含めた「発見」的要素が盛り込まれていることが重要となる。それらは, 当然教授学において求められ, 意識され, 試行されることになる。お

よそこれらのことなしに，「人格の完成」の道を自らの意志で主体的に歩む個人の誕生は考えられないのである。

　知識・技能の習得を目的にした螺旋的反復的トレーニングであっても，トレーニングの必要性を学習者にわかりやすく指し示し，それを学習者が納得できていなければ，学習者の意欲にスイッチは入らず，主体的にはなれない。ましてや，「生きて働く知識・技能」を習得し，「未知の状況にも対応できる思考力・判断力・表現力等の育成」を実現し，「学びに向かう力・人間性等の涵養」をめざすとなれば，一層学習者個人の納得は重視されなければならない。そのとき，自己の「発見」をめざす「発見」的要素は，一層不可欠なものになる。

　そもそも年間計画，単元計画を通して鍵となる「主体性」「追究力（深める力）」を育てようとすれば，その授業づくり，授業改革に一つの型や正解などは存在しない。そこに求められ，現れるものは，この後の「極地方式研究会」でも述べるように何があっても子どもたちに力をつけたいと願う指導者の決意と執念である。そこには，教師の人格，教師としての在り方が現れる。そしてそれは，自己理解を基にした学習者理解の深さにも大きな影響を与える。にもかかわらず，教師もその周辺の流行の好きな研究者も，教師の人格や人間性ではなく，方法に固執しようとする。この点で，水越（1977）の次の引用部分は示唆的である。

　　基本形態とその内部手順をいくら精緻に定めてみても，それはあくまでも抽象的な骨組にすぎないということである。それは関数関係を表わ（ママ）す公式にたとえ得るであろう。

　　　現実においては，教科・教材，学習者の発達，学習者および教師の経験や関心，既有知識，個人および学級集団の適性やタイプ，さらには活用し得る資材や機器といった諸々の変数が，その公式にあてはめられることによってはじめて，発見学習の具体的な姿があらわれてくるのである。(34-35頁)

　ここでの水越（1977）は，「公式」を声高に叫んでいるのではない。述べていることは，「公式」が「あくまでも抽象的な骨組」にすぎず，そこに「諸々の変数」を入力することで初めて「発見学習の具体的な姿があらわれてくる」

ということであり，「変数」という表現で教育の本質を述べているのだともい
える。水越が述べる通り，教育というものは変数だらけである。教師一人一人
が変数であり，教師と子どもたちとの関係も変数であり，子どもたち一人一人
もまた変数になる。同じ学級，個人でも，日によって時間によって異なりが生
まれる。このように変数だらけの教育において，唯一絶対の正解など存在する
はずもない。その変数の大海を泳ぎ抜く力こそが，教師の人格，その人間性で
ある。そして，そのことにふれている授業改革に「仮説実験授業」があり，
「極地方式研究会」がある。

（6）仮説実験授業

　「仮説実験授業」は，自作の「授業書」を基に理科の授業を行う。この具体
的な授業方法の提案から，仮説実験授業の在り方がうかがえる。そこには，日
本の教育，日本の子どもたちの成長を我がこととしてとらえ，授業改革に何と
か貢献しようという強い情熱が存在している。
　板倉（1969）は，「いかに教育結果のすぐれた授業でも，それが教師に過大
な要求をするものであっては，授業研究の立場からは無意味といわなければな
らない」（223頁）と述べる。そこには，「過大な要求」を求められやすい学校
と教師の状況を他人事にしない板倉の熱い思いが現れている。
　「仮説実験授業」の「授業書」は，「従来個々の教師の熟練とカン（ママ）に
たよっていた授業を標準化することによって技術化し，その技術的改善の道を
ひらき，教師の技能の限界をこえた授業の成果を技術的に保証しようとする意
図で作成」（225頁）されているものである。そこには，「授業はその授業を担
当する教師とそのクラスの児童（生徒）集団の間に実現されるものであるが，
その授業の中でクラスの成員が科学上の基礎的な概念（法則・理論）を認識し
ていくためにもっとも適当な授業というものには，個々の教師やクラスの特性
にはよらない一つの法則性がある」という認識が土台にある。「その法則性を
客観的にとらえて，どの教師・クラスでもその法則性にもとづいて授業をもっ
とも能率的に展開しうるようにする技術的な処方箋ともいうべきものが『授業

書』」であり，「じっさい，これまでの数書の技術書によって授業を行うと，どの教師・クラスでもかなりの広範囲にわたって同じような授業が実現しうることがほぼ明らかになっている」と板倉（1969）は述べている（225-226頁）。

　ただし，「仮説実験授業」は，教師の在り方を問わずにただたんに「法則性」をかざしている類いの研究では決してない。それは板倉（1969）が「目標3　以上のような授業が特別のベテラン教師でなくても，教育に熱意のある教師ならだれでも実現できるような一切の準備だてをする」（222-223頁）を挙げた上で，「『教育に熱意のある教師なら』と限定したのは，仮説実験授業のプランがいかによく準備されたとしても，教師にそれをよく理解して実施するだけの熱意がなければ所期の成果をあげうるとは期待しえないからである。とくにこの授業が新奇のものに思われる段階では，この授業の意図をまちがって理解して中途半端な授業を展開するおそれがあるので，この但し書きが必要なのである」（223頁）と述べているところからわかる。

　とはいえ，理科という教科，その背景にある科学の特徴といえる「解明できる」という確信は，教育方法においても「法則性」の存在を訴えることにつながる。しかし，人間を相手にした場合，個々の存在と心の在り方の複雑さと多様性から，自然科学のような「解明」はなかなか難しい。そこには，深い自己理解とそれを基にした他者理解，そして各人による解釈が存在するだけである。対象の個人が変われば文脈は変わり，それに伴い過程と結果も変わる。「授業書」を使って授業をしていようとも，学校，学年，クラスが変わり，授業者が変われば，授業の中味と成果は同一にはならない。

　もちろん，授業づくりの鉄則，ポイントといった羅針盤的役割を果たす要素は，それを明らかにする努力を継続すればそれなりには見えてくるし，そのことを否定したいのではない。それらを設定しようとする努力は大切であり，重視されなければならないが，その結果生まれてくるものは決して一つではないということである。

　しかし，そうであるからこそ，板倉（1969）の次の言葉には大きく頷くことができるし，学習者の成長にかける思いを共有できる。それが，「目標1　目

指す概念と法則をすべての子どもたちが使いこなせるようにする。──授業の
プロセスの中で，最終的にはクラスの子どもたちが（特殊な例外をのぞき）
100％新しい問題に正しく答えられるように授業書を組織し，終末テストのク
ラス平均は，ケアレスミス等を考慮して90点になることを基準とする」
（220-221頁）である。ここには，説明責任に終始する名ばかりの教育とは一線
を画した，子どもたちの成長に結果責任を果たそうとする「仮説実験授業」の
決意とその強さを感じる。

　教師一人一人に名前があるように，教師一人一人の授業には個別性がある。
その中で揃えなければならないものは，上辺の表面的な教育方法ではなく，教
師の教育への決意である。「仮説実験授業」には，その決意がある。そして，
それは「極地方式研究会」においてより鮮明となる。

（7）極地方式研究会

　「極地方式研究会」には，現代の教育への示唆に富む教育観，哲学がある。
それは，現代の教育が抱える課題にも適応できるものであり，むしろ現代にお
いてこそ注目されるべきものである。

　高橋・細谷（1974）は極地方式研究会発足に関して，「『高いレベルの科学』
と私たちがいうとき」には，それは「私たち教師自身の自然観を変え，何が何
であっても子どもに教えたいと願わずにはいられないものでなければいけませ
ん」（7頁）ということを述べている。そして，「『すべての子どもに教える』
と私たちがいうとき，それは『できる子にも，できない子にも』ということで
はない」こと，「大自然の中では，できる子もできない子もない」「すべてが集
団の中で，一人一人固有のはたらきをすることができる」（7頁）ことを続け
て述べている。

　この箇所は，大村はまの言葉を想起させる。かつて大村（1983）は，「私は
何はともあれ，ほんとうの国語力を，人間を人間にすることばの力をつけよう，
──つけたつもりではなく，ほんとうにつけようと思って，単元学習であるか
ないか考えることも忘れて，一つ一つの学習に取り組んでいるうちに，実際に

は，はっきりと経験単元（生活単元）にむかっていた」（8頁）と述べた。教育が，教師の信念，志なしには前に進まないものであることを，両者は共に熱をもって指摘している。教師が「つもりではなく」，本気で力をつけたいと願うこと，「何が何であっても」「ほんとうにつけよう」とすることは，教師の道を真摯に歩むものであるからこそ到達できる世界観，哲学といえる。そこには，子どもたちを育てようとする「師」としての強い決意と覚悟がある。と同時に，教師が「何が何であっても子どもに教えたい」と思えるものを教えてこそ，子どもたちに伝わる授業が成立するという，授業改善，授業研究の道を真摯に歩んでいないと見落としやすく，忘れ去られやすい重要な指導観がある。さらに，高橋・細谷（1974）が「私たち教師自身の自然観」を変えてこそ付けたい力の育成が実現すると述べている点も，決して見落とすことはできない。自分を変えることを棚に上げて，子どもたちには自分を変えなさいと安易に要求する教師が決して少なくないからである。「何が何であっても子どもに教えたい」という教師の願いは，教師の自己変革という成長，人格の高まり抜きには成り立たないものであるともいえる。

　また，「極地方式」の教育観，人間の変革，成長に対する哲学には，重要課題への挑戦，困難や失敗を乗り越えてこそ変革，成長が進んでいくことの重要性が明確に含まれている。それを示している箇所が，高橋・細谷（1974）の「『テキストをつくろう』と私たちがいうとき，それは私たちの成果を不動のものとして定着させることではありません。／リフトのある山は山ではない！飛行場のある極地は極地ではない！　活字でテキストに固着した私たちの『極地方式』は，私たちの自然観・科学観・教育観のあまさ，足りなさの動かぬ証拠となるでしょう。私たちはそれを否定して，更に新しいテキストをつくらねばなりません。それが，実践というものではないでしょうか。／みなさん！／疲れを忘れて前進しようではありませんか！」（8頁）であり，「極地方式」の綱領（「極地方式　水上綱領，七三」）にある「わたしたちの教授原理は『生兵法実践主義』——法則を使うことによって身につける——である。／半わかりでよいから，自分の考えを大胆に大自然に適用し，失敗しながら法則をつくりあ

げよう」(41頁),「(4)　わたしたちの教授原理は Zigzden-Zagzden 方式である。」「失敗の中にいつも成功への転機がある」(42頁),「(7)　『機械論』をおそれるな。おそろしいのは,固定的にしか考えられないわたしたちの心である。直進しよう,そして失敗しよう。そこから新しいルートが発見される」(42頁)である。そこには,あふれ出さんばかりの勢いで「極地方式」の教育観,哲学が語られている。

　「リフトのある山は山ではない!　飛行場のある極地は極地ではない!」と,困難を恐れるどころか自ら困難にめがけて進んでいこうとする彼らの価値観を,見通しのない冒険主義と一緒にしてはならない。彼らには,人間の成長のためには失敗と縁を切ることはできないという認識と,だからこそ成長し続けようとする自分たちであれば,失敗に直面するに違いないという覚悟がある。彼らは,楽に都合よく成功しようとは考えていない。右肩上がりの直線的成長など存在しないことを自覚し,リアルに成長と人生の困難さを直視する。だからこそ,ジグザグだけではなくズデン,ズデンと大きく転ぶことを必須のことと考え,「ジグズデン‐ザグズデン法」(35頁)と命名する。

　「失敗の中にいつも成功への転機がある」という言葉は,口先の言葉ではない。だからこそ彼らは,「半わかりでよいから,自分の考えを大胆に大自然に適用し,失敗しながら法則をつくりあげよう」といえる。それは,自ら「失敗しながら」何かを「つくりあげ」た体験,経験があるからこそ確信を持って語ることができる言葉である。そういう体験を越えてきたからこそ,「疲れを忘れて前進しよう」と彼らはきわめて前向きにいえる。それは,その「疲れ」や「失敗」の先に自分たちの成長があることを実感しているからこそいえることである。

　また,「私たちの自然観・科学観・教育観のあまさ,足りなさ」を謙虚に見つめられるのは,不完全な自己を自分で受容でき,不完全な自分にこそ今後の成長の可能性があること,そもそも完全な自己など存在しないということを認識できているからだといえる。今の自分を完全であるなどという傲慢なものの見方は,自ら成長を止めてしまう愚かな錯覚である。逆に不完全な自分という

認識は，自分の成長を追究しようとする意欲と謙虚さにつながる。

　高橋・細谷 (1974) は，「われわれは，一定の『方式』を採択することによって，特定の『形式』を，盲目的に採用しようというのではない」と宣言し，「未知の科学領域において，どうしたらよいかもわからぬ困惑に当面した時に，過去のありったけの経験を一定の原理として結集させて，その原理に助けられて，失敗をおそれずに，とりあえずの困惑を減少させて，既知の領域をひろげていこうとするのである」(35頁) と述べる。そこにあるものは，人間の成長という行為を真摯に自分事で思考した産物ともいえる。「未知」の「領域において，どうしたらよいかもわからぬ困惑に当面」するのは，何も科学に限った話ではない。だからこそ学習指導要領も「思考力・判断力・表現力等の育成」の前に「未知の状況にも対応できる」という表現を付けている。人生を生きる上で，「未知」で重要な難問に直面する事態は珍しいことではなく，必須のことである。「どうしたらよいかもわからぬ困惑に当面した時」に，「過去のありったけの経験を一定の原理として結集させて，その原理に助けられて，失敗をおそれずに，とりあえずの困惑を減少させて，既知の領域をひろげていこうとする」姿勢は，人生で困難や挫折に直面しても諦めず，前向きに生きることに通じる。ここには，科学の領域をしっかりと思考すれば，それが人間性を磨くことに通じる可能性，人間性を磨く努力を怠らなかった人間は科学の領域においても自分らしく前に進める可能性が存在する。そこにあるものは，学習指導要領が学校と教師に問いかけている各教科のものの見方・考え方が人間性とつながっていること，各教科の本質は教科を指導する教師の人間性によってよりわかりやすく学習者の前に提示できる可能性があることへの示唆といえる。

　だからこそ，極地方式の課題はそこにあるのだともいえる。

　綱領の作成に関わった人物や高橋，細谷が到達した教育観，哲学といったものに共感したり賛同したりすることはできても，本人たちがそこに至るまでに体験した苦労克服体験そのものを共有することは難しく，実感の裏付けとなる体験，経験には空所が生まれてしまう。共感者や賛同者たちが，先駆者たちが生み出した教育観，哲学を真に受け継ぎ，深く自らのものにしたいと願うので

あれば，その空所を自分自身の体験によって埋めなければならない。そのために必要なことは，「極地方式研究会」で学ぶことはもちろんのこと，授業づくりを軸に教師として挑戦し，苦労を克服していく体験，その中で深い自問自答を愚直に重ねて，人間としての在り方，その高みをめざそうとすることである。それがなければ，高橋や細谷たちの到達した教育観，哲学に，真の意味で近づくことはできない。このような課題に，真摯に挑戦し続けようとした人物が「極地方式研究会」に何人存在したのかということこそが，授業改革の発展のために当時の「極地方式研究会」に問われていたことではなかろうか。そして，このことは，授業改革運動に取り組む研究会，団体のすべてに共通して求められることでもある。

　「これまでの授業改革」の継承が現在困難になっている要因は，学校と教師の多忙化だけではない。そこにある壁は，一人の人間が成長していくということ自体の壁である。その壁を乗り越えるためには，強い問題意識（「自分の問い」と「自分への問い」）と決意，挑戦と困難に屈しない個人の在り方が求められる。直面する苦労や困難，失敗や挫折に対して，自分のことを諦めず，先が見えにくくとも逃げ出さずに立ち上がろうとする人間としての在り方である。自問自答を繰り返し，立ち上がって再挑戦することから目を背けず，愚直に前に進もうとする人間としての，教師としての在り方こそが，自己を磨き，自己をつくる。高い価値観と哲学を有する研究会ほど，このような自己の在り方を確立しようとしている人間が全構成員の中にどれだけ存在するのかという，きわめて具体的で高いハードルを越えることが求められる。そして，次の日本の教育は，まさに一人一人の教師にこのような在り方を求めている。授業改善のために教科教育研究会に属し，能動的に授業研究に取り組み，その中で課題や困難に挑戦し続けることが，教師としても，人間としても磨かれ，成長していくことに通じる。それは，各人が自分の人生を豊かに生きる上でも求められる，切実で重要な課題である。

　かつて斎藤（1991）は，「自分自身に対する問いかけ」を行うことを教師に求めた。斎藤は，この「自分自身に対する問いかけ」ができない教師を「自分

の持っている一定の型に子どもを近づけようとする教師や教育関係者」（42-43頁）であると述べ，教師のそういう考え方は何より授業の在り方に現れてしまうことを述べた。そして，「自分自身に対する問いかけ」ができない教師を「傲慢であり，不遜であり，恐れを知らないということになる」（43-44頁）と厳しく批判し，「教育は，絶えず自分自身に問いかけ，自分自身を否定したり変革したりしていかなければならないはずである」と述べた（43頁）。さらに斎藤は，「いまの多くの教師は自分を持っていない。自分の実践とか自分の考えとかを持っていない。持っているものは，単なる解説書とか雑誌とかから得た寄せ集めの知識だけである。人から聞きかじった断片的な知識だけである」と述べ，「教師は自分を持ち，自分の実践を持った人間になっていなければならない」と述べた（152頁）。

　「働き方改革」を浅く理解し，教育にとって最も重要な行為の一つである授業改善の努力まで負担軽減の名の下にそぎ落としてしまうような愚かなことは，間違ってもしてはならない。そんなことをすれば，授業改革が一層衰えることは言うに及ばず，自己を変える挑戦をしないまま教師を続け，教師としての生きがいを実感できなくなる不幸な教師が大量に生まれかねない。教師になった以上は，負担であろうと逃げられない課題というものがある。教師は「未知」の「どうしたらよいかもわからぬ困惑」から逃げることなく，「過去のありったけの経験を一定の原理として結集させ」，「失敗をおそれず」に「既知の領域をひろげていこうとする」挑戦を続けなければならない。そのときの「既知の領域をひろげていこうとする」挑戦には，「自分の問い」と「自分への問い」を持った自己変革に果敢に挑戦する謙虚な教師としての在り方が求められる。だからこそ，教師は授業改革を通して，教師としても人間としても磨かれ，その「生きる力」を磨いていけるのである。

（8）完全習得学習

　梶田叡一は，ブルーム理論の紹介，継承，発展で著名な心理学者である。その梶田（1979）は，「完全習得学習」を「シカゴ大学のブルーム教授が中心と

なって推し進めてきたマスタリーラーニング（完全習得学習）の理論的・実践的研究は，教師の予期的な構えの変革，指導目標の明確化と焦点化，成績とは無関係な形成的評価の活用，等という点をとくに重視し，その実現をはかることによって教育実践の基本的なあり方を変え，『落ちこぼれ』のない教育を実現しようというもの」（「現代教育主張の総点検─10」『総合教育技術』昭和54年1月号，小学館，87頁）であると述べている。そして，そもそも「カリキュラム改革だけで事態は解決するわけではない。一番重要なのは，現実の教育実践をどのように変革するか，ということである。この点での本質的な改革がない限り，カリキュラムをいくらいじってみても真の解決にはならないのである」（86-87頁）と述べている。この指摘は的を射ている。いくら質の高い学習指導要領をつくろうとも，それを実践する学校と教師の実力を磨かない限り，その学習指導要領は生かされない。「現実の教育実践をどのように変革するか」ということこそ，日本の教育にとっての大命題である。そして，この大命題に本気で応えようとすれば，現状の学校と教師には意識改革と自らの教育観をさらに磨くことが必要である。

　具体的にそれは，授業改善の道に学校と教師が突き進むことである。その道は，校内研究だけで終わってはならない。校内研究は，管理職や研究リーダーの異動，研究する教科領域が数年スパンで変更されることが多いために，研究の蓄積に課題が生じる。教師各人が，多忙を理由にせず，自分が選択した教科教育研究会に参加し，自分で校内の研究授業，研究会の提案授業に挑戦し，自分事として教材研究，単元と授業の設計，そして指導案作成を何度も行い，早く年間の指導の流れを体感できる教師になることである。そうなることが，授業改善の「守・破・離」の「守」の段階にあたる。この道筋を懸命に歩けば，B. S. ブルームら（1973）が述べる以下の言葉を，実感をもって受け止められるであろうし，そのことを切に期待する。

　　教師なら誰でも，生徒の3分の1は自分の教えることを十分学習し得るだろうという期待をもって新しい学期や課程を始める。また教師は，生徒の3分の1は落伍するか，せいぜいどうにか問題にならずにすむ者だと考え，残りの3分の1は，教

師の教える多くのことを学習はするが「良い生徒」と見なすには不十分な者だと考えている。こうした教師の予期的な構えは，学校の方針や成績評価の実施に支えられ，評価法や教授法，教材などを通して生徒に伝達される。このシステムは，生徒を成績評価によって最終的に分類すると，教師が最初に予期したところとほぼ等しくなるという自己完結的な予言能力を作りあげているのである。教師や生徒の学業上の目的を固定させてしまうこうした予期的な構えは，現在の教育システムにおける最も浪費的で，破壊的な側面である。それは，教師や生徒の向上心を減少させ，生徒の学習意欲を減退させ，更には，来る年も来る年も欲求不満を抱き自尊心を傷つけられるような状況下で10年ないし12年間登校しなくてはならない，かなりの数の生徒の自我や自己概念を組織的に破壊しているのである。(61頁)

3　授業改革が示唆するものと人間教育

　具体的な授業づくりとして，私たちがこれまでの授業改革から示唆を受けなければならないことは何なのかについて考えてみよう。

(1) 個の探究，学習者の人間的成長を

　主体的学習研究会しかり，「学び方」を育てる教育しかり，これまでの授業改革は教授中心型学習からの脱却を強く主張している。教授中心型学習とは，バズ学習研究会の主張に沿えば「個人を高めること」を見失った指導である。範例的学習の主張に沿えば，それは「たくさんの知識を網羅的に何でもかんでも教え込み，しかもそれらの知識がバラバラで断片的なまとまりのないものになりがちで，いわば百科全書的なもの知りをつくりながら根本的な理解が欠けている」学習観，指導観による学習となる。

　授業の形式が講義形式なのか，対話形式なのかという形の問題ではない。授業のやり方の問題ではなく，個を高めよう究めよう，学習者を人間的に育てよう，という学校と教師の在り方こそが問われている。

　この視点が欠けるようでは，対話形式の授業であっても授業の終わりには教

授中心型学習と何ら変わらないという危険性がある。また，学習者個人の成長よりも成果の効率を優先し，指導者が授業をコントロールできているかどうかを重視し，その場限りの授業の盛り上がりを優先しているようでは，やはり授業は教授中心型学習に陥り，学習者は「百科全書的なもの知り」づくりの学習観に振り回されることになろう。

　教育は学習者を教え育て，その人間的成長の実現をめざすものである。それは，結果として学習者が，自分の意志で「人格の完成」の道を主体的に進む崇高なものである。間違っても，「テストがあって教育がない。他人をけおとすことがあっても協力することはない。話はしても対話がない。自己防御はするが連帯性はない。個々バラバラで知識一辺倒のエゴイスティックな人間形成」（塩田，1970，37頁）をめざしているような授業に陥ってはならない。学校と教師は，これらを自己の認識にしたい。

（2）学習者理解を

　個の探究をめざすということは，学習者が自分で自分を磨こうという意識になることであり，学校と教師が学習者のそういう意欲的挑戦的な状態をつくり出そうとすることである。したがって，個の探究をめざそうとするならば，一斉授業の指導だけで済むはずがない。学習者一人一人には，それぞれが抱えている辛さ・悲しさ・寂しさがあるからである。つまり，学習者にはそれぞれの心と学びの姿があり，そうである以上は指導者には，まず学習者理解が求められる。この学習者の心の問題，本音や意識の問題を横に置いたまま，学習者一人一人をやる気にできるはずもない。学習者がやる気にならないままで，学習者による個の探究がめざせるはずもない。

　しかし，学習者理解は容易くできるものではない。自分の内面世界を理解すること自体が難しいのに，他者である学習者の内面を理解できていると考えることは，思い上がりや傲慢にも等しい。自己理解が不十分な自分が，学習者理解ができると考えることは難しい。しかし，ここにこそ理解の謎を解く鍵がある。自己理解のできていない自分に，学習者理解ができているはずがないとす

れば，自分を理解できていれば学習者の内面性を理解する力になるかもしれない。理解の鍵は，自己理解力にある。自分が自分を深く，大事に理解しようとすることこそが，自分の学習者理解の力を上げる。

　学習者理解のためにも，教師が自分の人生を豊かに生き抜くためにも，教師は自己理解に励む必要がある。教師による自己理解が，学習者理解を前に進める。ここに，自己理解と他者理解の統一がある。

（3）目標実現に向けた教師の本気，決意を

　教育が，教師の信念，志なしには前に進まないものであることを，これまでの授業改革は強く主張している。仮説実験授業しかり，極地方式研究会しかり，である。学校と教師の仕事は，もともと一直線に進むものではない。絶えず見直しを迫られ，ときに後退せざるをえない。しかし，その困難や失敗と向き合い，そこから前向きに学ぶことを通して，学校と教師は成長できる。学校と教師の成長によって，教育は前に進む。極地方式研究会が述べるように，ジグザグだけではなく，ズデン，ズデンと大きく転びながら，である。目標実現には，この「ジグズデン－ザグズデン法」を当たり前のこととして受け入れ，そういう困難と向かい合っても，ひるむことのない，諦めることのない，教師の本気，決意が必須である。

（4）人間教育の理念が示唆するものを

　以上の上に，完全習得学習をはじめとするブルーム理論を軸に，学習者を人間として扱い，人間として成長させていこうとする人間教育の理念から示唆すべき授業の在り方を述べよう。

①形成的評価の立場を堅持する。

　学校と教師は，学習者の姿を通して自らの取り組みと指導の評価・改善をしなければならない。基礎的な能力と適性の違い，傾向はさまざまであっても，完全習得学習の根拠にもなったキャロルの法則が「学習率＝学習に費やされた時間／学習に必要な時間」と式で示したように，十分な指導と学習時間が与え

られるならば，ほとんどすべての子どもたちが学習指導要領に示された程度の学力を獲得することが十分に可能であるという能力観・学力観を，学校と教師は自らの確信にしなければならない。「何があっても」子どもたちに力をつけるという学校と教師の情熱は，この確信があってこそ生まれるものである。すでに述べたように，これまでの授業改革が我々に示唆してくれているものも，そういう学校と教師の確信と構えの重要性であり，それを授業改革を通して実現しようとする挑戦そのものなのである。

②徹底した教材研究をし，単元目標と単元の出口を明確にする。

　この場合の「明確にする」とは，具体化を意味する。単元の出口における具体的な到達点を，教師が子どもたちになったつもりで，子どもたちの言葉を使って想定し，表現することを指す。教材研究においては，学習指導要領（小学校であれば6年間，中学校であれば3年間の学びのゴール）→ゴールから遡った当該学年の年間計画→単元のゴールとそこに到達できる単元計画→1時間のゴールとそこに到達できる授業計画，とゴールから逆算して目標を実現できる単元計画，授業計画を設計する。この逆向き設計は，日本の授業研究の高みでもある。これは欧米の研究から由来した面だけでなく，日本の授業研究がその実践研究を積み上げていく中で到達したものでもある。したがって，間違っても教師は研究授業当日だけの出来映えに走るような「本時中心主義」に陥ってはならない。

　梶田（1994）は，教育目標を「達成目標・向上目標・体験目標」の三つに分類し，その特質を述べた（13-15頁）。それぞれの目標には，求められる時間のスパンに異なりがあり，指導の成果の現れ方も違う。比較的短い時間でみんなで到達できる「達成目標」は習得させるべき目標でもあり，達成させ切らなければならない目標でもある。「向上目標」は，「達成目標」より時間のスパンが長く，指導した成果の現れ方も一様ではない。「みんなで一緒に」ではなく，一人一人を個人内評価を軸にして育み，励ます必要がある。「思考力・判断力・表現力等」が対象となり，活用させる中で鍛えたい力でもある。しかし，「体験目標」は「向上目標」よりももっと長い時間のスパンが求められ，指導

した成果がどう現れるか，いつ現れるかということは明確にはいえない。涵養
という大きな願いを持ち，花が咲くのは個々によって異なり，先の話になるこ
とを了解した上で，体験させる価値のあることを是非とも体験させていかなけ
ればならない。

　③**存在しない「青い鳥」探しをしない。**

　教育が我々に与える難問をすべて解決してくれる「青い鳥」を探す必要はな
い。それは，かえって問題から学校と教師の目をそらしてしまう。唯一絶対で，
正解の授業展開，方法が存在すると考え，探すという行為の無意味さに気づき
たい。「正解」という「青い鳥」は存在せず，その代わりに存在するものが，
自分の足下にある自分の授業である。それが学習者の人間的成長を結果として
生み出せているかどうかを検証し，不十分であれば改善する授業改善の繰り返
しにこそ，難問の克服への道を進める鍵がある。「青い鳥」の代わりに存在す
るのは，教師が主体的にギリギリまで悩み考え抜いた授業であり，最適解かど
うかはわかるはずもないが，今よりはよくなると授業者自身が考え，納得して
行う授業という形の自分の解（自分解）である。自分解には，自分が現れる。
教師である自分の個性が現れ，難問に対する自分の主観的なとらえ，そして自
分の学習者理解のレベルが現れる。だからこそ，教師は自分を磨く。自分の人
間力を高め，人格を磨かない限り，自分解の質は高まりも深まりもしないから
である。

　④**授業の構造を考える。**

　①②③から，教育活動の展開の中で絶対に子どもたちが獲得しておかなけれ
ばならないものに即して適切な形成的評価を行い，活動展開の軌道修正や必要
な再学習・補充学習の導入等をはからなければならない。こういう指導を実現
する手法，授業の構造を考える手法として，タイラーにおいてみられ，ブルー
ムにおいて一般化されたといわれる「目標分析」の手法がある（「目標分析」の
手法については，本書第3章参照）。

　授業は，教師の在り方や個性等によって，同じやり方をしているつもりでも，
過程も結果も変わるものである。何人においても，自分の授業がこれで完成し

たと考えることはできない。それは，完成ではなく，たんなる陥穽である。それぞれの教師が，自分に合った，そして目の前の子どもたちに合った授業方略を数多く見つけ，それを実態や場面，目的に応じて使い分けることが少しでもできるように努力することが必要である。

　このように考えれば，「目標分析」の手法は重要な示唆に富む。と同時に，教師は研究授業に精進しなければならない。校内研究だけに満足せず，小学校教師であっても自分が授業研究の対象とする教科を決め，教育委員会と連携した教科教育研究会に主体的能動的に参加することが求められる。自ら手を挙げて多くの授業提案をさせてもらうこと，自分の授業を忌憚なく，的確に指導助言してもらえる諸先輩方に出会うことが，教師としての自分の成長のためには欠かせない。「青い鳥」は，このような授業研究への挑戦と，その挑戦をし続ける教師の内にこそ存在する。

　⑤子どもたちが自分という存在を意識し，自分をとらえようとする学習体験を重視する。

　これは，人間教育の教授学においても，「学びに向かう力・人間性等の涵養」においても，きわめて大切にされなければならないことである。「自分の考え」「自分の意見」を自分で考えるだけの場と時間が授業の中にあること（ひとり学び），友だちの意見・理由【根拠】と自分のそれを交流し，比較できる場と時間が授業の中にあること（みんな学び），課題に対する解の豊かさや深さについて探究する場と時間が授業の中にあること（自分学び）が，きわめて大切になってくる。授業では「自分」を大切にし，子どもたち一人一人の「自分らしさ」を本人だけでなく，本人と教師とが共に考えていくことが重要である。

　このときに，教師自身が主体的に自分を磨いている存在であるならば，その教師は誰に何を言われなくとも自分を究めることの重要性を実感し，学習活動の中で子どもたちが自分の意見を深める場の設定に心を砕くであろうし，子どもたちの以前との変化，前進を見落とさずに拾い上げて褒め，その価値を子どもたちに見える形で示すはずである。学力保障と成長保障の両全を実現し，子どもたちに「学びに向かう力・人間性等の涵養」を実現するためには，教師自

身が学びに向かう力とその人間性を磨き，「人格の完成」の道を真摯に歩むことが，今まさに求められている。

 さらに学びたい人のための図書

梶田叡一（2017）『教師力の再興——使命感と指導力を』文溪堂。

▶求められる使命感と職務遂行能力，「師道」の再興の必要性を述べている。教師としての在り方を考えるために役に立つ本である。

梶田叡一（2016）『人間教育のために／人間としての成長・成熟（Human Growth）を目指して』金子書房。

▶梶田叡一の自己意識論を平易にわかりやすく述べた「人間教育」論の集大成ともいえる本である。自己内対話を進める上でも役に立つ。

引用・参考文献

石川勤（1995）『学び方——授業のすすめ方』小学館。

板倉聖宣（1969）『科学と方法』季節社。

井上弘（1971）『範例的学習入門』明治図書出版。

大村はま（1983）『大村はま国語教室　第1巻』筑摩書房。

梶田叡一（1978-1979）「現代教育主張の総点検」『総合教育技術』1978年4月号-1979年3月号，小学館。

梶田叡一（1994）『教育における評価の理論Ⅰ——学力観・評価観の転換』金子書房。

梶田叡一（2016）『人間教育のために／人間としての成長・成熟（Human Growth）を目指して』金子書房。

斎藤喜博（1991）『現代教育批判』国土社。

塩田芳久編（1970）『バズ学習の実践的研究』黎明書房。

高橋金三郎・細谷純編（1974）『極地方式入門——現代の科学教育』国土社。

野瀬寛顕（1980）『学び方教育のすすめ』小学館創造選書。

ブルーム，B.S. 他／梶田叡一他訳（1973）『教育評価法ハンドブック』第一法規出版。

水越敏行（1977）『発見学習入門』明治図書出版。

村上芳夫（1968）『主体的学習入門』明治図書出版。

第Ⅱ部　人間教育を具現する

第 7 章

学習意欲を高める授業
——学び続ける子どもに——

上淵　寿

1　学習を始める契機

（1）学びに向かうきっかけ

　人が学びに向かうとき，私たちは何をきっかけとしているのだろうか。その原因はさまざまだろう。ここでは，子どもが，世の中の事柄に注意を向けること，世の中で起きた事柄に興味を持つことを，その条件として挙げておこう。

　学習動機づけのきっかけの一つとして興味を挙げることに異論を唱える人は少ないだろう。興味とは，物事に対しての好意やそれに対して積極的に関わろうとする感情を指す。

　興味と似た言葉に好奇心があるが，好奇心はさまざまな内容へ関心を持つ傾向を指すのに対して，興味は特定の内容への関心を指す。このように好奇心も興味も，どちらも学校教育では大切な感情傾向だと考えられるが，ここではとくに最近研究が多く，新しい知見が得られている興味に焦点をあてて考える。

　また，興味は，最近の心理学研究では特定の内容へのその場限りの興味である「状況的興味」と，特定の内容へ興味を持ち続ける傾向としての「個人的興味」に分けることが一般的となっている。

　さらに，個人的興味の中身としては，たとえば特定の主題に関する好みや，特定の教科への好意，個人的な楽しさ，特定の主題の個人的な重要性を挙げることがある。

　こうした2種類の興味と興味を呼び起こす環境について，図7-1のような関

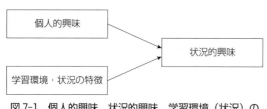

図7-1　個人的興味，状況的興味，学習環境（状況）の関係

（出所）筆者作成。

係が考えられている。

　この図に従えば，子どもに特定の主題（たとえば，説明文の理解，季節の変化）の学びを促進したいのならば，まずは興味を促すように学習状況を構成していく必要がある。いきなり個人的興味を高めようと考える人もいるかもしれないが，人の心理傾向（要はパーソナリティや性格のようなものである）は，状況の変化にかかわらず安定的なものであり，それ自体は変化しにくいものと考えられている。したがって，子どもの個人的興味に変化を求めるならば，それなりの時間や労力が必要になってくる。そのために，とりあえずは状況的興味を促す環境づくりが先となるだろう。

　まとめると，子どもの学習動機づけへの第一歩は複数あるだろうが，ここでは状況的興味を引き起こすように学習状況を工夫することが重要なことを指摘した。

（2）きっかけづくりの支援

　上に書いたように，人が学びに向かうきっかけとしては，事柄に注意を向けること，世の中のことに興味を抱くことを挙げた。学校教育でそうしたきっかけをつくるためには，課題や教材などへ注意を向けるようにはたらきかけることや，子どもの興味をひく課題を提示することが大切である。

　もう少し詳細には，以下のような教育的支援が考えられる。

　教科書のような教師が教えたいことをまとめたものばかりではなく，具体的で現実について詳しく書いた教材（たとえば，歴史でいえば一次資料）を示す方が，興味を湧かせるものである。

　また，教師自身が学習者となって，授業の単元等についてどんなふうに学んだのか，そしてその内容のどこが教師にとって面白いのかを語るのも一つのや

り方である。この方法を採ることで，教師は子どもにとって教師ではなく，学習者としてのモデルとなり，それを観察することで，子どもは自分たちが学んでいることの何が面白いのか，興味を持って学ぶこととはどんなことなのかを学ぶことになる。

　さらに，子どもの興味をひくためには，たとえば子どもが驚きを示すような課題の提示がなければならない。人が驚くのは，予想と現実のズレが大きかったときである。

　最後に，変化をつけることが大事だろう。基本的に学校での生活は良くいえば規律正しく，悪くいえばマンネリ化しがちである。したがって，しばしば行われることだが，授業の導入時に変わったことをしたり，新奇な物を導入したりすることで，子どもたちが心躍るような工夫をすることは大切だろう。

（3）学びのきっかけをつくる実践

　学校教育で子どもの興味をひく実践は数多くなされている。たとえば，古典的な例としては，仮説実験授業等が挙げられる。

　ここでは，ものづくりを小学校理科の電気の学習に取れ入れた例（室伏，2004）を紹介する。この実践では，「ものづくりは，活動そのものが興味・関心の対象となること，活動の中に子どもの日常を取り入れやすいこと」を理由として，子どもたち自身がものづくりをすることから電気の学習を展開していくことをねらっている。

　具体的には，三つのものづくりが行われた。一つめは，牛乳パックを建物，プリンの容器をエレベーターに見立てて，電池でモーターを動かしてプリンの容器を持ち上げる「簡単エレベーター」をつくる作業である。二つめは，備長炭を材料にしてつくる「備長炭電池」を利用して，電子メロディを鳴らしたりモーターを回したりする実践を行った。三つめとしては，子どもたちに電気を利用して思い思いのものづくりをさせる実践を行った。実際には，モーターカー，回旋塔，メリーゴーランドなどの作品がつくられた。

　こうした実践は，いずれも身近な材料から簡単に，しかも動くものをつくる

ということで，授業に変化を導入した実践と考えることができるだろう。

　上記の実践報告では，子どもたちの学習に対する興味・関心の高まりをみることができたが，知識の深まりや認識の成立を調べることが難しいことも述べられている。教育実践では，知識の深まりを調べることが難しいだけではなく，興味の高まりが知識や学びの深まりに結びつかないことも多い。この問題の克服とも関係付けて，次節では，学習を方向付ける動機づけの役割について考える。

2　学習を方向付けること

（1）自尊感情との関係から──達成目標

　学習に子どもを動機づけるという意味で，教科や課題に興味を持つことは重要である。しかし，それだけでは不十分な場合もあるかもしれない。学校教育で学びをする際，表面的な知識の暗記だけではなく，知識と知識を結びつける深い理解が必要だからである。実際に人が行動するように動機づけられる必要があるからだ。

　だが，興味や関心をもって学びを始めるとき，すでに子どもは一定の方向性をもって学習をしているといえる。その興味や関心は，次第に学校の中で自分はできる，あるいはできない，という学業への自信の高低に向かっていくことが多い。とくに小学校中学年以降，他人との比較から「できる」「できない」と判断するようである。そして，他人と比べて学業成績が上位であることが自尊感情を高めて，学業成績が下位であることが自尊感情を低めるといわれている。このように，学校教育での学習は思春期以降，学業成績が自尊感情と結びつき，できることで自尊感情を守ろう，あるいは高めようとする手段として学習が利用されるようになる。このような目標の在り方を，動機づけ研究ではパフォーマンス目標と呼ぶ（上淵，2004）。

　一方，他人との比較ばかりを人はするわけではない。自分自身の過去と照ら

し合わせて今の自分の成長や発達を捉える場合もあるだろう。このように他人ではなく自分を基準として成長することを目標とする場合，この目標の在り方をマスタリー目標と呼ぶ（上淵，2004）。

このマスタリー目標とパフォーマンス目標を合わせて達成目標と呼ぶ。

では，達成目標は，学習とどう関係するのだろうか。まず，マスタリー目標は，積極的な行動につながりやすいことが指摘されている。それに対して，パフォーマンス目標は，他人と比べた場合に成績が劣る，すなわち失敗することを恐れるという意味で，これからの成績に自信が持てない場合，行動に消極的になりやすく，また失敗した後で無力感に陥りやすいといわれている（上淵，2004）。

マスタリー目標は，個人の中での比較をしつつ成長していくこと自体が目標であるのに対して，パフォーマンス目標は，あくまでも他人と比べて成績が高いことによって自尊感情を高めたり維持したりすることが目的である。

ゆえに，一般的には，マスタリー目標を設定する方がパフォーマンス目標を設定するよりも，理解や深い学習につながりやすいと考えられている。

（2）達成目標からの方向付けの支援

マスタリー目標を設定することを奨励する立場からすれば，他者との比較ではなく，各自の個性を認めて，それが以前と比べてどのように発達したのかを，学習者に認識させることが大切だろう。

そのために，まず子ども一人一人が違っていることを前提として，子どもの発達や成長を評価する必要があるだろう。当たり前のことかもしれないが，実際には一人一人が違っていること，個性を認めることは，集団での生活や行動を前提とする学校ではかなり難しいことである。そして，過度な競争や比較ではなく，子どもの今・ここでのありさまを認めていき，考え方や理解の変化を促すということであろう。

また，できないことは，「だめ」という意味ではなく，あくまでも今の状態の正確な情報であるとの考えを積極的に伝える必要がある。そして，できない

ことを克服するための手段がきちんとあることを，適切にフィードバックすることが重要である。

　しかし，一方で他人との比較は，それなりに学習者に大切な情報をもたらすものでもある。他人と比べることで，自分はどこが他の人と違うのか，自分らしさとは何か，どこが十分で，どこが十分ではないのかがわかる。そのため，学習者の自信，積極性，能動性，創造性につながる他人との比較は，認めていくことも必要であろう。

　ただし，学習者の無力感，消極性，失敗の回避につながる他人との比較は，丁寧に避けることが大切だろう。この点については，次の（3）項で扱う。

（3）自主性との関係から──自己決定理論

　近年の動機づけ研究では，自分のことを自分で決めて（自己決定的），自律的，能動的に物事に取り組む動機づけ，すなわち自律的動機づけが高い状態の方が，低い状態よりも健康面や活動面などでプラスに影響するとされている（長沼，2004）。学習面でいえば，自律的動機づけが高いほど，深い学習を行うことが研究で示されている（長沼，2004）。

　しかし，どんな人でも，すべてのことを最初から自分で決めているのではない。また，他人から行動を強制される他律的な状態から，自ら進んで行動する自律的な状態へ変化する場合もあるだろう。

　動機づけの有力な理論の一つに自己決定理論がある（長沼，2004）。これは複数の小理論から構成されている。その一つの有機的統合理論は，このような他律から自律への自己の変化を段階的にとらえたものといえるだろう。その段階は，簡単にまとめると以下のようになる。まず，「やらない」段階の「非動機づけ」段階，他者から「やらされている」段階の「外的」段階，他者の価値観を自分のものにしようとして，「〜をしなければならない」と考える段階の「取り入れ」段階，他者の価値観を理想とみなして「〜でありたい」段階の「同一化」段階，他者の価値観を完全に自分の価値観とした，「〜をしたい」段階の「統合」段階，最後に，興味から「〜をしたい」段階の「内発」段階，で

図 7-2　有機的統合理論での他律から自律への段階

（出所）筆者作成。

ある。つまり，有機体統合理論は，他律から自律への変化を，他人の価値観を自分のものとして内面化する過程だとみなす（図 7-2）。

　最近の動機づけ研究の多くは，質問紙への回答によって動機づけに関係する概念を測定し，他の心理変数との関係を調べるタイプである。自律性の段階の質問項目について，学習場面の例を下に挙げておく（岡田・中谷，2006）。

　1）内発的理由……好奇心が満たされるから

　　　　　　　　　教材や本が面白いから

　2）同一化的理由……将来いろいろなことに役に立つから

　　　　　　　　　　将来の成功に結びつくから

　3）取り入れ的理由……まわりの人についていけなくなるのは嫌だから

　　　　　　　　　　　しておかないと不安だから

　4）外的理由……まわりからやれと言われるから

　　　　　　　　しないとまわりの人が文句を言うから

　他者から動機づけられた行動は，自己決定的ではない。しかし，他者の価値観を自分に統合すると，その行動は自己決定的なものとして経験される。自己決定を支援する環境は，内面化を促す。この環境とは，①明瞭な理由を説明する，②行為の主体という感覚を認める，③選択の自由を示す，の三つである（上淵，2018）。

　"明瞭な理由を説明する"は，子どもに学習に取り組む理由をきちんと説明することである。それにより，子どもは学習に取り組む理由を理解し，学習への価値付けを受け入れる，すなわち内面化することができる。

　"行為の主体という感覚を認める"は，子どもが他人からの要求に対して経

験した抵抗感や葛藤を，正当なものとして認める言葉をかけることに当たる。これにより，他人からの要求と自己の感覚との間に生じた葛藤が和らげられ，他人からの要求と自己の主体としての感覚との統合が促される。

　"選択の自由を示す"は，子どもをコントロールするような言葉ではなく，より選択の自由を感じられる言葉を使うことである。これによって，子どもは，自主的な選択の結果として学習に取り組んでいるという感覚を強めて，自己決定感が高まることになる。実際，自己決定を支援する環境にいる人たちの方が，自己決定を支援する環境にいない人たちに比べて，課題に関わる時間が長くなるという研究がある（上淵，2018）。

　さらに，この内面化を促進するには，関係性の支援，有能さの支援，自律性の支援が，順に必要とされている。では，この支援はどのような意味を持つのだろうか。それを説明するのがやはり，自己決定理論の構成要素の一つである，基本的欲求理論だ。

　基本的欲求理論とは，人には三つの基本的な社会的欲求があり，それが充足されると，その人の自律的動機づけが促進される，というものである。ここでいう三つの欲求とは，有能さの欲求，自律性の欲求，関係性の欲求である。まず，有能さの欲求とは，簡単にいえばできるようになりたいというものである。自律性の欲求とは，自分のことは自分で決めたいというものである。最後の関係性の欲求とは，重要な他者と親しくしたいというものである。

　つまり，関係性の支援，有能さの支援，自律性の支援とは，各々の欲求を充足するようなはたらきかけを指す。そして，基本的欲求の充足により，自律的動機づけが高い状態になる（図7-3）。

（4）自己決定理論からの方向付けの支援

　自律的動機づけの知見から，学習者の自己決定感が重要であることがわかってきた。この自己決定感を高めるためには，上述のように選択の自由が必要である。この場合の選択にはいろいろな種類がある。たとえば，課題の選択，課題を学習する方法の選択，学習する場所の選択，学習する時間の選択などであ

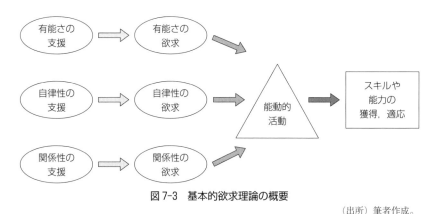

図 7-3 基本的欲求理論の概要

（出所）筆者作成。

る。こうした自由度をできるだけ高くすることで，学習者は学校での学習でも一定の自己決定感を経験できることだろう。

さらに，自律的動機づけは，基本的に一人学びに関わる動機づけだと思われがちだが，学習者に対して適切なアドバイスやフィードバックを与えることも忘れることはできない。とくに，学習者が自力で課題を解決できるような形で，フィードバックをすることで，コントロールタイプではない情報の伝え方が可能になる。

また，自律性の内面化ということから，教師は学習者を支える温かい支援的関係を持つように心がけることが必要だろう。

（5）子どもの方向付けの実践

ここでは，達成目標の観点から評価の実践例について一つ挙げる。広島市立千田小学校の研究報告（2008）において，「一人ひとりのよさを生かす評価活動の工夫」という見出しで，以下のように記述がみられる。「学習の結果として進歩の状況を捉え，後の学習や次の単元の指導に生かした評価であること。さらには，個性を生かす教育を実現するという観点から一人ひとりのよさを認め，それを伸ばす評価観・指導観が大切であるなどといったことに対する共通理解を図ってきた。こうしたことから学習の中で，個人内評価や学習の過程で

の評価，自己評価や相互評価を重視し，観察やノート，作品，発表などといっ
た評価方法の多様化を図ることで実践的研究を進めていくことになった」。

　これは，上述のマスタリー目標設定のための教育活動に近いものだというこ
とができるだろう。

　一方，自己決定理論の観点からは，かなり以前の例だが，兵庫県の但東町立
合橋小学校で行われた実践（岸本他，1996）を紹介しよう。この小学校では，
学校のオープン・スペース化（物理的な学習環境）と個性化教育（方略）とが同
時並行的に行われた点で興味深い。ここでは主に個性化教育の一環として行わ
れた実践について触れたい。合橋小学校では，子どもによって課題を変えたり，
1単元の時間数を子どもに提示したりして，その中で学習のペースを子ども自
身が計画できるように工夫した。また子どもによっては，他の子どもと一緒に
机で学びたがる子どももいれば，座卓などで勉強したがる子どももいる。こう
した子どもの学習の仕方については，その個性を認めている。また学習計画を
子どもが立てるにあたっては，低学年の子どもに対しては適切なモデルとなる
時間配分を示している。そして学習の進度について自己点検カードへの記入を
習慣付けさせている。こうした実践の結果，6年間をかけて子どもの自主的な
学習にまかせる教師の姿勢や，教育が確立していった。

　子どもに選択の余地がかなりある中で学習が進むように工夫されているのは，
自己決定理論の示唆に近いものがあるだろう。

　子どもが学習に対して他人との比較ではなく，自分の中での成長を目標とし
たり，自主的に学ぶ態度を持ったりすることが深い理解や学習につながりやす
いということから，上記の実践はそれぞれ意義深いものと考えられる。その一
方で，どうしたら学びを続けていけるのかについて，さらに考える必要がある
だろう。それについては，次の節で扱う。

3　学習を続けていくこと

（1）学びを続けていくには

　子どもが学習を積極的に続けていくには，ただ興味を持ったり学習行動を自ら選択したりするだけでは十分ではない。途中で飽きてしまうこともあるだろう。あるいは困難にぶつかって諦めてしまうこともあるだろう。

　学習動機づけが続いていくためには，特定の内容に対する安定した興味を持つこと，適切な行動による成功経験やその予測などが，重要だと考えられる。とくに安定した興味は重要である。

　最近の教育心理学での興味研究では，人の興味は，状況的興味（場面ごとに異なる，不安定な興味）から個人的興味（場面にかかわらず一定の物事に興味を持つ安定した傾向）へと次第に発達すると考えられている。ゆえに，学校教育では，子どもがこのような安定した興味傾向にはたらきかけることで，学習が持続することが考えられる。

　また，学習に対する無力感や諦めについては，自信を失うことで生じると一般にはされるが，とくに先述のパフォーマンス目標を設定しているときになりやすいとされる。

（2）学びを続ける支援

　子ども一人一人は各々興味をいだいている事柄が違う可能性がある。つまり，個人的興味は一人一人異なるのである。ゆえに，学校教育で学びを続けていくためには，個人的興味に合わせて課題の内容選択に幅を持たせることが望ましいだろう。これは自律的動機づけへの影響という観点から考えても奨められる方法である。

　また，個人的興味は一人一人違っていても，クラス全体で何らかの共通した興味を見いだせることもあるだろう。また，子どもの個人的興味をつないでいき，そこに共通点を見いだすこともできるかもしれない。

　このような興味の共通点を手がかりにして，子どもの安定した個人的興味を育てられる可能性もある。

　一方，無気力になった学習者は，学習に対して嫌悪感を経験しているものである。だから，強制的に学校の学習をさせようとすると，かえって回避的な動機づけを高めることになってしまう。つまり，学習を避ける方向で物事を考えたり行動したりするようになってしまう。そのために，いきなり学習課題に直面させるのではなく，子どもの自信が回復していくのを「積極的に待つ」必要があるだろう。積極的に待つというのは，ただ待つのではなく，子どもが少しでも学習課題に関わろうとしたら積極的に支持したりほめたり認めたりすることである。しかし，強制はしないという意味で「待つ」ことになる。

　そして，子どもは学校の学習にだけ目を向けているわけではないことを，教師は直視する必要があるだろう。つまり，学校以外のことも含めて子どもの持つ多様な現実を知る必要があると考える。その上で，学校での学習に興味を持ってもらうために，何ができるかを考えた方がよい。そうしなければ，教師の努力は学校学習の枠にとらわれすぎて，子どもたちのありのままの姿を無視してしまうことにつながるかもしれない。

（3）学びを続ける実践

　達成目標の観点からの実践例についてはすでに述べているので，ここでは学びを続ける支援について，興味の観点から実践例を挙げる。相模原市立大野台中央小学校では，「共に学びを創り，問い続ける子どもの育成」をテーマとして平成26年度校内研究を行い，報告をしている（相模原市立大野台中央小学校，2014）。その中で「本校の総合（的な学習の時間）は，学年で題材を固定していない。これは『子どもありき』という考え方を大切にしたいからである。また，子どもの考えや願いに寄り添いながらも，教師も期待に胸を膨らますような題材を選んでいきたいと考えている。だからこそ，子どもが題材に興味をもつように，題材との出会いに工夫をしたり，子どもの考えや願いをじっくり聞いて，それに丁寧に応えたりすることを大事にしていきたい」と述べ，実際には授業

の中での子どもの様子を随時観察して，「今現在，子どもがやりたいことや解決したい問題は何か」を分析した。それを手がかりにしながら，「（やりたいことや解決したい問題の）達成や解決を見通して，どんな学習活動に取り組むかを考え，問いに対する出口として，……子どもの発言や姿を期待」して，授業を行っている。

　個人的興味の構成要素として，「特定の主題に対する個人的な重要性」があることから，ここでいう「子どもがやりたいことや解決したい問題」とは個人的興味の対象といえそうである。それに寄り添いながら，学習活動を支援していくのは，学びを続けるための学習動機づけにはたらきかける実践といえるだろう。

（4）今後の実践に向けて

　子どもの個人的興味に関わる実践は興味深い。その一方で，子どものつまずきや無力感に対する関わりや対応策も必要であろう。それについては，先の2節で紹介したマスタリー目標の設定の支援のなどが参考になるかもしれない。

 さらに学びたい人のための図書

スティペック，D. J.／馬場道夫訳（1999）『やる気のない子どもをどうすればよいか』二瓶社。

　　▶学校での学習動機づけについて教育的な視座から書かれたものである。筆者は，
　　アメリカの動機づけ研究者で，発達や教育的観点からの研究も多い。

上淵寿・大芦治編著（2019）『新・動機づけ研究の最前線』北大路書房。

　　▶動機づけ研究の心理学理論は，誤解されていることが多い。その誤解を解くための鍵となる書物の一つである。

引用・参考文献

上淵寿（2004）「達成目標理論の最近の展開」上淵寿編『動機づけ研究の最前線』北大路書房，88-107頁。

上淵寿（2018）「学習の動機づけを理解する」多鹿秀継・上淵寿・堀田千絵・津田恭充

『読んでわかる教育心理学』サイエンス社，155-178頁。

岡田涼・中谷素之（2006）「動機づけスタイルが課題への興味に及ぼす影響——自己決定理論の枠組みから」『教育心理学研究』第54巻1号，1-11。

岸本一之・中井良興・松島貞雄・坂本直義・谷口育史編（1996）『オープンスクールをつくる——合橋小学校の改革とその歩み』川島書店。

相模原市立大野台中央小学校（2014）「平成26年度校内研究概要」。

長沼君主（2004）「自律性と関係性からみた内発的動機づけ研究」上淵寿編『動機づけ研究の最前線』北大路書房，30-60頁。

広島市立千田小学校（2008）「平成20年度千田小学校研究推進『豊かな感性を持ち，主体的に活動する子どもの育成——かかわりを大切にし，考える力を引き出す授業づくり』」。

室伏淳（2004）「児童の興味・関心・意欲を高める教材の工夫及び開発——子どもが意欲的に取り組む『ものづくり活動』のあり方」神奈川県立総合教育センター『神奈川県立総合教育センター長期研修員研究報告』第2巻，41-44頁。

第 8 章

科学的な思考力・判断力・表現力を育てる授業
──自ら考え，判断し，表現する子どもの育成をめざして──

角屋重樹

　「人間教育」を考えると，子どもに真の意味での主体性と他者や自己とのかかわりによる対話を保障する授業を構成することが必要となる。そこで，本章では，自然の事物・現象を対象とした，主体性や他者とのかかわりによる対話に基づく授業改善をめざした。授業における主体性の確立や他者とのかかわりによる対話が成立するためには，子ども一人一人が思考力・判断力・表現力を獲得することが前提になる。今までの理科の授業は思考力・判断力・表現力の育成をめざしてきたが，その具体的な方略を提案していないことが多かった。本章では「すべ」という視点から，自然の事物や現象を対象とした理科における思考力・判断力・表現力の育成の方略を明らかにすることにした。本章で述べる「すべ」は，主に，思考・判断・表現の操作に関するものである。このため，内包や外延という視点から明示する概念のように規定することが不可能である。また，「すべ」は，スキルと異なり，文脈や本人の発達，成長によって変容するもので，暗黙知や文脈に依存するものである。思考・判断・表現のそれぞれの「すべ」について，以下の節でくわしく述べる。

1　思考力の育成と「すべ」

（1）思考とは

　思考とは，ある目標のもとで，子どもが既有経験により対象にはたらきかけ種々の情報を得，それらを既有の体系と意味付けたり，関係付けたりして，新

しい意味の体系を創りだしていくことであると考えられる。ここでいう意味の体系とは，対象にはたらきかける方法とその結果得られる概念やイメージなどをいう。

　したがって，科学的思考力を育成するためには，子どもが自然事象に関して自分で問題や目標を設定し，既有の体系と意味付けたり，関係付けたりして，新しい意味の体系を構築していくことが必要になる。思考力の育成のための意味付け，関係付けには，違いに気づいたり，比較したり，観察している現象と既有知識を関係付ける等の「すべ」がある。

　そこで，子どもの科学的思考力を育成するためには，自然事象を対象とする学習指導において，①違いに気づいたり，分類したり，比較したり，②観察している自然事象と既有知識を関係付けるなどの「すべ」を獲得できるようにする工夫が大切になる。

（2）違いの気づきや比較としての思考

　ここで，比べる力と関係付ける力のそれぞれを理科の学習指導過程である問題解決において具体化すると，以下のようになる。

　理科の問題解決活動において比べる力としての科学的な思考力を育成するためには，まず，子どもが直面している文章や映像，図表，事象等について，現象どうし，あるいは現象と既有の知識との間に違いを見いだすことが必要になる。枯れた植物と枯れていない植物を観察することを例にすると，両者の違いに気づくことである。このような違いを見いだすことから，子どもは現象の違いがどの原因（要因）によって生じたのかを考えるようになる。

　ところで，事象の違いに気づくためには，比較の基準が必要で，その基準となるものと現象とを比べる力が大切になる。また，比較するという場合，日常の言語で「何と何を」比べているのかが不明確なことが多い。このため，子どもが比較する場面では，「何と何を」比べているのかが明確になるように教師は指導することが大切になる。

（3）関係付けとしての思考

　関係付けとしての科学的な思考力を育成するためには，子どもが，生起している現象と既有の知識とを関係付け，その現象が生じる原因（要因）を考え出すことが必要になる。とりわけ，問題解決のための見通しの発想場面では，子どもが現象と既有の知識を関係付け，現象が生じる原因（要因）を発想できるようにすることが必要といえる。

　なお，問題解決のための見通しを発想する場面では，教師は，「なぜ」という問いを用いることが多い。見通しを発想する力の育成のためには，「なぜ」という問いよりも，「何が」「どのように」という問いの方が有効な場合がある。

（4）思考の「すべ」

　今まで述べてきたことから，思考の「すべ」は次のように整理できる。

①違いに気づく。

②比較する。

③関係付けるなど。

2　判断力の育成と「すべ」

（1）判断とは

　判断とは，子どもが目標に照らして獲得したいいろいろな情報について重みを付けたり，あるいは，価値を付けたりすることである。

　したがって，理科において子どもに判断力を育成するためには，子ども自身が自分で問題を見いだし，見いだした問題に対して種々の観察・実験方法やその結果を対応付け，適切なものを選択するという「すべ」を獲得できるようにすることが大切になる。

（2）判断の「すべ」

　以上のことから，判断の「すべ」は次のように整理できる。

①目標や問題をもとに，観察・実験方法やその結果を整理する。

②問題と整合する観察・実験方法やその結果を選択する。

3　表現力の育成と「すべ」

（1）表現とは

　表現は，対象にはたらきかけて得られた情報を目的に合わせて的確に表すことであるといえる。理科における表現は，見通しのもとに実行結果を得るための活動と得られた実行結果を目的に対して的確に表出することから成立する。

　したがって，理科における表現力の育成は，子どもがまず，観察・実験を実行し，結果を得て，次にその結果を問題のもとに的確に整理する力を育成することが大切になる。とくに，観察・実験結果を整理し表出する場合は，話型が有効となることが多い。

　ここで，観察・実験を実行し，結果を得て，その実行結果を問題のもとに，的確に整理することを理科の問題解決活動に位置付けて具体化すると，以下のようになる。

　まず，言語や図表で表示した見通しと観察・実験結果を比べる。次に，このような比較により，子どもが観察・実験結果の妥当性を検討し，検討したことを問題と照らし合わせて的確に表現できるように，教師は工夫することが大切になる。

（2）表現の「すべ」

　上述してきたことから，表現の「すべ」は次のように整理できる。

①問題意識を持って表現すべき内容を獲得する。

②問題と整合させ，観察・実験結果を的確に表出する。

表8-1 問題解決過程と「すべ」

問題解決過程	すべ
(1)問題を見いだし，学習問題を設定する	子どもが現象の違いに気づき（思考），それをもとに学習問題を設定する
(2)予想・仮説などの見通しを発想する	子どもが現象の違いと事象の違いと関係付け（思考），問題となる事象を説明する予想・仮説などを発想する
(3)観察・実験方法などの解決方法を発想する	子どもが観察した現象の違いを観察の視点と関係付け（思考），解決方法を発想する
(4)解決方法を実行し，観察・実験結果を整理する	子どもが観察・実験結果を，問題や見通しと関係付け，整理（判断）し，表現する
(5)観察・実験の結果について考察する	子どもが問題や見通しと観察・実験結果を関係付けて（思考・判断），その要因を決定する
(6)問題解決過程を振り返る	子どもが問題や見通しをもとに，観察・実験結果を整理し，表現（判断・表現）する

（出所）筆者作成。

4 思考力・判断力・表現力の「すべ」を具現化する問題解決過程

今まで述べてきた思考力・判断力・表現力は理科の授業での問題解決という学習指導過程において育成される。このため，思考力・判断力・表現力の「すべ」を問題解決過程に位置付けて整理しておくことが必要となる。

問題解決の各過程における「すべ」を整理すると，表8-1のように整理できる。

5 思考力・判断力・表現力を育成する理科の事例

今まで述べてきたことから明らかなように，思考力・判断力・表現力を育成するためには，学習指導過程において，思考力・判断力・表現力の「すべ」を位置付け，顕在化しておくことが有効と考える。このような工夫の実際を学習指導要領の第5学年「流れる水のはたらき」で2018年に試行した川崎市立東菅

小学校の理科の事例を，以下に紹介する。この単元の流れは葉倉朋子校長が発想し，実践は清水義晃教諭と米倉史乃教諭が行ったものである。以下に単元目標と指導過程を記す。

【事例　第5学年　理科学習指導案】

単元名　「流れる水のはたらき」

単元目標

　　地面を流れる水や川の様子について，水の速さや量に着目し，流れる水の速さや量と地形の変化を関係付けて調べ，次の事項を身に付けるようにする。

・3作用（浸食，運搬，堆積）で土地を変化させる。

・川の上流と下流で川原の石の大きさや形に違いがある。

・川の流れる水の量や速さは雨の降り方によって変わり，増水により土地の様子が大きく変わる場合がある。

次	時	○学習活動・予想される児童の反応	★教師の支援　思考を促す手立て
1	1・2	問題の見いだし ○雨が降る前と，雨が降った後の校庭の様子を比較できるような動画を提示する。 　比較による問題の見いだし。 校庭の全景（全体）を浸食や運搬の作用（部分）と関係付けるようにする。 子どもが写真を見比べる時には，子どもが校庭に川みたいなすじに気づくようにしている。 また，その筋は雨水でつくられたことを気づくようにしている。 さらに，観察する土の様子を見る。水と一緒に校庭の砂が流されている様子を観察するから「水が砂を動かしていること」そして「すじができる」ことに気づくようにしている。	提示する動画は，次の視点で撮影するようにする。 比較　（比較の基準） 雨が降る前の校庭と雨が降った後の校庭の比較 関係付け 校庭の全景（全体）を浸食や運搬の作用（部分）と関係付ける 既習との関係付け 4年　水の流れ方と地面の粒の大きさ（しみこみ方）

観察事実と４年の既習内容である水の流れ方と地面の粒の大きさ（しみこみ方）を関係付けるようにしている。

以上のような観察した事実から，次のような問題を成立させている。

問題の設定
すじのでき方には水の流れが関係しているのだろうか。

水を流す前の土地の様子と水を流した後の土地の様子を比較した４年での実験方法において，「水を流す前と水を流した後」という前後を比較するという考え方を想起できるようにしている。

以上のようなことを前提にして，予想・仮説などの見通しを発想するようにしている。

見通しの発想
○予想をする。
〈関係している〉
・流れる水が土を**削る**と思う。なぜなら去年の実験で削っているのを見たから。
・流れる水で削られた土が，水の流れに沿って運ばれて，たまっていくと思う。なぜなら，映像では砂利がころころ転がっていたから。
〈関係していない〉
・もともとすじのある地形なのだと思う。

★「すじができている」ということは，「土地を変化させている」ことであるという意識を子どもが持つようにする。

比較
水を流す前の土地の様子と水を流した後の土地の様子の比較
〈視点〉
　水を流した時の土地の様子

		解決方法の発想 〇方法を考える。 ・実際に水を土に流してみて，その様子を観察しよう。 ・**流れる水がどうやって土地を変えるのかを見るのが大事だね。**	
3 ・ 4		〇実際に水を流して，流れる水が土地を変化させる様子を観察する。 実験で用意するもの ・黒土，プランターの受け皿，シート，2Lペットボトル（高さを出すものと，水を流すためのもの）。 ・黒土はプランターの受け皿いっぱいに用意するのではなく，下5分の1はシートのみにしておく。	★実験で用意するもの ・黒土，プランターの受け皿，シート，2Lペットボトル（高さを出すものと，水を流すためのもの）。 ・黒土はプランターの受け皿いっぱいに用意するのではなく，下5分の1はシートのみにしておくことで，運搬や堆積が見えやすいようにしておく。 ★一つのグループに実験装置は二つ。 　→2回実験できることで，3作用を視点に2回目の実験を行うことができる。
		観察・実験において次のことに気づくようにする。 ①水が土を削っていること。 ②水はたまるとあふれて，また低い方へと流れていくことやその時に土が削れていること。 ③川みたいに曲がりながらすじができていくこと。 ④削れた土が下にたまっていくこと。	比較 水を流す前の土地の様子と水を流した後の土地の様子 〈視点〉 削られる，運ばれる，たまる 話型 「土が削られている」 「土の粒が運ばれている」 「運ばれた土がたまっている」 ★「浸食」，「運搬」，「堆積」という用語は，教師から突然提示するのではなく，子どもの気づきをまとめていく中で提示するようにする。

		結果の整理 ○結果をまとめる。 ⑤予想した通り，流れる水によって土が削られていた。流れる水とともに土が一緒に運ばれていた。 ⑥水に運ばれた土が下のシートだけの所にどんどんたまっていた。三角形みたいだった。 振り返り ⑦流れる水によって，土が「浸食」「運搬」「堆積」されている。 ⑧流れる水によって三つのはたらきが起こり，**土地が変化して，すじができている。** ⑨3作用の力の大きさが変わることってあるのかな。 ○学習の振り返りをする。	
2	5	○前時の振り返りをもとに，流れる水の量や速さが変わると地形の変わり方にどのような違いがあるのか考える。 問題の見いだし ○水の量や速さを変えると土地の変化のし方は大きくなるのだろうか。	思考の基盤 流れる水は，浸食，運搬，堆積により，土地を変化させる。 既習 前時の実験 関係付け <u>流れる水の量と速さの違いと</u> <u>土地の変化の大きさ</u> 視点 「浸食・運搬・堆積」の大きさ ★実験を観察する視点は何かという議論が子どもから起きない場合は教師から問うようにする。

| | | 見通しの発想
○予想をする。
〈関係している〉
・水を多く流した方が，浸食，運搬，堆積のすべてのはたらきが大きくなり，それだけ土地の変わり方も大きいと思う。
・水を速く流した方が，浸食，運搬，堆積のすべてのはたらきが大きくなり，それだけ土地の変わり方も大きいと思う。
〈関係していない〉
・量や速さは関係していないと思う。
解決方法の発想
○方法を考える。
⑩変える条件は流れる水の**量**と**速さ**だね。それ以外はそろえる条件だ。
⑪水を流す量を変えるためには，ペットボトル１本と２本で実験して比べればいい。
⑫水の速さを変えるには，傾きを急にしたらいいと思う。下に置くペットボトル１本分の傾きと２本分の傾きで実験して比べてみればいいと思う。
⑬実験の視点は浸食，運搬，堆積のはたらきがいいと思う。地形を変えるのは流れる水の浸食，運搬，堆積のはたらきだったから。 | 思考を促す話型
「流れる水の〜が多いほど，〜のはたらきも大きくなり，土地の変化も大きいのではないだろうか。」 |
| 6
・
7 | ○前時に考えた方法で実験を行い，流れる水による土地の変化の具合を観察する。
⑭一度に多くの水を流した方が，土がよく削れてたまっているね。
⑮たまるということはその分よく土が流されているよ。 | ★実験で用意するもの
黒土，プランターの受け皿，シート，２Lペットボトル。今回もなお，一つのグループに二つの実験装置を用意し，黒土は４分の１をシートのみにしておき，運搬や堆積が見えやすいようにしておく。 |

⑯流れる水の量が多くなると，浸食，運搬，堆積のはたらきが大きくなるから，土地の変化もその分大きくなるね。

⑰流れる水の速さは，速い方が土がよく削れているし，下にもたくさんたまっている。

⑱だから水の速さが速い方が浸食，運搬，堆積のはたらきが大きいので，土地の変化も大きい。

結果の整理
○実験の結果をまとめる。

水の量

流す水の量	多い 2本	基準 1本
けずる（浸食）	大きい	小さい
運　ぶ（運搬）	大きい	小さい
たまる（堆積）	大きい	小さい
土地の変化	大きい	小さい

水の速さ

斜面の角度	速い 2本	基準 1本
けずる（浸食）	大きい	小さい
運　ぶ（運搬）	大きい	小さい
たまる（堆積）	大きい	小さい
土地の変化	大きい	小さい

振り返り
実験の結果をもとに考察する。

⑲流れる水の量が増えたり，速さが速くなったりすることで，浸食，運搬，堆積のはたらきが大きくな

★なお，実験装置の数の関係上，一つのグループで水の量と速さの実験を行うことは難しい。奇数のグループは量，偶数のグループは速さを変えることで，二つの条件を実験，観察できるようにする。

★量や速さを変えた実験は，基準となるものと同時に行うようにする。

比較・関係付け
基準の水の時と土地の変化
多い水の時と土地の変化

〈視点〉
流れる水の働き（3作用）による土地の変化の大きさ

比較・関係付け
基準の水の時と土地の変化
速い水の時と土地の変化

〈視点〉
流れる水の働き（3作用）による土地の変化の大きさ

		る。このことから，地形を変える はたらきも大きくなることが考え られる。 ⑳実際の川の流れと土地の変化の関 係も同じなのかな。 ○学習の振り返りをする。	
8 ・ 9		○川の上流と下流の写真を見比べて， 河原の石の大きさや形のちがいを 考える。	上流と下流についての標高を示すこ とで，水が高いところから低いとこ ろへ流れることをとらえることがで きるようにする。
		㉑上流は石が大きく，下流は小さい。	比較 川の上流と川の下流の比較
		㉒上流はごつごつした石が多いけど， 下流はまるい石が多いね。	既習との関係付け 前回の実験結果および考察
		㉓上流の方が下流よりも水が流れる 勢いが速そうだね。	既習との関係付け 前回の実験結果および考察
			思考を促す話型 「上流と下流で河原や石の様子に違 いがあるのは，～が関係していると 思います。」
		問題の設定 上流と下流で河原や石の大きさや形 の違いは流れる水の3作用のはたら きと関係しているのだろうか。	★映像を見る際には，必ず何を見る のか，視点をはっきりするように 子どもたちに言葉かけをする。
		○予想をする。 ㉔前の実験でごつごつした土が上流 に，小さい土が下流に多かったか ら，それと関係していると思う。 ㉕上流の方が流れる水の量も速さも 大きいから，浸食，運搬，堆積の はたらきが大きい。だからそれで	関係付け 流れる水の働き（3作用）と ①石の粒の大きさや②石の粒の形， ③川の幅との関係付け

		どんどん石が削られていく。	

※ただし本文は以下の通りの構成である。

		どんどん石が削られていく。	
		㉖上流と下流の間ではどんどん石が削れてまるく小さくなると思う。	
		㉗それに関係して，下流では石が小さくて丸いものが多いのだと思う。	
		㉘じゃあ，映像を見る視点は石の大きさと形，流れる水の量や速さだね。	
		○川の上流，中流，下流の映像を見て，学習問題に対して整理する。	
		㉙川を流れる水の量は上流から下流に向けてだんだん少なくなって遅くなる。	
		㉚でも水が流れ続けるから，石も削り続けられるのだね。	
		㉛だから河原や石の様子に違いがあるのだね。	
		○学習の振り返りをする。	
3	10・11	○実際の川で流れる水の量や速さが急に変わる原因を考える。	既習「台風と気象情報」
		㉜台風などの大雨が原因になる。	思考の基盤
		㉝水の量が一気に増えると，流れる水の速さも一気に速くなると思う。	流れる水の働き（3作用）の大きさの違いによる土地の変化の大きさの違い。
		問題の設定	
		実際の川でも流れる水の量や速さが大きく変わると，土地の様子が大きく変わる場合があるのだろうか。	土石流の映像を見せる。〈視点〉土石流による土地の変化のしかた
		○学習問題について考え，交流する。	
		㉞土砂崩れやがけ崩れの様なことが起きると思う。	㈦映像を見る際には，何が視点なのかを確認するようにする。
		○水の量や速さが急激に変わった映	関係付け

	像を見る。	流れる水の量や速さと土地の変化を関係付ける。
	㉟あんなに大きな石も運ばれるんだ。土だけじゃなく木や岩も運ばれて，たまっているね。	
	㊱浸食，運搬，堆積のはたらきも一気に大きくなるのだね。	既習
		4年「雨水の行方と地面の様子」
		水は集まって流れること。
	○映像を見て確認できた事象をもとに，考察する。	(イ)映像を見せる際には，どこの川なのかを伝えるようにする。そうすることで，地図を用いて考えたことに結びつけることができる。
	㊲川を流れる水の量や速さが一気に増えると，浸食，運搬，堆積のはたらきも一気に大きくなることで，地形を急激に変える。	
	○雨が降っていないのに発生した鉄砲水の映像を見て，何が関係しているのかを考える。	
	㊳上流で多く雨が降ったからなのかな。	
	㊴この川にはいろんなところから水が集まってきて，上流で降った水が集まって一気にたくさんの水が流れたのだと思う。	
	㊵本当だ。地図を見ると，現場よりも上流にはたくさんの川があって，集まってきているよ。	
	○本単元のすべての学習事項についての振り返りをする。	

（出所）川崎市立東菅小学校の指導案より。

　この事例が前掲の表8-1 の(1)〜(6)に整理した各場面において，とくに，思考力・判断力・表現力の「すべ」を子どもに獲得させるためにどのような工夫をしていたのかを検討する。

（1）問題を見いだし学習問題を設定するという場面

　この場面では，教師がまず，雨が降る前と，雨が降った後の校庭の様子を比較できるような動画を用意する。次に，子どもが雨が降る前の校庭と雨が降った後の校庭の違いに気づくようにしている。つまり，教師は子どもが比較する事象を準備し，子どもがそれらの事象を観察できるようにしている。具体的には，教師が「雨が降る前の校庭」と「雨が降った後の校庭」という場を設定し，子どもが「それらの違いに気づく」ようにしている。

　以上のことから，問題を見いだし学習問題を設定する場面では，子どもが比べたり違いに気づいたりするような事象を教師は提示するとともに，子どもには比べたり，違いに気づくという思考の「すべ」が適用できるようにすることが必要といえる。また，既習の知識を適用できるようにするため，子どもが校庭の全景（全体）を浸食や運搬の作用（部分）と関係付けた視点を持てるように，教師が手立てを工夫している。

　具体的な手立てとしては，次のような点を提示している。

　①子どもが写真を見比べる時には，校庭にある川のような「すじ」に気づくようにしている。

　②「すじ」が雨によってつくられることに気づくようにしている。

　③水と一緒に校庭の砂が流されている様子を子どもに観察させ，「水が砂を動かしていること」や「すじができる」ことに気づくようにしている。

　④観察事実と4年の既習内容である「水の流れ方と地面の粒の大きさ（しみこみ方）」を関係付けるようにしている。

　以上のような手立てをふまえて，「すじのでき方は水の流れが関係しているのだろうか」という学習問題を設定している。

（2）予想・仮説などの見通しを発想するという場面

　「すじ」のでき方には水の流れが関係しているかどうか，という学習問題に対して，子どもが次のような見通しを設定できるように教師は工夫している。

　具体的には，以下のような考え方で子どもが見通しを設定している。

　映像では砂利がころころ転がっていたから，流れる水で削られた土が，水の流れに沿って運ばれて，たまっていくと思う，などの考え方から，「すじ」のでき方には水の流れが関係している，という見通しを設定している。

　上述の見通しに対して，もともと「すじ」のある地形だという根拠で，「すじ」のでき方は水の流れが関係していないという見通しを別の子どもが設定している。

　また教師は，子どもに校庭や砂場の様子における水のしみこみ方の違いという前学年の既習事項を想起させている。つまり，校庭や砂場における土の構成物である地形と水との関係に子どもが気づくようにしている。

　そして，「すじ」と「地形」を関係付けて，両者には関係がある，あるいは，両者には関係ないということを子どもが予想している。

　両者に関係がある，あるいは，ない，という意見のかかわりの場面を設定することは「人間教育」の一つの具体的な授業の準備といえる。

　今まで述べてきたことから，予想・仮説などの見通しの設定場面では，違いを説明する事象と既習の学習内容などを関係付けるという「すべ」が必要になるといえる。

（3）観察・実験方法などの解決方法を発想するという場面

　流れる水が土地を変化させるようすの違いを調べる方法として，既習の学習内容や経験と関係付けるという「すべ」を適用している。具体的には，水を流す前の土地の様子と水を流した後の土地の様子を比較した4年での実験方法において用いた，「水を流す前と水を流した後」という前後を比較するという考え方を想起させ，この考え方を適用できるようにしている。

　教師が子どもに実験方法を提示し，以下のことに気づかせながら，実験させている。

　①水が土を削っていること。

　②水はたまるとあふれて，また低い方へと流れていくことや，その時に土が削れていること。

③川みたいに曲がりながら「すじ」ができていくこと。

④削れた土が下にたまっていくこと。

（4）解決方法を実行し，観察・実験結果を整理するという場面

　流れる水が土地を変化させるようすの違いを調べるという視点で，流れる水と土地が削られる様子とを対比しながら，結果を整理させている。

　したがって，流れる水が土地を変化させるようすの違いを検討するという目的で実験結果を整理するという「すべ」を適用しているといえる。

（5）観察・実験の結果について考察するという場面

　流れる水が土地を変化させるようすの違いを調べるという目的のもとに，以下のように結果を整理している。

①予想した通り，流れる水によって土が削られていた。流れる水と共に土が一緒に運ばれていた。

②水に運ばれた土が下のシートだけの所にどんどんたまっていた。三角形みたいだった。

　以上のことから，水の流れ方と土地の削られ方との関係を調べるという問題と，観察・実験結果を関係付けて考察するという「すべ」を適用している。

（6）問題解決過程を振り返るという場面

　「すじ」のでき方は水の流れが関係しているかという問題に始まり，流れる水が土地を変化させるようすの違いを調べるという目的のもとにおける観察・実験から，以下のような事実を得ている。

①流れる水によって，土が「浸食」「運搬」「堆積」されている。

②流れる水によって三つのはたらきが起こり，土地が変化して，「すじ」ができる。

　さらに，「3作用の力の大きさが変わることってあるのかな」という問題に発展している。

　雨が降る前の校庭と雨が降った後の校庭の違いに子どもが気づくという最初の問題と，流れる水によって，土が「浸食」「運搬」「堆積」されているという今まで得た実験事実を関係付けて整理するという「すべ」を適用することから，問題解決の全過程についてその整合性について振り返りを行っている。

（7）事例が含意すること

　川崎市立東菅小学校の実践事例から，「すべ」の指導過程においては，以下のことが明らかになっている。

①まず，教師が思考，判断，表現のそれぞれの「すべ」を理解し，獲得することが重要であること。

②次に，教室環境や教師と子どもとのかかわりで，子どもが思考，判断，表現のそれぞれの「すべ」を獲得するという過程が必要であること。

　以上のことをふまえて，さらに事例が含意する「すべ」を整理すると，以下の2点のようになる。

**　1）今までの問題解決の各過程をふまえるというプロセス重視の学習指導から各過程を成立させる「すべ」を重視した学習指導へ転換していること**

　具体的には以下のようなものである。

①比較するという思考の場面では，比較の視点を提示していること。

②関係付けという思考の場面では，今まで学習した既習の事項と関係付けることができるように，既習事項を想起させるとともに，関係付ける視点を提供するという手立てを用いていること。

③前時あるいは全学年の学習内容が既習事項として適用できるように，年間指導計画や単元学習が構成されていること。

④話型を適切に用いて表現しやすくしていること。

**　2）問題解決の各場面において子どもに「すべ」を獲得させるように，そこで適用する「すべ」を顕在化していること**

　一人一人の子どもが思考力・判断力・表現力に関するそれぞれの「すべ」を

身に付けることにより，自ら考え，判断し，表現できるようになり，何事に対しても主体的になり，他者とかかわることで多面的に判断できるようになると期待できる。

 さらに学びたい人のための図書

角屋重樹（2019）『改訂版　なぜ，理科を教えるのか——理科教育がわかる教科書』文溪堂。

▸理科教育の根本問題である「なぜ，理科を教えるのか」について解説するとともに，理科授業における「すべ」を紹介している。

新教育評価研究会編，角屋重樹編集代表（2017）『新学習指導要領における資質・能力と思考力・判断力・表現力』文溪堂。

▸国語，社会，算数，理科の各教科における「すべ」を紹介している。

引用・参考文献

角屋重樹（2019）『改訂版　なぜ，理科を教えるのか——理科教育がわかる教科書』文溪堂。

川崎市立東菅小学校授業研究会，角屋重樹監修（2019）『東菅小学校の7年間の物語——思考の「すべ」を獲得した子どもたち』文溪堂。

新教育評価研究会編，角屋重樹編集代表（2017）『新学習指導要領における資質・能力と思考力・判断力・表現力』文溪堂。

第9章

円滑な対人関係の基盤となるソーシャルスキルを育てる授業
—— 人との関わりの意義 ——

渡辺弥生

1　社会で主体的に生きるためのソーシャルスキルの発達

　ソーシャルスキルとカタカナ書きされる言葉にしばしば抵抗を感じられる場合が少なくないが，これまで日常的にも使われている「社会性」「対人関係力」と呼ばれるものと，内容的には大差がない。それなら，なぜ今「ソーシャルスキル」という言葉が普及し活用されているのだろう。おそらく教育や支援しうる対象を可視化し，子どもたちがイメージとして捉えやすくなるからだと考えられる。子どもたちにとってはやる気，教師にとっては教えられるという自己効力感を喚起するネーミングが受け入れられたと考えられる。後節に改めて記述するが，円滑な社会生活を営む上で，ソーシャルスキルは人として獲得する基本となる考え方，感じ方，さらに行動の取り方であり，最小限のユニットとして，また，対象化しうるものとして考えられる。いわば，人として身に付け，互いに共有しうる「デフォルト」（コンピューター用語で言えば，あらかじめ必要な標準設定）と言えるかもしれない。

（1）乳幼児期——対人関係の絆ができる

　赤ちゃんは，以前は受け身で未熟な存在であると考えられていた。しかし，今日の医学，心理学，生理学，行動学などの進歩から，じつは能動的で自分から積極的に周囲にはたらきかける存在であることが明らかにされている。赤ちゃんの泣き声は，親に限らず周囲の大人を自分にはたらきかけさせるほどに十

分なパワーがある。泣く，微笑む，しがみつく，といった行動をとり，自分が
生きていくために，能動的にコミュニケーションをしようとはたらきかけてい
る。生後3か月で人の顔に関心を寄せるが，生後まもない時期にはすでに，よ
くみて舌出し反応など模倣することもできる。とりわけ，最も近い存在の親に
は，泣く，しがみつくという行動を活発にみせ応答を引き出し，自身の能力を
最大限生かして生き抜こうとしている。乳児が周囲と，大抵は親と情緒的な絆
をつくることを「アタッチメント（愛着）」と呼び，対人関係の基盤として考
えられている。このアタッチメントは，生後6，7か月の人見知り行動からも
推察できる。それまで応答的に養育してきた親には特別な愛情表現を示すのに
対して，見知らぬ人には嫌悪行動を示すのである。アタッチメントが形成され
ると，乳幼児はその行動範囲を広げて環境に関心を向け，自発的に関わろうと
し始める。しだいに養育者への信頼感は，目の前に養育者が存在しなくても，
心に内在化される。こうした内面的に深く築かれた信頼関係は，養育者以外に
も対象を拡げる探索欲求を強め，「安心感」や「困ったときは助けてもらえる
という確信」が増す。こうした心の中に信頼が内在化するプロセスは，内的作
業モデル（Internal Working Model：自分が信頼に値しうる存在であり，他者は自
分を支えてくれるだろうという主観的な確信からなる表象モデル）の形成として捉
えられている。これが，今後の他者との安定した関係を構築する基盤になって
いくと考えられている。

　乳幼児の遊びを見ると，1歳ころは同じくらいの子どもの様子を傍観するに
とどまっているが，2歳ごろは近くに寄り同じ様な遊びの真似事をし始める。
3歳をすぎると「順番」といった簡単なルールを共有し始める。この背景には，
自己概念の発達が大きく関連している。自我が2歳ごろに明確になり，おもち
ゃなども自分が所有しているという認識が高まるため取り合いなどの"いざこ
ざ"が1歳のときよりも増える。3歳ごろには，泣かしたり，泣かされたりの
経験や養育者の関わりを通してルールを用いることができるようになる。4歳
では仲間と遊べるようになり，5歳くらい以降になるとリーダーや役割をもと
にした遊びができるようになる。したがって，乳幼児の時期には，注意を向け

る，自分や他人の簡単な気持ちに気づく，「貸して」「いいよ」などの簡単なルールを活用する，癇癪を抑えるなど感情のコントロールのスキルの獲得が期待される。

（2）児童期——仲間との関係を構築する

　学校に入学し，集団生活の中で大人の提示する社会的ルールに従って生活するようになる。友だちは，低学年では，一緒に遊んでいて楽しい存在から，しだいに支え合う存在となり，高学年になると心理的に支え合う，わかり合える存在となる（松永，2017）。仲間の選択も，家が近いといった物理的距離に影響を受けていたのが，面白い，優しいといった性格や類似性で判断するようになる。すなわち，外的物理的な要因で友だちを形成している時期から，内面的に互恵的な関係として対人関係が発達していくと考えられる。

　集団関係の発達に目を向けると，小学校中学年では，同性の仲間同士が同じ遊びを通して一体感を味わい，互いにつよい絆感覚を持つ集団が形成されやすい。これはギャンググループと呼ばれている。このグループ形成は，ほかの類似していない他者を排除する性質を持ちやすいものの，子どもが仲間に受け入れられ，認められる経験をし，「遊びへの参加」「優しく頼む」「上手に断る」「問題解決する」といったさまざまなソーシャルスキルを学ぶことにつながると考えられる。

（3）青年期——重要な他者が変化する

　児童期後期になると，少人数の友だち，すなわち親友をつくるようになる。ギャンググループからチャムグループに変化する。このチャムグループとは，相手の幸福が自分の幸福と同じくらい大事であると感じられるような親密性を抱くことから結びつくような関係である。好きなテレビの話をする，同じブランドの服を着る，といった趣味や行動の類似性を重視する。こうした親密な関係の中で，親友のとる自分に対する行動や考えを見て，自分の自己概念を構築していく。自己を見つめなおすという作業をするようになる。したがって，親

よりも友だちの意見に大きく影響されるようになり，同調傾向が強まるようになる。

　"重要な他者" が親から友だちに変化する時期とも考えられるのである。このため，友だち関係に満足しポジティブな評価をもらえると自己肯定感が高まるが，友だち関係がうまくいかずネガティブな評価をもらうことが多いと劣等感が強くなる。自尊心が傷つけられたりし，深刻な対人トラブルを抱えることにもなる（榎本，2003；2018）。この時期には，「あたたかい言葉をかける」「自尊心を高める」「レジリエンス（回復力）を高める」（小林・渡辺，2017）といったソーシャルスキルの構築が改めて必要である。大学生になると，互いに価値観や将来のことを話すなかでその相違点にも関心が及び，互いの違いを認めた上で自己を再構築するようになる。こうした異なる考えや価値観を持った関係を守るグループをピア・グループと呼び，視野を広げていく基盤となる。

　ただし，IT の進歩により，友だちとの関係を構築し維持するためのチャンネルが多くなり，時間や空間によって相手を切り替える状況志向が高まっていると考えられる。こうしたネットや携帯のメールでは，対面で価値観をぶつけあいながら成長するというコミュニケーションをとることが難しくなる。その結果，異質な関係を受け入れるようなレベルのソーシャルスキルを獲得することが難しい。そのため，情報モラルや IT によるコミュニケーションの支援の仕方が考えられ始めている（渡辺・原田，2015）。このほか，同性との友だち関係を十分に経験しないことが，異性との交流を少なくする傾向が強いため，思春期以降における異性との対人関係の問題も指摘されている。ここから異性とのコミュニケーションスキルなどのトレーニングも必要とされている。

2　ソーシャルスキルトレーニングとは

　先に，各発達時期の特徴とソーシャルスキルの必要性について概観したが，人として生きていく上で必要なソーシャルスキルが存在することに気づく。こうしたソーシャルスキルを効果的に教える教育方法として，ソーシャルスキル

トレーニング（Social Skills Training：SST）を挙げることができる（渡辺，2015；2018a）。多くの国で，また国内でも小学校から高等学校と幅広く普及してきており，効果についてのエビデンスも積み重ねられている。

（1）ターゲットとなるソーシャルスキル

これほど，たくさんの名前で呼ばれた教育方法は他にない。英語の Social Skills Training（以下，SST）がオリジナルであるが，生活技能訓練，社会的スキル教育，社会技能訓練，社会的スキル訓練，ソーシャルスキル教育，英語の頭文字をとった SST など，活用された学問分野や研究者，実践者によって異なり，結果として多くの呼び名を有している。こうした名前で国内や海外で使われるようになって以来，50年以上が経とうとしているが，人間教育としてその存在感を増すようになった（渡辺，2018a）。

トレーニングの対象となるソーシャルスキルの定義は研究によってさまざまであるが，おおよそ，他の人との関係を円滑に築き，そして維持するための考え方，感じ方，振る舞い方として捉えることができる。「スベやコツ」と捉えても良いが，決して要領の良さではない。社会という他人との共同体において自律して生きていくために，どうしても必要な社会の考え方や期待されるものがある。より良く，より健やかに生きるために必要なことを，可視化できるイメージとして具体的に落とし込んだものをスキルとして捉えるのである。たとえば，「仲良くする」という行動は，平易な日本語でありながら，それを具体的な行動として示そうとすると難しい。人によって多種多様となる。一つの行動に思えても，じつは，状況や相手によって，相当の言葉かけや動作の数を必要とするのである。「ごめんなさい，と言う」「相手の反応を待つ」など多くの具体的な行動を総括した行動体系であることに気づく。また，朝早く起きる，学校の下駄箱で友だちを待つ，友だちが来たら「昨日はごめんね」と謝る，といった手続き的な知識のまとまりであるスクリプトと呼ばれるような一連の行動を必要とする。したがって，「仲良くしなさい」と諭されても，ソーシャルスキルの未熟なあるいは獲得していない子どもたちにとってはどのような行動

をすれば，「仲良くする」という行動として他者から受け入れられるかわからず，大抵不安になる。

　したがって，ソーシャルスキルは，実際の生活に応用できるモジュール（Module）という発想を前提にしている。このモジュールというのは，人間の行動として一つの意味を持った，まとまった機能を有すると判断される単位である。心理学で人の行動を観察する方法を観察法と呼んでいるが，たとえば二人の5歳児の様子を5分ぐらい大学生に観察させたとする。その結果，「おもちゃの取り合いでケンカしていた」と一つの行動のようにまるめて記録する人もあれば，「〇〇のオモチャをAくんが占有して遊んでいたが，Bくんが怒って『ずるい』とAくんを叩いたので取り合いになった」と細かく観察記録を残す人もある。

　どれくらい細かく分析することで，人の行動を一つの意味を持つ社会的行動として捉えることが可能かを勘案して分析することになる。Aくんの行動にズームすればおもちゃを貸して欲しいと「頼む」スキルに問題があると考えられるし，Bくんに焦点を当てると「貸す」というスキルに問題があると考えられる。すなわち，「頼む」「貸す」といったソーシャルスキルが生活の中で意義のある行動として考えられるのである。このように，一連の連続した人の行動を分析し，説明したりモデルを提示したり，教えたりできるような単位の行動に分け，そのスキルをどのように教えたら効果があるかを追求し，普及してきているのがSSTである（渡辺，1996；2018a）。

（2）ソーシャルスキルとして捉える利点

　ソーシャルスキルの名前の普及や，どういったことをソーシャルスキルと捉えるのかについては先の通りであるが，実際に，この教育方法には以下に挙げるいくつかの利点がある。

①性格のせいにしない

　まず，教えられる側のモチベーションを高めることができる。親や教師は，子どもたちを立派に育てようとするほど，観念論や抽象論を高く掲げすぎるき

らいがある。もちろん，理念を持つことは素晴らしいが，そのこと自体が，優れた教育方法とはならない。立派になって欲しいからといって，「立派になれ」と何百回子どもたちに叱咤激励しても，子どもの気合いは入るかもしれないが，どのようなことを考え，感じ，行動することが「立派になる」ことなのかを教わらない限り，動きが取れない。とくに，子どもがやる気をなくしてしまう原因として，親や教師は，子どもの問題を「性格」のせいにしてしまうことが少なくない。「乱暴な性格だ」「わがままな性格だ」といったように原因を性格に帰属しがちである。こうしたネガティブな性格のせいにされると，子どもは，自分の人格全体にべたっと「レッテル」を貼られたように感じる。そのレッテルは，剝がそうとしてもなかなか自力で外すことは難しく，いったん周囲に認知されたレッテルは，剝がれにくい。そのレッテルはかえって，子どもの背中を押すことになり，ますますその問題傾向を強めてしまうことになりかねない。

　ネガティブな性格のせいにしても，成果が上がるどころか，ますますその傾向を強めてしまうような指導をなぜ大人がしてしまうのであろうか。これは，真面目な教員や親が取りがちな行動である。真面目に子育てや教育に熱心であると，その効果が見えるときは良いが，見えないときに無意識に自分たちのせいにしたくないという気持ちになりいわば責任転嫁をしてしまう。いったん，性格に原因が帰属されてしまうと，つねにこうした印象や偏見に囚われ，子どもたち自身が，次第に意欲を失ってしまいがちになる。

　しかも，この大人が原因とする「性格論」はそもそも適切な理論でない場合が少なくない。個々の親や教師が抱きやすい性格理論は，主観的な判断によるものが大半である。心理学でいう「性格」は，多くの人たちのデータをもとにして標準化された性格テストを通じて測られるものであるが，一般の人が口にする性格理論は，サンプルが少なく，自分の周囲にいる数人を比べて相対的に「○○は，乱暴な性格だ」と断定しているだけなのである。個人の主観的な色眼鏡で判断してしまい，しばしば独善的な傾向に陥りやすい。

　こうした教育現場でありがちな問題を回避して，SST では，子どもの問題を「性格」のせいにせず，次のように捉えることが，成果を生み出せる利点と

なる。

　(a)期待する行動ができないのは，知らないから，未熟だから，と捉える。「乱暴な性格」というレッテルを貼らずに，「優しくする行動を学んでいないから」と捉えることになり，優しい行動を具体的に教えてあげるという関わり方をすすめるのである。

　(b)知っていても，それを行動にするモチベーションがない，と捉える場合である。たとえば，ある場面で「入れて」と声をかけたほうが良いという知識はあっても，恥ずかしいとか自信がなくて行動に移せない場合である。こうした場合には，スモールステップ（目標を細分化し，少しずつ目標を達成し，最終目標まで到達させる）のシェイピング（自発的な行動の中でターゲットを絞ってその行動が増えるように手がかりを与えたり強化したりする）方法を使って，教師がモデルになって模範を見せるところから始めて，少しずつ本人の口から言えるように，足場かけをつくってやるのである。(c)知っているし，行動もとるが，状況に応じた行動がとれない場合もある。たとえば，友だちの仲間に入りたいときに，「入れて」と声かけをするのは良いが，その集団がもめているときに一方的に外から入れてと叫んでも受け入れられない。タイミングや周囲の様子を確認することが必要になる。しかし，「入れて」と主張したのに，みんなは意地悪だ，と捉えてしまうようなことがある。このようなときには，状況に応じて，どのような行動をとることが望ましいかを細やかに具体的に教えてやることが必要である。

　②リフレーミング

　上の捉え方ができると良いが，どうしてもネガティブな性格のレッテルをつけてしまうという場合には，この姿勢を矯正できる方法がある。これはリフレーミングと呼ばれている。下手だと思う絵でも，そのフレームを変えるだけで，その絵の印象が変わることがある。すなわち，フレームを変えてみることで内容の印象を変え，本質を見抜く機会を与えるという考え方である。たとえば，「怒りっぽい性格」とネガティブに捉えていたのが，見方を変えることによって「情熱がある」というポジティブな側面を捉えることができるようになる。

実際，性格として私たちが捉えるものは，コインの表裏のようなところがある。ネガティブなレッテルを貼ってしまうことがその傾向を強化する方向に行く場合が少なくないのと同様に，ポジティブに捉えると，その人の良いところを引き出す可能性が高まる。本人自身の自己肯定感を高めて，良い特徴を社会に役立つように生かすことに支援できるようになるのである。このほか，別の見方を捉える方法もある。たとえば，「わがままな性格だ」と捉えてしまっている場合に，「わがままな能力がある」という言い換えをしてみるやり方である。わがままな能力があるという見方をすると，そこには，意思が強いとか，主張する能力があるという捉え方になり，やはり，その子の良いところを見いだすことができ，より良い支援につながると考えられるのである。こうした方法は，見えていなかった子どもの資質（リソース）を捉えることにつながり，ネガティブな側面を叱って抑える関わり方から，良い面として評価し，より良い方向に伸ばす関わり方へと方向付け，子どもたちの自己肯定感を高める。

③物事の理解の幅を広げる

コミュニケーション力が重視される社会では，たとえば，洗練された言葉や身のこなしが一つの記号として使用されるようになる。こうした記号は，社会的経験や学習の成果によって，次第に抽象度の高い記号が用いられるようになる。たとえば，人間の尊厳，豊かな社会といった言葉が用いられるようになる。しかし，その弊害として，具体的にわかりやすく伝えるということがなぜか軽視されてしまう場合がある。抽象度の高い難しい言葉が中心になり，教えられる側の一層の努力を精神的に求めるだけで，教えられる側の気持ちに寄り添う，あるいはその立ち位置から同じ目線で考えてやるような，教える側の手間暇かけた支援が十分になされない場合が少なくないのである。人が，互いに理解し合い，そこに共感できるあたたかい人間関係を築くに当たって，子どもたちそれぞれにとってどのように噛み砕いてやると良いかを十分にアセスメント（理解）することが必要である。すなわち，電灯の明るさを調整するスイッチのように，私たちの心の中にも具体的なところから抽象性をあげるスライド式のスイッチがあり，対人関係においてどのくらい具体的に，わかりやすく伝えれば

良いのかを見極め，適度な位置にスライドさせる気遣いを持つことが求められる。これはまた，映画を撮る監督のように，カメラをズームインしたり，フェードアウトするようなズームの機能と重なるかもしれない。

3　エビデンスをもとにした実際の授業案

　SST という教育方法は，じつは，少し視点を変えて考えれば，特別な新しい教育方法と構える必要はない。なぜなら，実際に活用されている技法は，これまで教員がおそらく知らず知らずのうちに，授業で活用してきた指導方法にすでに組みいれられていると考えられるからである。

　図 9-1 に示されるように，SST の基本的な指導方法は，五つに集約できる。「インストラクション」「モデリング」「リハーサル」「フィードバック」「チャレンジ」である（渡辺・小林，2013；渡辺・原田，2015；渡辺，2018a；渡辺・藤枝・飯田，2019）。

　インストラクションは，わかりやすく説明することである。教師が一方的に教えたいことを話すのではなく，できるだけ子ども側の視点に立って具体的に説明することである。授業で練習するソーシャルスキルはターゲットスキルと呼ばれるが，子どもたちが学びたいと思う意欲を喚起し，学ぶことができると考えられる具体的な行動をイメージさせることが大切である。そのため，子どもにわかりやすい例をアナロジーとして用い，子どもたちが関心を寄せるエピソードを活用しても良いであろう。

　次に，モデリングである。観察学習とも呼ばれるが，人は見て学ぶことができる。テレビやゲームなどでイメージが与えられるとそのイメージを記憶し，その行動を真似ることができるのである。したがって，劇などのライブモデルでも良いし，教科書やビデオなどを利用して良いモデルや悪いモデルを提示することが学習の理解を深めることになる。インストラクションで説明されたことが，具体的な行動のイメージとつながるように与えられることが望まれる。たとえば「聴くスキル」であれば，相手の方に身体を向けて適度なアイコンタ

①インストラクション
　　　説明する

②モデリング
　　やってみせる

③リハーサル
　　やらせてみる

④フィードバック
　　ほめてやる

⑤チャレンジ
　ホームからアウェイ

**図9-1　ソーシャルスキルトレ
ーニングの基本技法**
　　　　（出所）筆者作成。

クトを取りながらうなずくモデルを良いモデルとして見せたり，相手を見ないでスマホばかり見ている悪いモデルを提示したりする。そのモデルをもとに，どこが良かったのか悪かったのか，具体的な行動のポイントに気づかせるようにする。

　三つ目は，リハーサルである。説明されて理解したことを，モデルの提示により，深く学ぶことができたら，次は，自分の身体を通してリハーサルすることがソーシャルスキルを獲得するには重要である。聴くというスキルであれば，相手に身体を向ける，相手の顔を見る，話を聞きながらうなずくといった三つのポイントに気づかせて，ペアでロールプレイをしたり，なんども練習するのである。話を聞き，モデルから得たイメージを，自身の身体を通して行動することができれば，その行動を自発的にとるモチベーションにつながる。

　四つ目は，フィードバックである。実際にリハーサルしているだけでは，適切なスキルを学ぶことができない。たとえば，バッティングのスキルを獲得するため，むやみに素振りの練習をしても，間違ったフォームを学んでしまうリスクがある。そのため，コーチからのフィードバックが必要である。ここはこうしたほうが良いとか，上手にできているといった，適切なフィードバックがあるとより良いスキルの獲得につながる。

　最後に，チャレンジである。クラスで練習して獲得したスキルも，ほかの場面に応用できなければ，限定的な効果しか望めないことになる。そこで，クラス以外のシチュエーションでもスキルを発揮するように，今日学んだことを，おうちの人とやってみましょう，といったできそうな課題を般化する目的のために出すのである。できなくても良いことを伝え，その場合には次の授業でどこが難しかったかまた共有しましょう，といったように次のクラスにつなげても良い。

　以上のように，多くの教師がすでに無意識にモデルを提示したり，リハーサルにロールプレイを活用したり，またそのプロセスをフィードバックしたりしている場合が多いと考えられる。宿題を出して，チャレンジするよう促していることも少なくない。しかし，こうした五つの技法を意識して，授業の中に計画的に組み入れてこなかったと考えられる。この五つの技法をうまく活用することができれば，子どもたち自身にかなりの成長感を与えることができる。これは，アスリートが素晴らしいコーチとの出会いによって，その伸びしろが大きく広がり開花する姿を思い描けばわかりやすいであろう。

4　感情リテラシーを重視した取り組み

（1）ソーシャル・エモーショナル・ラーニング

　人が成長し発達していく上で，さまざまな対人関係のスキルの獲得が必要なことが示唆されてきた。多様な他者との関わりの積み重ねが，社会生活に必要なソーシャルスキルを獲得する機会を与えてくれる。かつては，自然に任せておけば（ここでは，意図的な教育を想定しなくても，という意味），たくさんの子どもたちと遊び，親や祖父母との交流が多く，地域との結びつきが強い場合には近隣の人たちからも教え諭される機会があった。ところが，こうしたことすべてが期待できない生活の仕方に変化したと考えられる。時代背景の変化に伴い，1990年代から重視されつつあるのが「感情」の役割である。それまでは，感情は理性や知能をどちらかといえば阻むものとして考えられてきた。すなわち，感情的になることは，冷静な判断を阻み，対人関係を壊し，ひいては健康も損ねるような悪者として考えられることが少なくなかった。しかし，感情のポジティブな側面に光が当たり始め，考え方や行動の仕方だけではなく，感じる力を育てるといったことに関心が寄せられてきている。

　その一つとして，欧米ではソーシャル・エモーショナル・ラーニング（Social Emotional Learning，以下SEL）という教育的アプローチが拡大しつつある（渡辺，2015，2016，2019a）。これはSSTを包括するシステムとも考えられ，

具体的な実践方法は，SST のターゲットスキルの中に感情に関わる内容を取り入れた形式が少なくない。感情について教えられる知識のことを，感情リテラシーと考え，「自他の気持ちの識別」「自他の気持ちの知覚」「気持ちの調整」「気持ちの活用」といった感情知能（感情知性）をもとに，具体的なターゲットスキルが考案されている。このアプローチの最大の利点は，先のソーシャルスキルの発達でも明らかなように，子どもたちのソーシャルスキルや感情リテラシーを，幼児期後半にはある程度適切に獲得できるように支援し，集団生活において友だちや教師と望ましい関係を構築できるように支援することである。これは，小学校高学年における学力とも関係していることが明らかにされている。現代の学校での授業は，アクティブ・ラーニングなど対人関係を活用したスタイルが重視されている。ペア，グループなどでの討論など，互いに学び合う授業方法によって生きた知識の獲得が想定されている。そのため，こうした活動にスムーズに参加し，楽しく経験できるためには，幼児期や小学校低学年においてはすでに，ある程度のソーシャルおよびエモーショナルなスキルの獲得が前提として必要とされるわけである。したがって，この時期に適切にこうしたスキルを獲得できると，子どもたちは授業の中で他者を通して学ぶことがスムーズに，楽しくできるようになり，ひいては目標とされる学力を身に付けていくことができる。

（2）豊かな感情の発達

　ここでは，具体的な感情リテラシーの発達に焦点を当てて紹介しておこう。

①感情のリテラシーの発達

　0歳では「いや」というネガティブな感情が表れ，1歳になると「いや」「こわい」というネガティブな言葉のほかに，「おもしろい」「いい」といったポジティブな言葉，そして「ごめん」といったニュートラルな言葉がみられるようになる。2歳以上になると，ボキャブラリーが増え始め，3歳では，怒り（「だめ」），嫌悪（「いや」「きたない」），恐れ（「こわい」），困惑（「どうしよう」）などのネガティブな感情が分化するほか，好み（「かわいい」など）や喜び

（「おもしろい」）に関わるポジティブな言葉がみられる。同情，驚き，忍耐などの感情も表現するようになる。4歳では仲間遊びにおいてとくにネガティブな感情を含むやりとりがみられるようになり，5歳ではさらにネガティブな感情のボキャブラリーが多くなる。小学1年生は感情のボキャブラリーが少ないものの，2年生で増加し，それ以降の学年では大差のない同じ程度の数の感情語が使われている。女子の方が男子よりも表現数が多いことや，ネガティブな表現の方がポジティブなボキャブラリーよりも数多くみられる。久保（1999）は，8歳，10歳，12歳を対象とし，どの年齢で，ポジティブな感情とネガティブな感情が"入り混じっている"ということを理解できるのかについて研究している。その結果，おおむね，10歳以降になると，ポジティブな感情とネガティブな感情の両方を言語化できるようになり，なぜその両方の感情を感じるのかを説明できるようになる。

　また，自己の感情を認識するためには，感情それぞれに「うれしい」などの言葉のラベルを付け，その感情を象徴化することが必要である。つまり，ある種の感覚や状態に気づき，それに「これが，不安という感じだ」といった気持ちのラベルを貼ることで，「こないだの気持ちと同じだ」と把握できるといったプロセスがある。これによって，捉えどころのない抽象的なものを，一つの目に見えるようなイメージにおとしこむことができると考えられる。さらに，自分の感情を言葉で表現できるだけではなく，その強さや質も，より分化して認識できるようになると，感情の理解が深くなる。自分の感情を数値化し，適切に感情の強さを理解できるようにもなる。このように，感情を言語化すること，そしてその強さを的確に同定することは感情調節の基礎となる。さらに，「なぜその感情を感じたのか」という感情の原因を理解することができれば，感情を適切にマネジメントできるようになると考えられる。

②感情リテラシーの習得を促す支援

　怒りの収まらない子どもや，いつまでたっても落ち込んだままで元気になれない子どもなど，感情のリテラシーが未熟な子どもが増えていると指摘されている。問題を呈する子どもたちには，レジリエンス（困難な状況でも粘り強く適

応する力）を高める方法や感情コントロールのスキルを教えたり，マインドフルネス（今ここでの経験に判断を加えずに注意を向ける過程）などを活用して感情を穏やかにするなど，いくつかのアプローチが学校危機予防教育として導入され始めている（渡辺，2015；2019b）。

5　心理教育としてのソーシャルスキルトレーニングの発展

なぜこのような見方や捉え方が必要になったかは，このSSTのニーズがどのような分野で高まり，発展したかという背景を見るとわかりやすい。その領域は多岐にわたるが，次に各領域での展開を簡潔に紹介する。

（1）精神医療領域

ここでは，生活する技能訓練療法として精神科の診療報酬にも組み込まれているが，精神障害の支援として，社会生活を送る上で実際に有益かつ誰でも理解しやすいモジュールを開発して，社会的リハビリテーションに役立てようとしている。たとえば，統合失調症の患者さんは，対人関係において社会的情報を「受信する」「処理する」という認知的なプロセスに問題があると捉え，その点の評価の仕方と支援の方法を確立してきたのである。たとえば，処方している薬の量を減らして欲しいときに医師にどのように頼めば良いか，など患者さんの求めている状況で，具体的にどのようなモジュールを獲得すれば良いかを練習したりしている。

（2）更生・矯正領域

2014年に改正少年院法および少年鑑別所法が成立し，少年院における教育は在院者の犯罪的傾向を矯正し，並びに在院者に対して，健全な心身を培わせ，社会生活に適応するのに必要な知識や能力を習得させることが規定されたのである。よく活用されているSSTは，少年院に入る前から抱えている少年の問題や，出院後の生活で直面する問題を聞き出して，ターゲットとなるスキルを

取り上げる場合が多い。そのため，親と喧嘩しないスキルであるとか，万引き
に誘われたときに断るスキルなどが挙げられる場合がある。どのような状況で
あるのかを明確にし，誰を相手にどういった考えをもとに行動をするかという
ことを具体的に学ぶことになる。概して，入院している少年は対人関係に不慣
れであったり，他者に関心が持てなかったりといった問題があり，少年の周囲
にいる人たちもまた問題を抱えていたりして，信頼できる人が少ないなどとい
ったことも配慮して教えられている。

（3）発達・教育領域

　幼児期や児童期は対人関係を学ぶ重要な時期であるが，引っ込み思案であっ
たり，攻撃行動が多いなど仲間関係の問題が生じる時期でもある。幼児期にお
いて十分にこうしたソーシャルスキルを学ぶことができないと児童期，とくに
学校生活において多くの問題を生じさせる可能性もあり，1970年代からこうし
た教育方法のアプローチが導入されてきている。今日では，家庭教育や幼児期
での仲間関係のスキルを学ぶ環境が十分に整えられていない状況から，学校の
授業などで，SST を導入した授業が展開されるようになっている。ターゲッ
トとなるスキルは，実生活で必要なモジュールを参考に考えられており，「自
己紹介」「挨拶」「話す」「聴く」「質問する」「あたたかい言葉かけ」「褒める」
「計画する」「優しく頼む」「上手に断る」など子どもたちに必要なソーシャル
スキルが取り入れられている。特別支援教育においても応用行動分析と並んで
SST が普及しており，個別の問題に対応して，必要なスキルの獲得をめざし
て，適応行動の形成，過敏さや不安への対処，固執や依存への対処が考えられ
ている。青年期対象においても，対人コミュニケーションに焦点が当てられた，
主張性のトレーニングや，初対面での会話のトレーニングなどがターゲットス
キルに選ばれている。中学や高校では，青年期特有のスキルとして，自尊心を
高める，異性と交流する，などのトレーニングが取り入れられている。

　以上，ソーシャルスキルとは何か，また意義やメリット，具体的な授業方法
と活用の可能性について言及してきた。今後，教員養成や教育委員会の研修で

基本となる教育方法として身に付けておくと，さまざまな場合に応用できると
考えられる（山崎他，2013；渡辺，2014）。さまざまな問題をすべて解決する万
能薬とまではいかなくても，子どもたちの対人関係のトラブルを予防する免疫
力の育成につながることが大いに期待される。

 さらに学びたい人のための図書

**渡辺弥生（2011）『子どもの「10歳の壁」とは何か？──乗りこえるための発達心
理学』光文社新書。**

> ▶子どもの児童期を中心とした発達の特徴だけでなく，子どもたちの道徳性や社
> 会性を育てる教育方法についてわかりやすく紹介。

**渡辺弥生・小林朋子編著（2013）『10代を育てるソーシャルスキル教育──感情の
理解やコントロールに焦点を当てて　改訂版』北樹出版。**

> ▶10代をターゲットにした，子どものソーシャルスキル教育をアメリカのソー
> シャルスキルトレーニングを参考に紹介している。

**渡辺弥生・原田恵里子編著（2015）『中学生・高校生のためのソーシャルスキル・
トレーニング──スマホ時代に必要な人間関係の技術』明治図書出版。**

> ▶中学や高校の授業を活用してソーシャルスキルトレーニングが実施できるよう
> に指導案や教材，板書の仕方などを明記している。情報モラル時代に必要なタ
> ーゲットスキルが網羅されている。

引用・参考文献

榎本淳子（2003）『青年期の友人関係の変化──友人関係における活動・感情・欲求と適
　　応』風間書房。

榎本淳子（2018）「対人関係の発達」渡辺弥生・西山久子編著『必携　生徒指導と教育相
　　談──生徒理解，キャリア教育そして学校危機予防まで』北樹出版，50-55頁。

久保ゆかり（1999）「児童における入り混じった過剰の理解とその発達」『東洋大学児童相
　　談研究』18，33-43。

小林朋子・渡辺弥生（2017）「ソーシャルスキル・トレーニングが中学生のレジリエンス
　　に与える影響について」『教育心理学研究』65，295-304。

松永あけみ（2017）「児童期における『友だち』という存在の認識の発達的変化──小学

校1年生から6年生までの6年間の作文の分析を通して」『明治学院大学心理学紀要』27，49-60。

山崎勝之・戸田有一・渡辺弥生（2013）『世界の学校予防教育――心身の健康と適応を守る各国の取り組み』金子書房。

渡辺弥生（1996）『ソーシャル・スキル・トレーニング（講座サイコセラピー11）』日本文化科学社。

渡辺弥生（2014）「学校予防教育に必要な『道徳性・向社会的行動』の育成」『発達心理学研究』25，422-431。

渡辺弥生（2015）「健全な学校風土をめざすユニヴァーサルな学校予防教育――免疫力を高めるソーシャル・スキル・トレーニングとソーシャル・エモーショナル・ラーニング」『教育心理学年報』54，126-141。

渡辺弥生（2016）「児童の感情リテラシーは教育しうるか――発達のアウトラインと支援のあり方」『エモーション・スタディーズ』第2巻1号，16-24。

渡辺弥生（2018a）「ソーシャルスキルトレーニングの"これまで"と"これから"――介入に予防に，そして教育へと」『日本学校心理士会年報』第10号，25-32。

渡辺弥生（2018b）「感情の発達」渡辺弥生・西山久子編著『必携　生徒指導と教育相談――生徒理解，キャリア教育そして学校危機予防まで』北樹出版，55-60頁。

渡辺弥生（2019a）『感情の正体――発達心理学で気持ちをマネジメントする』筑摩書房。

渡辺弥生監修（2019b）『イラスト版　子どもの感情力をアップする本――自己肯定感を高める気持ちマネジメント50』合同出版。

渡辺弥生・小林朋子編著（2013）『10代を育てるソーシャルスキル教育――感情の理解やコントロールに焦点を当てて　改訂版』北樹出版。

渡辺弥生・原田恵里子編著（2015）『中学生・高校生のためのソーシャルスキル・トレーニング――スマホ時代に必要な人間関係の技術』明治図書出版。

渡辺弥生・藤枝静暁・飯田順子（2019）『小学生のためのソーシャルスキルトレーニング』明治図書出版。

第**10**章

ものづくり・生きるためのスキルを育てる授業
——現代社会を生き抜くために——

坂口謙一

1　人間として尊厳を持って生きる

（1）市場原理主義的人権軽視社会のなかで生きる

「働く貧困層」とも言われる「ワーキングプア」の存在は，現代社会の暴力的一面を浮き彫りにしている。「ワーキングプア」とは，働く意欲が強く，実際に懸命に働く努力をしているにもかかわらず，生活保護水準以下の生活を強いられている人々のことである。

働くこと（労働）は，人々が人間として尊厳を持って生き，幸福を追求していくために不可欠な営みである。

しかし，現下の社会には，寝る間も惜しんで必死で働いているのに，税金を払うことさえ困難な人々が少なからず存在している。しかも，このような懸命に生きようとする人々に対して，「努力が足りない」「個人の責任だから止むを得ない」と批判的に評価する風潮や，「『おまえの苦しみなんて大したものではない，甘えるな』と口を封じていくようなやり方」（雨宮，2017，5頁）が強まっている。「自助努力」「自己責任」あるいは「負け組」の名の下に，個人の，人間としての尊厳を軽視・蹂躙する現実がある。

（2）技術的実習を通して，他者と共に全力で学ぶ

さて，本章が対象とするものづくりとは，人々が，道具や機械，装置などのツールを使って，材料や生物（植物・動物）等にはたらきかけ，それらを人々

の意図に則してつくり変えていく営みのことである。たとえば，木材・金属等の加工・組み立てによる物品製作，作物の栽培や家畜の飼育による食料生産のことである。

　ただし，本章がおもに想定しているものづくりは，個人が趣味的に行うものではなく，社会的なものづくりである。この社会的ものづくりの代表格は，人々の暮らしやいのちを支えている各種の商品の生産である。私たちの衣食住は，さまざまな商品によって支えられており，その商品を生産・輸送・販売する企業の諸活動も商品によって支えられている。

　商品の生産場面を思い浮かべるとよくわかるが，この社会的ものづくりの特質の一つは，分業や協業といった他者との協働にある。また，この協働における個々人の活動は，科学的認識や技能といった認知的・身体的能力のみならず，意欲や協調性，忍耐力などの非認知的能力ないしは人格的側面を総合した諸力（スキル）に支えられている。

　後者の総合力の必要性は，たとえば，複数の木材をのこぎりで所定の寸法に切断し，接合する場面を想像しただけでも容易に理解できる。この作業は，最初に，対象とする木材の特性に応じたのこぎりの種類や刃の選択，適切な切削速度等を判断し，実際に的確にのこぎり引きが行えなければならない。もちろん，作業に対する意欲が適度に保有されていないと作業成果に影響が出る。実際に作業を行ってみると，予想外の困難に直面することも少なくない。問題が生じた場合，それを克服しようとする意志や努力が必要となる。あらかじめ一連の作業工程をスケジュール化する段取り能力も欠かせない。

　こうしたものづくりに必然化される個々の作業者のスキルは，作業が集団化・協働化すると，それに応じて適宜拡充・強化しなくてはならなくなる。

　子どもたちのためのものづくり教育は，本質的に以上のような特性を持つものづくりを，彼・彼女たちの健やかな発達を促す教育の営みとして対象化するものである。すなわち，技術的実習を不可欠な内容とするものづくり教育では，子どもたちは，自身との間に，道具や機械，材料等との関係，他者や社会，自然との関係を切り結ぶこと等を通して，全力を傾注した協同的な学びを担う。

（3）ものづくりの問題解決活動性によるメタ認知的能力の高まり

　もう一つ，ものづくり活動が本質的に有する特性を確認しておこう。2016年の中央教育審議会答申「幼稚園，小学校，中学校，高等学校及び特別支援学校の学習指導要領等の改善及び必要な方策等について」によく表れているように，今日の学校教育が，現実的で公共的な問題解決の文脈において，「創造」的な「資質・能力」の育成をめざすことが強化されているからである。

　前項で言及したように，ものづくりの実際場面では，作業者は，事前に予測しなかった，ないしは予知できなかった困難に直面することがしばしば起こる。木材を主材料として，単純な構造であるが実用可能な踏み台を製作するだけでも容易ではない。すなわち，ものづくりは本質的に問題解決活動という側面が大きい。

　しかも，社会的なものづくりでは，直面する問題への対処が，場当たり的・思いつき的な試みに終始しているだけでは容認されない。ある種必然的に，次のようなプロジェクト活動ないしは PDCA サイクルに類似した，一連の問題解決活動を間断なく進めることが要請される。①自らが直面している複雑な事象のなかから，調査等を通して実証的に問題の核心をつかみ，問題解決の目標を定める。→②目標の達成が期待でき，結果の有効性が予想される活動の実施方法・計画を立てる。→③実際にこの活動に取り組む。→④実施した活動の結果を整理・省察し，今後改善すべき新たな問題を見いだす。→……

　社会的ものづくりにおけるこうした一連の絶え間ない，らせん的・向上的な問題解決活動の重要性は，たとえば，トヨタ自動車を筆頭として形成され，「問題を解決」する「過程の重視」を特質の一つとした日本的企業経営の要諦「カイゼン」にもよく示されている（今井，2010）。しかも製造業系企業では，「モノづくりは人づくり」といった表現の下，ものづくりの発展と人的成長とを統一的に捉えようとすることが少なくない。

　すなわち，ものづくりは，本質的に問題解決活動という側面が大きいがゆえに，そのものづくりが実行者にとって緊張感のある切実な課題であればあるほど，また高度化して，計画的・合理的・反省的な手法を活用する必要性が強ま

るほど，その遂行者たちに，つまるところ，自分たちは何者であるのか，どのようになりたいのかを考えることができるようになるなどの，いわゆるメタ認知的能力を著しく高めると見ることができる。

2　地方分権化時代の地域密着型ものづくり教育の挑戦

（1）すべての子どもたちのためのものづくり教育の新風

　本来，すべての子どもたちのための普通教育としてのものづくり教育は，彼・彼女らに，自らの生きる社会を主権者として持続的発展可能なものにしていくために必要な，技術・労働に関する「学力」を発達させ，そのことによって，ものづくりの世界のおもしろさや重要性，課題・問題点等を，自分たちの立場に即して実感豊かに深く考えることができるようになることを期待する。普通教育とは，性別や出自，経済的環境，障害の有無等にかかわらず，すべての人々に学ぶ機会を保障し，現にその教育機会を提供している教育のことである。残念ながら日本においては，こうした普通教育としてのものづくり教育の位置付けは著しく弱く，厳密に言えば，中学校の必修の技術科（技術・家庭科の技術分野）のみしか存在しない。

　このような状況下において，地方分権一括法施行（2000年）をはじめとする，2000年代に入って以降のいわゆる地方分権化時代の到来により，普通教育としてのものづくり教育に新風が吹き込んできた。すなわち，地域特有の新たな公立学校教育づくりが大きく進展するなかで，製造業や農業等のものづくり産業を主要な地場産業とする一部地域において，公立の小学校・中学校が，地元企業や地域住民と密に連携しながら，当該地域独自の普通教育としてのものづくり教育を恒常的に推進する動きが現れてきた。

（2）長野県諏訪市小・中一貫「相手意識に立つものづくり科」の社会性

　この地域特有の新たなものづくり教育に関する典型的事例の一つが，長野県諏訪市の小・中一貫「相手意識に立つものづくり科」である（以下，「ものづく

り科」とする)。「ものづくり科」は，小学1年生から中学3年生までの9年間の必修教科とされており，2008年度から市立小学校・中学校の全校で開設・実施されはじめ，今日に至っている(坂口，2014a)。

　「ものづくり科」では，子どもたちが，必ず物品製作に取り組む。ただし，「ものづくり科」における子どもたちの製作物は，原則として自分用のものではなく，自分以外の他者が利用する物品とされている。このことは，「ものづくり科」の営みの核心的な特徴である。

　このため，この教科活動においては，子どもたちに，他者が利用するのに適した物品づくりという現実の問題に直面させることになる。このときの子どもたちにとっての課題は，たとえば他者が家族とされる場合，そうした身近な大切な者の心を揺さぶるような物品を製作しなくてはならないという緊張感のある生き生きとしたものになる。

　また「ものづくり科」においては，毎年12月に，子どもたちの製作物を彼・彼女たち自身が地域の人々に販売する催し「チャレンジショップ」活動が組み込まれている。この「チャレンジショップ」では，各校ごとに子どもたちの代表者が販売ブースを構え，教師や保護者の協力を得ながら，自らの手で製作した物品を販売している。この活動では現金処理が行われる。

　すなわち「チャレンジショップ」では，模擬的ではあるけれども，子どもたちの製作物が実際の商品として取り扱われる。子どもたちは，商品の売れ行きを基準として，自分たちの製作物が「相手意識」に応えるものであったかどうかを，緊張感をもって実感豊かに判断することになる。教師たちに聞くと，子どもたちは販売の結果を真摯に反省的に受け止め，改善した方がよいと気づいたことは次の製作で克服するように自発的に努力するという。

　このように諏訪市の「ものづくり科」の営みの核心は，子どもたちが，自分(製作者)以外の者が利用するのに適した物品の製作・提供という，資本主義社会の根底に位置付く商品生産の基本的特質を学びの基盤に置いていることにある。その意味で「ものづくり科」の取り組みは，製・販一体的なものづくり活動を通して，現実社会を成り立たせている原理へと子どもたちを導き，彼・

彼女たちに社会で通用する力量を身に付けさせようとする営みであり，リアリズムに裏打ちされた社会性に富む試みである。

　諏訪市教育委員会は，「ものづくり科」の試みにより，2012年度，文部科学省と経済産業省が共同実施する「キャリア教育推進連携表彰」の最優秀賞を受賞した。

（3）農業の本質の教え学びを志向する福島県喜多方市「小学校農業科」

　福島県喜多方市立小学校では，2007年度以降，必修の教育活動の一環として，全校で独自に「農業科」を開設・実施している（坂口，2015）。この取り組みは，しばしば「小学校農業科」と称されている。日本の義務教育段階の公立学校が，設置者全域で「農業科」という名称の教育活動を進めているのは，この喜多方市のみである。この「農業科」は，当初，教育特区制度を活用した特設の教科活動であったため「（農業）科」とされているが，現在は，総合的な学習の時間の一部として行われており，3年生から6年生までの4年間の活動とされている。

　こうした「農業科」制度存立の社会的背景としては，喜多方市の重要産業であり続けている農業に対する市の危機感と農業の持続的発展への志向が強く認められる。すなわち「農業科」は，子どもたちが，後述のように地域の農業従事者の経験等を頼りにしながら，自らが生きる基盤としての地域を支える農業に向き合い，その本質を損なわない「本格的な農業活動」について学ぶ場として制度化されたものであった。そして，その学びの中核に位置付けられているのが，子どもたちにとっての「本格的な農業活動」とされた「農作業の実体験活動」であり，「種をまき，苗を育て，植え付けをし，水や肥料の管理，除草，収穫，調理・加工という一連の活動」である。

　さて，喜多方市では，子どもたちにこの「本格的な農業活動」としての「農作業の実体験活動」を保障するため，おもに次の四つの工夫を施している。

　第一に，学校ごとに，地域の中核農家の祖父母などを無償の「農業科支援員」として活用していることである。第二に，農地の適正利用を図る「農園利

用方式」に則り，学校近隣の農地を実習地として利用していることである。第三に，市教育委員会が，会津農林事務所喜多方農業普及所の作成協力を得て，「喜多方市小学校農業科推奨作物一覧」を策定し，各学校での利用を推進していることである。第四に，市教育委員会内に組織された「喜多方市小学校農業科推進協議会」を著作者として，独自の教科書『小学校農業科副読本』（2008年）を編纂し，各学校での利用を進めていることである。

　このように「農業科」の取り組みには，"本物の農業"を教え学ぶことへのこだわりが顕著に認められる。

　実際にこの活動を通して，たとえば，ある3年生の子どもは，「野菜をそだてるには，時間もかかるし，いろいろなトラブルがあることがわかりました。野菜をそだてるのはたいへんだけど，来年は，もっとそだてるのがむずかしいけれどおいしい野菜」や「くだもの」を栽培して食したいと述べている（喜多方市教育委員会，2013）。そもそも農業は，その基軸となる作物栽培に即して言えば，人為的制御がきわめて困難な，農地という土地を基幹技術にして，食用の植物という生物を育成する営みである。このため農業は，他の生産部門には見られない独特な不確実性につねに直面することになる。農業は，元来，この子どもが述べるように「いろいろなトラブル」に見舞われる「たいへん」で「むずかしい」営みである。

　農業は，このように不確実性と人々との格闘であるから，"経験がものをいう"。言い換えれば，農業の初心者が「本格的な農業活動」を行うためには，地域の農家等が築いてきた，その地域に適した地場的な農業経験を活用することがとくに不可欠になる。ある4年生の子どもは，「農業科」の授業を通して，地域ごとに「その野菜にあった育て方」があることを学んだと言っている。

　子どもたちは，「農業科」における「農作業の実体験活動」等により，直感的・体感的に農業の本質を理解している。

3　SNS世代が主導する新時代のものづくり教育とその協同性

（1）ものづくり教育としてのコンピュータ教育の模索

コンピュータや情報通信ネットワーク等の情報技術が著しい発展を見せ，社会的ものづくりの世界においても情報化が急速かつ広範に進行して久しい。

その基幹となる動きは，製造部門の個々の労働手段にコンピュータが組み込まれ，基幹的労働手段が機械からコンピュータ制御オートメーションへと変化したことであった。この動きは，1970年代初頭に「マイコン」という超小型・微小コンピュータが開発されたことにより，急速な発展を遂げていくことになった。また，1980年代前半から，コンピュータネットワークを中核とした情報通信ネットワークが本格的に登場しはじめた（以下，ネットワークとする）。ネットワークは，個々のオートメーションやそれを管理するコンピュータ等を複数有機的に接続して，システム化することを可能とした。

こうしたものづくりの世界の情報システム化は，1990年代後半から爆発的に普及しはじめたインターネットによって，飛躍的な発展を遂げる。今日，インターネットを利用した，発展的なものづくり情報システムの構築により，ものづくりの現実世界では，世界中の働き手が，物理的・時間的な制約を超えた緊密な協働を推進している。

前述のように，狭義に言えば，日本における普通教育としての技術教育の唯一の制度基盤である中学校技術科においては，社会全体の情報化や，上述のようなものづくりの世界における情報システム化の進展を受け，教師たちが，主体的に情報技術教育の授業づくりに取り組むようになった。技術科ならではのコンピュータ教育の模索である。

（2）技術科教師たちの草の根的集いが「中学生ロボコン」を一大勢力に

1990年代初頭，技術科の教師たちの自発的な取り組みとして，中学校におけるロボットコンテスト，略してロボコンが始まった。ロボコンは，通常，少人

数のチームで競技用のロボットを製作し，実際に競技を行う一連の活動から成る。競技（大会）の場面では，競技者が，製作したロボットを動かし，得点を争う。中学校におけるこのロボコンの取り組みは，ロボットの製作と競技の主役が中学生であることから，しばしば「中学生ロボコン」と呼ばれてきた。

　なお，「中学生ロボコン」において通常取り扱われるロボットは，人間の身体とは隔離された物体（機構）に，人間の意図に即した動きを実行させるものであるが，コンピュータ内蔵の自動化された自律制御型ではなく，いわばその前段として，競技者のうちの一人が，ケーブルでロボットと結ばれたコントローラを手で操作して動かす機械型である。

　「中学生ロボコン」は，2000年代に入ると，全国大会や国際大会が催されるまでに普及・成長した。このことは，それぞれの中学校独自のロボコンのみならず，各地域・各地区において，複数の中学校が共同して，全国大会等の予選という位置付けを併せ待つローカルな大会を組織・整備したことを意味しており，次第にその充実・強化が図られるようになった。

　村松（2014）によれば，ロボコンの大きな特徴は，「競技性」「創造性」「協同性」の3点に整理でき，このうちとくに「競技性」が「生徒や教員を魅了する最大の要因」とされている。たしかに，「中学生ロボコン」に限らず，ロボコンの競技場面では，会場の熱気は高まり，カーニヴァルの様相を呈す。

　ただし，この「競技性」が，「創造性」と「協同性」に裏打ちされていることを見過ごすことはできない。「創造性」とは，ロボット製作上の創意工夫をおもに意味しており，この「創造性」の実現のためには，ロボット製作に関する一定の科学的認識と技能が不可欠である。もう一つの「協同性」は，主役の中学生たちが，各チームにおいて主体的に役割分担を取り決めながら，一つの目標に向かって努力する人格的機能をおもに意味している。すなわち，「競技性」は，子どもたちに「創造性」と「協同性」を首尾よく調和的に育むために教師側が用意した仕掛けである。

　本項においては，このうちの「協同性」にとくに注目したい。ただし，前述のような中学生たちの「協同性」よりもむしろ，彼・彼女たちを指導する技術

科教師の「協同性」である。技術科の教師は，正規の専任の場合，ふつう各校に1名配置されているにすぎず，孤立しがちであるからである。

　すでに述べたように，「中学生ロボコン」の進展に伴い，近隣の中学校が連携してローカルな大会を組織・活性化させてきた。すなわち，技術科の教師たちは，このローカル大会の開催・運営を結節点としながら，日々の授業づくり等に関する情報・意見交換を含めて，身近な者たちとの日常的な協働を進めてきた。「中学生ロボコン」が登場する以前には見られなかった，若手や中堅を中心とした教師間の緊密な結びつきである。技術科教師たちのこの斬新な草の根的協働体制が，「中学生ロボコン」を国内外の一大勢力となるまでに成長させてきたと言ってよい。「中学生ロボコン」では，技術科教師たちが，子どもたちと同様に，自由に躍動する姿を見せている。

　そして，この技術科教師たちの新たな協働を現実のものとさせてきたのが，ネットワークであった。当初は，メールやウェブが活用され，その後それらにSNS（ソーシャル・ネットワーク・サービス）が加えられるようになった。

（3）ものづくりの学びをつなぎ，積み上げる

　「中学生ロボコン」は，技術科の必修の授業というよりも，選択の授業を利用した取り組みであった。その意味で，選択の技術科の時間は，力量のある教師たちにとって，新たな授業や教育活動を主体的に創造していくための挑戦の場でもあった。しかし，2008年の中学校教育課程基準の全面改訂により，選択制は，制度としては存続したものの，実際には機能しなくなった。

　この中学校の選択制が事実上廃止されたに等しい事態は，「中学生ロボコン」に大きな打撃を与えた。ただし，「中学生ロボコン」の成果は，ロボコン以外の場面でも活かされることになった。ものづくり教育としての知的財産教育やデジタルファブリケーション教育という道筋における展開である。このうちの知的財産とは，「人間の幅広い知的創造活動の成果」（特許庁）のことである。また，デジタルファブリケーションとは，個人や有志グループが，パソコンで作成したデジタル設計データを，いわば市中にある3Dプリンターなどの汎用

コンピュータ制御工作マシンに送り，物品を製作する活動をおもに意味してい
る。

　さて，先に述べたように，「中学生ロボコン」において通常取り扱われるロ
ボットは，人間の身体とは隔離された物体（機構）に，人間の意図に即した動
きを実行させる機械型である。したがって子どもたちが，競技での勝利をめざ
して最も工夫を要する点は，ロボットに対し，ボールを運び，指定された場所
に入れるなどの所定の仕事（競技課題）を，いかに的確かつ効率的に行わせる
かにある。すなわち，ロボットの動作機構の創意工夫である。子どもたちは，
他のチームに負けない独創的な動作機構の開発と実現に多大な合理的試行錯誤
を重ねることになる。

　技術科の教師たちは，実践経験を重ねるごとに，こうしたロボット開発に関
する子どもたちの「アイディア」の豊かさに感動する度合いを強め，次第に
彼・彼女たちの「アイディア」を教育的に活用する新たな手法を生み出すよう
になっていった。その一つの完成手法が，「中学生ロボコン」の「模擬特許」
であった。「模擬特許」とは，現実社会の特許制度を模した教材である。子ど
もたちが，ロボット開発上の「アイディア」を教師に「特許」申請し，「特許」
として認められると，教室などに掲示物等として公開される。公開された「特
許」は，創作者の権利を「尊重する」ことを原則としながら，誰もが自由に利
用することができる。「特許」が他者に利用された場合，「特許」権者には特典
が与えられる。「模擬特許」の仕組みは，おおむねそのようなものである。

　こうした「模擬特許」教材の活用によって，ある子どもたちの「アイディ
ア」が，他の子どもたちに利用され，一定の改良を施した別の「アイディア」
へと高められるという，学びの成果の連続した積み上げが顕著に表れるように
なった。このことを技術科の教師たちは，「技術開発」に関する「アイディア
の連鎖」と呼んでいる（村松，2014）。

　こうした「模擬特許」の手法やロジックは，「中学生ロボコン」の成果を，
ロボコン以外の場面で活用する途をもひらいた。

　たとえば，「模擬特許」実践の先駆者の一人は，3Dプリンター等を利用し

ながら，「材料と加工」に関する授業などの技術科のさまざまな場面において，子どもたちに「素晴らしい作品や成果を出した人をリスペクトし，参考にしたと公言できる」ことや，「何かを参考にして，新しい何かを生み出そうと試行錯誤を繰り返す」学びを促す「技術を学ぶ文化」実践へと進んでいる（川俣，2017）。

4　"生きづらさ"に直面する工業高校生に自信と希望を育む

（1）人間関係がつらく，孤立しがちな若者たち

　よく知られるように，2007年にユニセフが公表した「先進国における子どもの幸せ」に関する報告書（イノチェンティ・リポート・カード7）は，日本人に大きな危機感を呼び起こした。15歳の子どもを対象にしたこの国際比較調査において（unicef, 2010），「孤独を感じる」と回答した者の割合が日本は約30％にも達し，おおむね5〜10％であった他の国々と比べて日本のみが突出して高かったからである。また，「居心地が悪く，疎外感を感じる」と回答した子どもの割合も日本は15〜20％の範囲のほぼ中間値を示しており，最も高かった。こうした日本の子どもたちに特徴的に認められる自信の弱さは，改善するどころか，悪化の度合いを深めているように見える。

　土井（2009）によれば，「現在は，場の空気に流されない一貫的な自己では生きづらい時代」であり，子どもたちは，「相手の反応を敏感に読みとってつねに良好な関係を保ち，相手からの評価を得やすいように自分の個性を効果的に提示し続け」ることが強く求められるようになったこと，しかし，社会的価値観の多様化に伴い人物の客観的な評価基準が曖昧となり，他者と良好な関係を保ち続けることは「非常に困難」になっていると分析している。このため今日の子どもたちは，自分の個性の「ある側面だけを切り取って強調した自分らしさの表現」として「キャラ」を生み出し，「異質な人間」を「圏外化」して排除した，狭く閉鎖的で「宿命主義」的な「類友の世界」のなかに浸りながら，「グループ内の一人ひとりに配分されたキャラをはみ出す」ことなく，「相互に

協力し合ってキャラを演じ」合うことが不可避とされるようになったと論じている。

　ものづくり教育は，他の教育諸活動と連携しながら，今日の日本の子どもたちをこのような閉鎖的で予定調和的な人間関係から解き放ち，共に伸びていこうとする未来志向の人間関係のなかへ，意図的に仕組んで導き入れなければならない。そうなれば子どもたちは，多様な他者とかかわり合いを持ち，個性と違いがぶつかり合いながら信頼が築かれる豊かな人間関係のなかで，自信と希望を主体的に育んでいくことができる（坂口，2014b）。

（2）「実習」の悪戦苦闘が若者たちを伸ばす

　2000年代に入った後，工業高校機械科のある教師は，いまの工業高校生たちのなかに，「オタク」という「閉ざされた人間関係」によって保持された「非常に過ごしやすい『同じタイプ』のみのコミュニティ」を中心として学校生活を過ごす新たな層が確実に「増えている」と述べていた（辰巳，2008）。

　こうした状況下の工業高校生たちは，受験競争や家庭環境の問題などにより，自信を喪失し，苦悩していることが少なくない。彼・彼女たちの多くは，学校のなかに，自分が輝く場があるとはほとんど考えていない。

　高校職業学科の教師たちの活動事例を見ると，このようなあきらめ感の強い高校生たちの現実を直視し，彼・彼女たちが「この学校で学ぶことができてよかった」と思える学校づくりをめざしている場面に出会うことが少なからずある。先の機械科教師もそのような取り組みを進めている一人である。この教師は，自身が担当している機械科の専門教育を通して，生徒たちと，将来への生きる希望をつむぎ合うことに注力している。

　たとえば，この教師は，機械科の専門教育の中核である「機械実習」を通して，生徒たちに，旋盤などの工作機械を自分の意図どおりに操作する技能等を獲得・向上させ，彼・彼女たちの自信を「少しずつ」「回復」させようと努力してきた（辰巳，2014）。

　生徒たちにとって，旋盤などの工作機械の操作は，事実上誰もが初めてであ

る。自身がこれから格闘しなくてはならない相手はまさに未知の代物であり，「機械実習」は彼・彼女たちの前に「到底できそうもない挑戦」のように大きく立ちはだかる。しかし，「機械実習」の最初の場面では，全員が未経験者であり，スタートラインは皆に平等に引かれている。生徒たちは，「機械実習」から逃避することなく，逆に困難に立ち向かい，「悪戦苦闘の末，製品を完成させ，レポートを書き上げていく」。

　こうした工業高校生たちの育ちを支えているのは，「個性的な教員」らの手厚い指導ばかりではない。むしろ同じアポリアに向き合いながら，徐々に専門的な技能等を獲得していく同級生たちと，互いにそうしたスキルを獲得することができたことの意味をわかり合い，自分たちの存在価値を認め合う人間的な関係が構築され，彼・彼女たちの成長の土台に位置付いている。

（3）専門的なものづくり教育が若者たちの将来をひらく

　以上のような，高校職業学科の専門教育を担う教師たちの試みは，専門的なものづくり教育の中核的な授業「実習」を中心として，高校生たちに，全力を投じた学びの機会を保障することをその要点の一つにしている。そして，当の教師たちによれば（斉藤，2005），生徒たちは，普通科の生徒には不可能な，自分自身でも驚く専門的スキルを次第に発揮できるようになり，より高い次元へと自分を積極的に引き上げようとするようになるという。

　すなわち，専門的なものづくり教育は，若者たちの将来をその特定の専門分野に縛り付けるのではなく，逆に，生きづらさに苦悩する若者たちを，無限の可能性が広がる未来へと解放し，将来への希望をつむぐことができるように育むことができる。

　高校夜間定時制課程機械科の専門教育担当のある教師は，若者たちの「最後の砦」という意味を持つ定時制高校の教師として，1年生には「出番だよ！」，2年生には「夢が人生をつくる」，3年生には「限界に挑戦を！」，4年生には「夢を育てよう！」というテーマを中心とした「学級通信」を発行しながら，このような機械科の専門教育の取り組みを通して，若者たちが自分たちならで

はの成長を遂げた成果を語っている（大橋，2005）。そしてそこには，ある生徒が卒業時に綴った次のような文章が寄せられている。

> 俺はもともと将来やりたいことが無かった。人並みに高校ぐらい卒業したいと思ったからこの学校に入学した。人と接していることで自分を磨ける。そして社会にも貢献していけるような気がした。若いうちに苦労や努力はするものだと思うようになり，今となっては意味の無い高校生活でなく，とても為になり，自分を磨き上げられるような気がした。だからこの高校に来たのは良かったと思う。

5　人間的教養としての批判的精神・無用のフィロソフィ

（1）"本物のものづくり"が子どもたちを育てる

　前節までに見てきたように，ものづくり教育が子どもたちの健やかな発達を確かに促すためには，子どもたちが取り組むものづくりが，当の子どもたちにとって，現実社会のなかでさまざまな思いを抱きながら生きていることと切り結ばれたリアリティに富む奥深い課題であることが望まれている。

　言い換えれば，ものづくり教育が本来取り扱うべきものづくりとは，決してフィクションであってはならず，学びの主人公である子どもたちが切実に求める，緊張感のある活動であるべきである。子どもたちが，そうした"本物のものづくり"に取り組むとき，彼・彼女たちは，必然的に，他者と協働しながら全力を傾注して，合理的な試行錯誤を積み重ねていく。そしてその過程には，子どもたち自身による主体的で有意味な振り返りが豊かに存在し，同類の他者との間に，実際に同じ難題に立ち向かった者どうしとして，互いの存在価値を認め合う人間らしい関係が構築されていく。

　小学校低学年の生活科における「ドングリゴマづくり」の授業場面を見てみよう。この授業は，「ドングリゴマ」を「もっと長く回したい」「もっときれいに回したい」という子どもたちの「願い」に応えながら，彼・彼女たちをさらなる高みへと導くため，「よりよく回るドングリゴマづくりを追求」することがテーマとされていた（技術教育研究会，2016）。

ドングリゴマの授業では，長く回るコマをつくった子どものものをみんなで見ました。子どもたちは集まってきて，まさに目を皿のようにして興味津々で見つめています。何も言わなくても「わかった！」という声が上がります。「軸の先が磨いてある」「先が短いよ」「回すときの指先がすごい」……

（2）人生の主役としてのアイデンティティの形成

　上述のような全力を投じた学びのプロセスのことを，かつてデューイ（Dewey, J.）は「探究」と呼んだ。植木（2010）によれば，「こうして，問題発生から問題解決にいたる過程で，協同的な関係あるいは連携によって試行錯誤の実験的思考と解決手段遂行が作動する。この全過程がデューイいうところの探究であり，探究的過程を通じて作用する思考の在り方が，デューイのいう知性である」（植木，2010，23頁）。

　言い換えれば，デューイ的「探究」としての教育活動は，教師が教えたいことを教えるというよりも，子どもたちが学びたいことを学ぶことができるように配慮された営みである。それゆえ，このような「探究」的な活動の一環としてのものづくり教育においては，子どもたちは，次第に"いったい自分たちは何者であり，どう生きたいと望んでいるのか"という高度なメタ認知的能力を身に付け，人生の主役としてのアイデンティティを形成していくことができるようになる。

　中学校技術科の3年間の授業を通して，ある子どもは次のように語っている（川瀬，2014）。

　私はとても不器用な人間です。これまで作ったものは人より遅く，かといってできがよかったわけではありません。しかし今回はそんな私に革命がおきたのです。（中略）私はこの授業を通して，自分から友達にいろいろ聞くことができるようになりました。以前なら1人で悩んで結局遅れをとってしまっていたのですが，今は変わることができたのです。これは私にとって大きな躍進でした。（中略）今では「よしやってみよう」と思えるのです。

（3）人権教育として批判的精神・無用のフィロソフィを育てる

今日，人権を軽視しがちな市場原理主義が人々を大きく包み込んでいる。人々は，モノコトと同様に経済成長のリソースとされ，経済成長にとって「有用」と判断された者のみに存在価値を認めようとする風潮も強い。

このような市場原理主義的人権軽視社会のなかで生きる人々に不可欠なことは，社会的・公共的の「有用」性を極度に重視しようとする価値観について，「当たり前」と単純にみなさずに対象化し，つねにその正否を主体的に問い質すことであろう（吉見，2016）。すなわち，あらゆる人々が，人間として尊厳を持って生き，人生の主役として幸福を追求し続けていくための，批判的精神・無用のフィロソフィを育むことが，いままさに求められていると言えよう。

人権教育としての側面を持つ適切なものづくり教育を実践することができたならば，このものづくり教育を通して，人権としての批判的精神・無用のフィロソフィ形成を促すことができると考えるべきである。

 さらに学びたい人のための図書

坂口謙一編著（2014）『技術科教育』一藝社。
- ▶直接には大学での中学校技術科教員養成用のテキストとして編纂された図書であり，技術科の全般が取り扱われている。

技術教育研究会編（2016）『小学校ものづくり10の魅力』一藝社。
- ▶副題は「ものづくりが子どもを変える」。小学校段階の総合的・探究的なものづくり教育を追求したブックレット。

技術教育研究会編（2017）『ものづくりの魅力』一藝社。
- ▶副題は「中学生が育つ技術の学び」。中学校段階の探究的なものづくり教育・技術教育を追求したブックレット。

技術教育研究会編（2019）『高校生ものづくりの魅力』一藝社。
- ▶副題は「実感のある学びで社会とつながる」。高等学校段階の専門的・探究的な技術・職業教育を追求したブックレット。

引用・参考文献

雨宮処凛（2017）『自己責任社会の歩き方』七つ森書館，まえがき。

今井正明（2010）『カイゼン　復刻改訂版』マグロウヒル・エデュケーション，8，23-26頁。

植木豊（2010）『プラグマティズムとデモクラシー』ハーベスト社。

大橋公雄（2005）「定時制工業高校の4年間」斉藤武雄他編著『工業高校の挑戦』学文社，148-158頁。

川瀬勝也（2014）「技術科の教師」坂口謙一編著『技術科教育』一藝社，63-75頁。

川俣純（2017）「技術を学ぶ文化」技術教育研究会編『ものづくりの魅力』一藝社，55-70頁。

技術教育研究会編（2016）『小学校ものづくり10の魅力』一藝社，30-32頁。

喜多方市教育委員会編・発行（2013）『平成24年度喜多方市小学校農業科作文コンクール作品集』。

斉藤武雄（2005）「高校工業教育実践づくりの視点」斉藤武雄他編著『工業高校の挑戦』学文社，28-38頁。

坂口謙一（2014a）「地方分権化時代の小・中一貫ものづくり科に関する調査研究（Ⅱ）」『教職研究』第24号，立教大学，11-21。

坂口謙一（2014b）「希望をつむぐ21世紀の技術科教育」坂口謙一編著『技術科教育』一藝社，199-211頁。

坂口謙一（2015）「『喜多方市小学校農業科』制度に見る普通教育としての食料生産に関する技術・職業教育の取り組みと課題」『教職研究』第26号，立教大学，109-119。

辰巳育男（2008）「みんな『フツウ』の高校生」『技術と教育』第420号，9-10。

辰巳育男（2014）「技能が生徒の自信を育む工業高校の機械科実習の可能性」『技術教育研究』第73号，32-37。

土井隆義（2009）『キャラ化する／される子どもたち』岩波書店。

村松浩幸（2014）「ロボットコンテスト・知財に関する授業」坂口謙一編著『技術科教育』一藝社，183-198頁。

unicef（2010）『先進国における子どもの幸せ』国立教育政策研究所，68-69頁。

吉見俊哉（2016）『「文系学部廃止」の衝撃』集英社。

第 **11** 章

人間教育としての言葉の教育

寺井正憲

1 人間教育として言葉の教育に求められる資質・能力

　現在の言葉の教育の基本的な考え方は，実生活や実社会に生きてはたらく言葉の能力を育てる点にある。これは，社会における言葉の有用性を重視した機能的リテラシーの考え方に基づくもので，塚田泰彦（2003）は，言語の知識・技能をドリルで訓練する教養主義的リテラシー観が，社会的文化的な文脈で言語を効果的にはたらかせる機能的リテラシー観へと拡大してきたことを指摘する。2000年 PISA 調査以降の文部科学省の言葉の教育に関わる施策は，まさに機能的リテラシー観に基づいているが，人間教育としての言葉の教育を構想するのなら，このような機能的リテラシー観に基づく必要がある。つまり，児童・生徒が社会的文化的な営みの中で，意味ある言語運用を行うということを前提にして，人間の成長や人間の育成を考えるということである。

　平成29年版学習指導要領では，中央教育審議会答申（2016，以下，「答申」と略す）の資質・能力の考えに基づき，国語科の目標や内容も「知識・技能」「思考力・判断力・表現力等」「学びに向かう力・人間性等」の観点で整理された。「知識・技能」と「思考力・判断力・表現力等」は，平成20年版学習指導要領・国語の考え方を引き継ぐが，新設の「学びに向かう力・人間性等」の目標「言葉がもつよさを認識するとともに，言語感覚を養い，国語の大切さを自覚し，国語を尊重してその能力の向上を図る態度を養う」は，「小学校学習指導要領解説・国語編」（2008，以下，「解説」と略す）をみても，国語に対する態

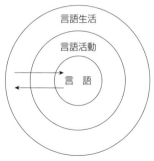

図 11-1　言語・言語活動・言語
生活の関係①
（出所）桑原（1996）

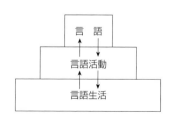

図 11-2　言語・言語活動・言語
生活の関係②（円筒形）
（出所）桑原（1996）

度や言語感覚を中心とした説明に終始する。本来「学びに向かう力・人間性
等」は，「どのように社会・世界と関わり，よりよい人生を送るか」という問
題と関わり，人間教育にきわめて重要だが，現在の目標では答申の理念は実現
できまい。

　国語科では，人生や社会で言葉を用いる営みを言語生活と呼び，これの向上
を国語科のめざすところとしてきた。桑原隆（1996）は，言語と言語活動と言
語生活の関係を，図 11-1 のようにとらえる。従来は円の内側から外側に向か
う矢印の学習指導だったが，これでは実際には言語生活の習慣や態度は育たな
い。そこで，桑原は，円の外側から内側に向かう矢印で学習指導を構想する。
つまり，言語生活から重要な言語活動を取り上げ，その言語活動に言語の指導
を組み込む考え方である。また，図 11-1 を図 11-2 のように立体的な円筒形で
考え，言語生活を言葉の学習の基盤とも考えている（桑原，1996，57頁以下）。
この考え方は，全国学力・学習状況調査（以下，「全国学力調査」と略す）から
も有効性が理解され，国立教育政策研究所教育課程研究センター（2018）によ
れば，読み書きの習慣や態度が養われていれば，つまり言語生活が安定してい
れば，学力が高いとされる。桑原は，「言葉を学習するとは，形式的な操作を
学ぶことではない。個としての人間の成長であり，自己を変容させていくこと
ではなくてはならない。自己の言語生活をいっそう豊かなものにし，ときには

それを厳しく律していくことでもある。主体の場，それが主体の言語生活であり，その場を離れて言葉の学習は成立しない」（桑原，1996，46頁）とするが，これが国語科の「学びに向かう力や人間性」を実現する基本的な考え方であろう。

　人間教育としての言葉の教育を実現するには，答申の資質・能力を「言語─言語活動─言語生活」の構図でとらえ，言語生活を基盤として社会的文化的な文脈で意味ある言語活動を行い，知識・技能の習得と活用を図って言葉の能力を育成することが大切である。そのような社会的文化的な文脈に参加する言語活動の営みを通して，自己実現する力，失敗を自らの精神や認識，方法の改善に転換する力，固定観念を脱出して新しい自己を構築する力，他者と協同してよりよい社会を構築する力など，人間力の向上を実現していきたい。

　実生活や実社会に生きてはたらく能力として，OECDでは三つのキー・コンピテンシーを設定している（ライチェン＆サルガニク，2006，199頁以下）。第一のカテゴリーは相互作用的に道具を用いる能力であり，国語科では実生活や実社会で言葉を駆使して生き抜く力で，人間力そのものと言える。第二のカテゴリーは異質な集団で交流する能力であり，近年国語科でも重視されており，異質な他者とのコミュニケーションは，自己を成長させる大きな機会となる。第三のカテゴリーは，自律的に活動する能力であり，国語科では，カテゴリー1やカテゴリー2と関係しながら，おもに課題解決学習で目標を明確なビジョンとして持ち，プロセスを営む力として，学習指導の設計や運営に活かされている。自己実現する力，失敗を改善に活かす力として重要となる。第一，第二のカテゴリーは，国語科の言語活動の授業づくり，コミュニケーションの授業づくりに関わるものであり，本章ではこれらを中心に論じる。第三のカテゴリーは，第一，第二のカテゴリーに関わって学習指導を論じる際に，学習指導の設計や運営に関わって適宜論じることにする。

　以下では，まず人間教育として言葉の教育の基盤となる言語生活を取り上げ，カリキュラムや学習指導の在り方について論じる。次に，キー・コンピテンシーの第一，二のカテゴリーに関わり，言語活動による学習指導について論じる。

2　言語生活を基盤として養われる言葉の能力や態度

（1）言語生活を整える——言語運用の基盤となる能力や態度

　孟子は「恒産有る者は恒心有り，恒産無き者は恒心無し」（孟子・梁恵王上）とするが，これを援用すれば，社会的文化的な文脈に参加する言語活動が継続的に営まれることを通して，人間としての資質や能力も成長させ続けられることになる。桑原隆（1996）は，西尾実の「生きた言葉」という国語教科書の教材を引用した上で，「注目したいところは，心と言葉の関係を，心→言葉というように一つの方向だけでとらえるのではなくして，言葉→心という方向も強調しているところである。すなわち，『日々刻々の言葉を生きた言葉にすることによって，心を拓き，いのちを向上させて行かなくてはならない。』という指摘である。言葉が人間を作る。言葉を律していくことが，自己を律していく原点である。自己教育力の原点は，自己の言語生活の向上にある」（桑原，1996，72頁）とする。その上で，「自己教育力の生きた姿は，自己学習が生活化され，生活の中に溶け込んでいる状態とみてよいであろう。（中略）国語の場合，ごく簡単に言えば，書くことや読むことが生活の中に溶け込んでいることが，自己学習力の基礎力である」（桑原，1996，74頁）とする。言語生活を整えるということは，人間教育としての自己教育力を高める基盤を整えるということになる。

　国立教育政策研究所教育課程研究センター（2018）の「学校における指導等と学力等との関係」の分析では，平均正答率が高い学校は，「国語の指導として，目的や相手に応じて話したり聞いたりする授業，書く習慣を付ける授業，様々な文章を読む習慣を付ける授業」が行われているとされる。小学校の現職教員の話だが，全国学力調査B問題では，問題の情報量が多く，学力に課題のある児童・生徒は分量に圧倒されてしまうそうだ。これは，学力には情報量の多いテキストを読み書きする基礎体力が必要であるとともに，そのような基礎体力がなければ，新しい課題に取り組む意欲さえ湧かないことを表している。

改めて，書く習慣や読む習慣が身に付く日常的継続的なカリキュラムや学習指導が重要だということに気づかされる。人間教育の基盤としても，学力向上の基盤としても，言語生活を整えることがきわめて重要であることがわかる。

（2）各教科等の言語活動の基盤となる書く力，読む力

　作文教育史を振り返れば，綴方教育（生活綴り方）では書く生活を継続することを通して書き手である児童の成長を図るという指導が伝統的に行われてきた。「いのちの教育」を実践した教育者である東井義雄（1972）は，子どもたちの「生活の論理」を重視して，「各教科の学力を高めるために，絶対必要なことは，この『方』（生活の論理における感じ方，思い方，考え方，行い方のこと。——引用者注）を大じにし，それを磨き，高次の『方』に高めていくことである。しかも，そのしごとが，綴方以前の綴方であり，書くという方法を参加させることによって，この綴方以前の綴方を，さらに有効に，高めていこうとするのが，『綴方的方法』といわれているものなのである」（東井，1972，18頁）とする。そして，東井は，小学2年生の児童が理科的な疑問を追究するために理科の自学研究ノートを書き続け，そこに粘り強く対象に打ち込む姿，興味を広げる姿，仲間意識が成長する姿，そして何よりも理科的な意識が成長する姿をみている。知的な追究心を支える書く生活があって，人間的な成長もあったとみるべきである。

　国語科に限らず，算数や理科，社会科，体育科などで，積極的に継続的なノート指導に取り組み，書くことの基礎体力を向上させ，教科の学習に役立てるとともに，教科で大切にする見方や考え方，粘り強く取り組む態度や追究心などの成長に生かしている事例は枚挙にいとまがない。また，教科学習を越えたものとして，部活動ノートが注目される。部活動ノートを続ける生活では，自己実現する力，つまずきや失敗を自らの精神や認識，方法の改善に転換する力，他者と信頼関係を構築する力など，人間教育にとってきわめて重要な力がつねに発動している。たとえば，高校野球ドットコム編集部（2013）に紹介される生徒たちは，毎日ノートを書き続けることを通して，自身やチームの長所や短

所に気づき改善を続け，野球プレーヤーとしても，また考えて行動する人間と
しても成長している。

　書く生活と同様に，読む生活（読書生活）を整えることもまた人間教育の基
盤として重要である。読書生活指導の開拓者である大村はま（1984b）は，「た
だ多く読むというだけでなく，読んで考え，読んで行動し，いろいろの生活に
広げていくような人，問題に出会うと助けを本に求める人，というような意味
で，読書人という言葉を使ってみた。それは，知るためにも，仕事のためにも，
人と交わるためにも，楽しみのためにも，自らの成長のためにも，つまり，生
きていくことに生活の中に，読書を位置づけている人である。読書を，教養の
ため，趣味，楽しみのためというだけでなく，もっと実際に生きていくという
必要感をもってとらえている人といえよう」（大村，1984b，7-8頁）と述べ，読
み手として自立し，本当の本の使い手となるような指導こそ，読書生活の指導
と呼ぶにふさわしいとする。そのために，大村はま（1984a）は，毎月 2，3
時間の読書単元を年間を通して続ける 3 年間のカリキュラムを組織している。
ただ読書を続けるだけではなく，読書法や読書論を使って読書の価値や方法を
教えたり，読書生活の記録を使って振り返らせたりして，読書生活をさらに深
化し拡充させつづけるものとなっている。それら一連の学習指導を通して，生
徒たちを主体的な読書生活者として成長させているのである。

（3）言語生活を基盤とするカリキュラムや学習指導の設計

　児童・生徒の自己教育力の向上につながる書く生活や読む生活を整え，書き
慣れ読み慣れる姿を実現するためには，教員の信念に基づく不断のはたらきか
けが必要である。以前に講師を務めた小学校の例だが，学級が落ち着かない若
い教員に，読み聞かせだけは毎日続けるように助言したところ，毎日欠かさず
読み聞かせを行い，児童は注意しなくても着席して先生や友だちの話をよく聞
くようになり，次第に学級に落ち着きが生まれて，学習する雰囲気が出てきた
そうだ。言語生活を整える指導を日課とすることで，学級のコミュニティの学
びに向かう態度や意欲が向上したのである。人間教育として言葉の教育を考え

るのなら，継続を通してコミュニティの言語生活を整えることが大切である。

　文化審議会答申「これからの時代に求められる国語力について」（2004）や文部科学省「読解力向上に関する指導資料――PISA調査（読解力）の結果分析と改善の方向」（2005）などによって，学校図書館を中核にして学校全体で日常的継続的に読書活動に取り組み，読書コミュニティとしてカリキュラムを整備する学校が増えている。朝の読書活動，本の紹介活動，読書月間の設定，国語科や他教科の調べ学習や読書活動なども積極的に行い，それが児童の言語生活を向上させ，学力の向上にもつながっている。

　2014年度千葉県長期研修生であった大友奈緒（2015）は，八千代市立阿蘇小学校で地域の要請から新たに文庫を開設する単元に取り組んだ。5年生の児童がどのような本を揃えるかを考えて，その本を徹底して読み込んで魅力や必要性をつかみ，先生方や地域の人たちに購入するようにプレゼンテーションする。購入された本を読んでもらうために，ブックトークで紹介活動を行い，学校中の児童に本を読んでもらう取り組みも行った。子どもたちの読書力，読解力，プレゼンテーション力が大いに高まり，翌年4月の全国学力調査ではそれ以前に比べて格段に高い結果を得られたが，とくに読書をめぐるコミュニケーションでは，本の紹介が児童の読書を誘発し，実際に読んだ児童から感想をもらうことで，紹介した児童は大きな喜びも得ている。それが達成感となり，児童たちが読書コミュニティを支える自覚や責任感を強く持つことにつながった。

　読書コミュニティは，これまで児童に読書に関わるサービスをする人たちのネットワークで，児童はサービスを受ける側であった。しかし，大友の実践は，子どもたちを与える側に立たせた，すなわち利他を実践する存在にさせた。利他の営みは積徳の営みであり，人間的な成長は与える側に立ってこそかなう。その利他の営みの延長線上に，社会への貢献と自らの使命の実現があるとみるべきである。そして，このような理念を体現する仕組みを持った学級や学校こそ，人間教育の基盤となる言語生活の整った学級，学校といえよう。

3　効果的に言語運用する能力や態度の育成

（1）言語活動の場で学ぶ言語運用能力

　実生活や実社会に生きてはたらく言葉の力，それはキー・コンピテンシーの第一カテゴリーである言葉を相互作用的に用いる能力だが，その育成には，言語活動の学習指導が欠かせない。

　平成10年版学習指導要領では，国語科では「内容の取扱い」に言語活動例が示され，当時の教科調査官の小森茂（2006）は五つの言語意識を重視するように主張していた（13頁以下）。その五つとは，言語生活における言語運用で配慮される目的意識，相手意識，場面・状況意識，方法意識，評価意識である。従来，対他意識（相手意識のこと），対辞意識（言葉に対する意識），対事意識（ことがらに対する意識），対自意識（自分に対する意識）はいわれてきたが，さらに五つの言語意識を加えることで，言語活動の場を設定した学習指導が推進されるようになった。平成20年版学習指導要領で言語活動は各領域の内容となり，いっそう重要度が増した。平成29年版学習指導要領で重視される深い学びを実現するには，改めて言語活動の場と言語意識について考える必要がある。

　初めに，言語活動の場を取り上げる。現在，実生活実社会に生きてはたらく能力や態度を育てるために，真正な学習（authentic learning）が重視される。桑原隆は真正性（authenticity）を「実の場における主体的な学習」として，大村はまの「実の場」を例に挙げる（桑原，1996，158頁）。大村はまは「生きた場にすること」と題する講演のなかで，「自分でほんとうに追究したくなるという場面を作ること」（大村，1983，97頁）の重要性を指摘し，実の場にすることで主体的な学習や言語生活の向上が成立すると強調している。首藤久義（2004）は，「書くことの学習支援にとって，まず必要なことは，学習者が，何らかの生活上の役に立てるという目的を持って書くことができる場を組織して，その場の活動に学習者を参加させることである」（14頁）として，場の重要性を論じている。

　言語活動の授業も，場があって主体的な学びも成立し，実際に役立つ力を学習する。場があるからこそ，キー・コンピテンシーの第三カテゴリーに関わる，目標を明確なビジョンとして持ち，プロセスを考え，戦略的に言語運用しようとする能力もはたらく。また，目標を実現することで，成功体験やそれに付随する達成感も実感され，それが自己肯定感や言葉に対する信頼感を高めることにつながる。願いを実現する力や困難を乗り越える力も，根源は成功体験や自己肯定感，言葉に対する信頼感などに根差すと思われるが，場のある言語活動はこのような学びを実現しやすい。人間教育としての言葉の教育には場が必要なのである。

　では，効果的に言語運用する能力や態度を育てるための言語活動の場とは，どのような特質を持つのだろうか。言語意識との関係から考えていきたい。

　まず，目的意識だが，首藤久義（2004）は，目的意識を重視し，これによってプロジェクト単元としての課題解決学習が展開されるとする（30-63頁）。目的意識は自ら学ぼうとする能動的な学習を促進し，目的意識に照らしたメタ認知のモニター活動で自律的な学習が展開しやすい。また，目的があることで学習過程が明確となり，学習者の状態に応じて支援や指導もしやすくなる。さらに，目的が明確化することで，適切な言葉機能や様式も具体化される。

　次に相手意識だが，これは相手に応じて言語運用するということである。生活文の指導では相手がおらず，効果的に伝える工夫を学習しにくい。多くの実践で相手を訳もなく友だちにすることを見かけるが，相手が誰でもよいのではなく，効果的な言語運用を促す相手であることが大切である。たとえば，意見文の指導では，本来は自分の意見に反対する相手を想定することで，反対する理由を論破する工夫を行うようになるが，これを友だちにしても効果は上がらない。相手意識は，取材や選材などの情報の探し方や選び方，また語句や言い回しの選び方などに影響し，時に自己内対話を誘発する存在でもある。深い学びを実現するには，相手意識をコントロールして言語活動の場を設定する必要がある。

　その次に場面・状況意識だが，これは基本的に目的意識や対自意識にも関わ

り，たとえば実生活の冠婚葬祭におけるスピーチの場合，祝う場面と悼む場面とでは，スピーチの機能が異なり，また自分の担う役割が異なる。場面・状況をコントロールすることで，適切な言葉を選択し運用する学習を組織できる。場面・状況が具体化されれば，相手意識，対辞意識なども細やかにはたらかせて言語運用するようになる。

　さらに方法意識だが，そもそもは音声言語や文字言語の選択，言葉の様式の選択などで，対辞意識に近い。近年，言語表現が拡大し，メディアの様式も多様化して，方法意識の範囲が拡がっている。また，方法意識は，目的意識や場面・状況意識と連動し，機能的に言語運用する能力に関わっている。各領域の言語活動例は，たんなる例ではなく，汎用性の高い言葉機能や様式が示されている。目的や場面・状況に応じて言語運用する能力を育成するためにも，方法の特質を明らかにして，意図的計画的に言語活動を選択する必要がある。

　最後に評価意識だが，これはもともと言語活動の学習指導を行う場合に，活動を通してどのような能力を身に付けさせるのか，指導者が評価に対する意識を明確にする必要性から言われたものであった。しかし，効果的に言語運用するためには，つねに言語主体が自らの言語運用をモニターし，目的や相手，場面・状況に応じて言語運用を調整し管理するようなメタ認知能力が重要になる。このような自らの言動をモニターする評価意識は，自省することであり，反省の営みともいえる。『論語』学而第一に三省の話があるが，人間教育としての言葉の教育には，反省的な思考をはたらかせることが重要である。

　くわえて，場ができれば，これまでの対辞意識，対事意識，対自意識も自ずと異なってくる。相手意識がはたらけば自ずと対辞意識に影響して語句や言い回しが変化し，目的意識や相手意識がはたらけば自ずと対事意識に影響して話題の取り上げ方や選び方が変化し，場面や状況意識がはたらけば自ずと対自意識に影響し，場における自らの役割に応じた言葉遣いや振る舞いが求められる。言語意識のはたらかせ方に着目して，細やかに言語活動の場を組織することが重要であろう。

　言葉の教育を積極的に人間教育に結びつけるには，他教科や総合的な学習と

の関連学習も有効である。たとえば，浜本純逸（1996）は「私たちは地域を学習材化することによって，暮らしに根ざした豊かな言葉を身につけさせることができ，広く社会的なコミュニケーション能力を育て，言語文化の形成と発展に寄与する力とを育てることができるのである」（2頁）と述べる。言葉の学習を通して地域の伝統や文化，特色や社会，人々の思いや願いを学ぶことになり，それが地域の一員として自覚を高め，将来を担う資質や能力を育てる。

（2）人間教育に生きる機能的な言語運用の学習指導

　平成20，29年版学習指導要領・国語では，各領域の内容が，知識・技能を示した(1)指導事項と，汎用性の高い言語活動を配置した(2)言語活動例によって構成され，知識・技能と言語活動を組み合わせて学習指導を組織することで，身に付けさせたい能力が具体化し明確となる。言語運用する能力を育てるには，言語活動例に例示されている記録，報告，説明，説得，紹介，物語，随筆などの言葉の機能や様式に関わる知識や技能をよく理解し，また実際に言語生活におけるこれらの言語活動の実態やテキストの特質をよく理解する必要がある。加えて，言語活動を十分に教材研究することも必要で，教師自らが言語活動を実際に行うことを通して，言語活動で身に付く能力や態度を明らかにするとともに，学習者に応じて言語活動の難易度を調整し，補助資料などを用意する。教師が作成した表現物は学習見本や評価規準として活用することができる。

　これまでの国語科の学習指導は，「知識・技能」と「思考力・判断力・表現力等」だけで設計されており，平成29年版学習指導要領の実施に伴って，「学びに向かう力・人間性等」をいかに学習指導に組み込むかという課題が新たに生じてきた。その課題を解決するには，第1節の図11-2に示したように，言語生活↔言語活動↔言語という構図で学習指導を組織することが有効であろう。たとえば，新聞を読むという学習指導では，「学びに向かう力・人間性等」の育成に関わって日常で継続的に新聞を読む読書生活を組織し，それを基盤として「思考力・判断力・表現力等」を育むために新聞を読む言語活動を行い，「知識・技能」として新聞を読解する知識・技能を指導する。その上で，学ん

だことを再び新聞を読む読書生活に返して活用する。このように学習指導を組織することによって，国語科の学習指導が人間教育の基盤となる子どもたちの言語生活を実際的に向上させることになる。

（3）学びの質を向上させる言語活動の選択や条件

　中央教育審議会答申の第4，7章で強調される「主体的・対話的で深い学び」は，授業改善のスローガンで，「主体的」「対話的」はこれまでも論じられてきたが，問題は「深い学び」である。答申の第2部第2章─1で「国語科においては，ただ活動するだけの学習にならない」ようにする課題，また「全国学力・学習調査等の結果によると，小学校では，文における主語を捉えることや文の構成を理解したり表現の工夫を捉えたりすること，目的に応じて文章を要約したり複数の情報を関連付けて理解を深めたりすることなど」（中央教育審議会，2016，124頁）にある課題を改善することが，国語科で深い学びを考える糸口になろう。

　全国学力調査との関係から深い学びを考えようとすると，まず問題になるのが，B問題の難易度である。全国学力調査の水準で学習指導を設計すると，児童の実態によっては，学びそのものが成立しない場合もある。深い学びを実現する第一歩は，児童の学力の実態に応じて学習指導の難易度を調整するところから始めることである。言語活動の機能や種類を考え，言語や情報，思考の操作の条件を調整し，情報量を増減させて，学力の実態に応じた学習指導を行わなければならない。

　学力に課題のある児童の場合，音声・文字を意味・イメージに変えるデコードや意味・イメージを音声・文字に変えるエンコードの処理の速度，量や質にそもそもの問題がある。言語情報の処理の速度が遅く，量や質が悪ければ，デコード，エンコードの基本を学ぶ視写や音読を多くすることが必要で，そのためには学習指導に視写や音読を継続して取り入れたり，音読や視写による言語活動を多く取り入れたりする。たとえば，全国学力調査で多用される書き換える言語活動では，首藤久義・卯月啓子／桑の実会（2004）などによれば，音読

劇や紙芝居，写本やアンソロジーなど，視写や音読によるものがある。易しい活動だが，したたかに読み書きを行わせ，達成感のある学習が成立する。

　他方，学力が高い児童・生徒には，学力に課題がないので特段の対応もなく，教科書通りの指導になることも多い。しかし，能力に比して学習指導が易しいと，児童や生徒の能力が磨かれないばかりか，知的好奇心が喚起されず，学習への期待感，ひいては教員や学校への期待感を失わせ，それが主体的な学習を損ない，侮りや奢りの態度を生む。能力が高ければ，扱う情報量を増やし言語や情報，思考の操作の複雑にして難易度を上げた授業を行う必要がある。

　同じ学級の中に学力差があるときには，同じ言語活動でも中身に言語や情報，思考の操作の難易度が異なる学習を複数用意するようにする。こうすることで，大村はまの「優劣のかなたに」の理念を実現し，どの学習者にも学びが生じ，達成感が得られるようになる。

　効果的な言語運用を学習させるためには，言語活動の条件を複雑化したり変更したりして，細やかに言語意識をはたらかせて言語運用させる授業が重要である。たとえば，本の帯づくりの言語活動を考えてみよう。本の帯づくりは，教科書のてびきでも人物，構成，メッセージ，優れた表現などを読んで書かせる指示があるが，比較的簡単な操作で書けるので，効果的な言葉の学習にならないことも多い。このような問題の改善には，観点や分量，思考や情報の操作などの条件を変化させて，2種類以上つくらせるとよい。こうすることで，条件を意識して知識や技能を使い分け，戦略的に言語運用することを学習することになる。

　学習の場の条件を変化させることは，場をより現実の言語生活に近づけて，柔軟に言語運用する能力や態度を高めることにつながる。小学校学習指導要領解説・国語編では「第1章　総説」に「予測困難な社会の変化に主体的に関わり，感性を豊かに働かせながら，どのような未来を創っていくのか，どのように社会や人生をよりよいものにしていくのかという目的を自ら考え，自らの可能性を発揮し，よりよい社会と幸福な人生の創り手となる力を身に付けられるようにすることが重要である」（2017，3頁）とされ，社会に効果的に参加する

だけでなく，未来において社会を創造することが要請されている。このような
要請に応えるには，固定観念に囚われた人間では困難であり，社会や時代の要
請や状況に応じて，今ある自分をやすやすと解体し，新しい自分をかるがると
再構築して，新たな事態に対処する能力や態度を育てなければなるまい。その
ような教育が人間教育の大きな柱の一つになることを考えれば，これからは，
言語活動の場の条件を自在に変化させて，学習者が新たな事態に応じて既存の
方法を改良したり新しい方法を開発したりすることに取り組む学習指導を生み
出していきたいものである。

4　異質な他者と対話する能力や態度の育成

（1）他者と意味生成するコミュニケーション学習
──あるいは，問い続ける自己の育成

　答申では「対話的な学び」が重視され，実際の授業でも話し合いが盛んに行
われる傾向にあるが，これまでの話し合いとあまり変わらず，本来の対話が実
現できていないことも多い。平成20年版小学校学習指導要領・国語では，合意
形成能力や人間関係形成能力の育成が課題とされたが，合意形成能力や人間関
係形成能力の強調は，キー・コンピテンシーの第二カテゴリーで考えられてい
る異質な集団で交流することを前提としており，異質であるからこそ，対話を
通して他者と合意したり人間関係を形成したりする能力が求められるわけであ
る。

　このような能力や態度を育成するためには，前提となるコミュニケーション
観を問い直す必要がある。村松賢一（2001）は，送り手から受け手に一方向的
に情報を流す通信モデルや送り手と受け手の双方向で情報を交換する双方向モ
デルから，送り手と受け手が協同して意味を生成する相互作用モデルへの転換
を提案する。「現在もっとも有力な考えは，コミュニケーションを，意味を伝
える（あるいは伝え合う）こととしてではなく，参加者が共同で意味を作り出
す過程ととらえる。意味は，……話し手の「意図」と聞き手の「解釈」が重な

って，いわば，両者の間に新たに生成されると考えるのである」（35，36頁）として，相互作用モデルに基づく対話の学習指導を提案する。合意形成や人間関係形成を考えるなら，相互作用モデルに基づき，話し手や聞き手が参加者として協同して意味生成や問題解決に取り組む学習指導の開発が必要である。

　では，豊かな意味生成や効果的な問題解決を実現する能力や態度を育成するには，学習指導はどのような要件が必要であろうか。それには，第一に参加者が異質性や他者性を備えていること，あるいはその裏返しとして個が確立し尊重されていること，第二に参加者の協同的態度が発動しやすくなっていること，第三に参加者のコミュニケーション能力や思考力，メタ認知能力が効果的に使われるようになっていること，の３点が重要になるであろう。

　第一の要件である参加者の異質性や他者性だが，豊かな意味生成には，自分たちとは異なる，新しい見方や考え方，情報などを持った異質な他者の存在が必要である。

　これまでも話し合いの授業では，話し合いに参加させるために，学習者に対して自分の考えや意見を持たせる指導を行っている。しかし，見方や考え方，情報などが同じであれば，考えや意見も似通ったものになり，結果的に異質性や他者性が生じないことも多い。これを改善するには，見方や考え方，情報など，話題のコントロールが大切である。ちょうどパネルディスカッションでパネラーの立場が３〜４に分かれるように，あるいはジグソー学習でエキスパート・グループが３〜４に分かれるように，考えや意見が２〜４程度のまとまりになるようにする。それには，多角的に話題を検討する教材研究が大切になる。

　異質性や他者性を生み出す工夫が必要になるのは，個が弱く，尊重されないということの裏返しともいえる。たとえば，書くことの学習指導で行われる助言はそのよい例だ。助言者は自分の考えで改善点を相手に話す。教師が折角の助言だから活かして修正するようにいう。しかし，それで却って文章が悪くなることも多い。その原因は，書き手の意図を汲まない助言をし，そのような助言をすべて受け入れさせるからである。書き手の個が尊重されていないのである。別の例でいえば，批判的な読みの学習指導では，批判的に読むための技能

ばかりが教えられる。しかし，批判することは批判されることであると考えると，児童や生徒は責任を持って筆者と向き合えているか怪しい。読者を反批判に向き合える責任ある個とするという視点が欠落している。

相互作用モデルを採用しても，個が強くならなければ，豊かな意味も生成されない。対立を避け仲の良い関係を優先するのなら，個として他者と対峙する強さや責任を身に付けられないかもしれない。合意形成能力も人間関係形成能力も，きわめて逆説的だが，対立や軋轢を前提とする。それらを乗り越えるには，軽々に他者を批判したり卑屈に他者に迎合したりしない，真摯に他者に向き合う個を育てることが必要である。偉業を果たした先人の生き方をみれば，突然の異質な他者の出現に対して，その出現が自らを成長させる契機と考えて問い続け，困難を克服し，自己を成長させている。個が強くなるということは，つねに問い続ける自己であるということである。そのような問い続ける個が参加することで，豊かな意味が生成される話し合いになるのである。

（2）異質な他者とともにあるための協同的態度の育成

学びを問い続ける自己であるにせよ，個を強化することは対立や軋轢を生まれやすくする。これを乗り越えるには，第二の要件の協同的態度を育成する学習指導が重要になる。山元悦子（2004）は，次のようなものととらえている。

①課題達成に向けての態度
　・課題について自分の意見を考えようとし，浮かんだ意見を積極的に伝えようとする態度
　・構成員の意見を引き出そうとする態度
　・意見をまとめていこうとする態度
　・いろいろ意見が出たとき，多数決で決めないで妥協点を見いだしたり，統合できないかを考える態度
②集団維持に向けての態度
　・みんなが気持ちよく意見が言えるように気配りする態度
　・参加していない／できていない人に気配りする態度

　　・自分が言いたいことだけにとらわれない態度

（山元〔2004〕145-149頁を筆者が整理した）

　このような態度は，合意形成や人間関係形成には欠かせないが，現実の学習指導では，能力の育成が中心で，このような態度を育成する視点が弱い。

　山元の協同的態度は，強い異質性や他者性による対立や軋轢を前提にはしていないようだ。そのような強い対立や軋轢には，西尾実（1975）の提唱する社会意識の深さに関わる考え方が有効である。西尾は，道元『正法眼蔵』に収められる「菩提薩埵四摂法」における布施，愛語，利行，同事の考え方を活かして，社会意識の深さについて論じている。深さを大きく三つに分けて，第一は相手の求めていることを理解し表現する段階，第二は相手の求めていることだけでなく気持ちまでも理解し表現する段階，第三は相手の立場になりきって「主体が相手と一体になって」理解し表現する段階とする。第一，第二の段階は，山元のものと同じような水準だが，第三の段階は対立や軋轢の原因ともいえる自我の執着を越える契機を持つ視点とみなされる。西尾（1975）は「第三の，相手の立場になりきるということは，一面からいうと，自己否定にはちがいない。が，それは相手に否定されるのではなく，自己が自己を否定するのである。自己を否定するような，より強大な自己の発現がなくしてできることではない。……一生に一度というような非常事態に際会したとき，自己をこえた自己の力の発揮が，われしらずおこなわれるといったような場合に発揮される能力であって，相手と妥協し，相手に屈服するのとは類を異にしたはたらきである。むしろ，自他の対立をこえた，絶対の立場を発揮することであるとしなくてはならないであろう」（39頁）と述べる。

　「菩提薩埵四摂法」の利行に関わる一節に，「愚人おもはくは，利他をさきとせば，自が利はぶかれぬべしと。しかにはあらざるなり。利行は一法なり，あまねく自他を利するなり」とあり，また同事に関わる一節に「同事といふは，不違なり。自にも不違なり，他にも不違なり。……同事をしるとき，自他一如なり」とある。西尾は明らかに道元の「菩提薩埵四摂法」の考え方を生かそうとしている。西尾の言説はとくに愛語（言葉を相手に与える行い）が注目されが

ちだが，本来の趣旨から考えれば，ものやこと，言葉，行いなどを与えて相手を利する布施や愛語，利行によって，相手の利益（ひいては喜び）を自分の利益（ひいては喜び）にする自他一如の同事の境地を実現するという，大きなサイクルで考える必要がある。このような与えることが与えられることになるというコミュニケーションのサイクルを実現する学習指導によって，社会意識の深さに関わる学びが成立し，参加する学習者の人間的な成長をもたらすコミュニケーション教育が実現することになる。

　それでは，山元の協同的態度を育成し，西尾の社会意識の深さを学ばせるには，どう実践すればよいだろうか。寺井正憲（2007，2009）は，一対衆の独話の形態によって行われるストーリーテリングや落語などの語りには，語り手の語りによって楽しむ聞き手の反応が，逆に語り手に語る力を与えるという相互作用が認められるとして，その特質に着目した語りの実践を提案している。また，第2節の大友の実践にあった本の紹介活動でも，本を紹介された側が本を実際に読んで楽しめた感想を紹介した側に返すところまでを授業として組織することで，与えることが与えられることになるという学習を成立させられる。

　一対多の会話の形態である話し合いでは，参加者の協同的態度や社会意識が発動せざるをえない場として，複数ある考えや意見を一つに絞る状況を設定することが効果的である。そのような場では，協同的態度や社会意識を発揮して，参加者が小我を乗り越えやすくなる。池田健介（2008）は，小学6年の児童が地域を紹介する雑誌を年間3回編集

表11-1　編集会議のノウハウ（学習の振り返り）

自分の意見をしっかりまとめる／相手の意見をしっかり理解する／司会などの分担を決める／自分の意見を大切にしながら相手の意見も尊重する／多数決よりも話合いで決定する／アイディアは早く言う／意見を言っている人がいたら静かにする／人と違う意見をいっぱい言う／必ず突っ込みを入れる／反対意見はいっぱい言う／司会は時間を決めて時間内に話合いを終わるように努力する／意見は紙に書いてから発表するとよい／一人一つ以上の意見持つ／なるべくハキハキと／人の意見にグチグチ言わない／相手の目を見てきちんと聞く／自分の意見ははっきりいう／司会はハキハキと／意見を言う人は相手の目を見て／自分の意見だけじゃなくて他の人の意見も聞く／あきらめることも大切／相手がちゃんと聞いてくれるか見ながら（気にしながら）話す／一人だけが沢山の意見を言わず，みんなが言うように気をつける／相手の意見をしっかり聞く／相手に聞こえる声で話す／司会はあまり意見を言っていない人にも聞いてみる／話し合ったことはメモしておいて後で忘れないようにする

（出所）池田（2009）78-79頁。

して発行する単元を実践した。編集会議では，雑誌名や特集テーマなどを一つに絞る場面が多く，メンバーが異なる考えや意見を切磋する話し合いが必要になる。このような編集会議を繰り返し行い，3回目の雑誌発行が終わった段階で学習を振り返り，編集会議のノウハウを表11-1のようにまとめた。

　これをみると，山元の協同的態度の内容はほぼ学習されている。また，「自分の意見をしっかりまとめる」「人と違う意見をいっぱい言う」と個が強化される一方で，他方「グチグチ言わない」「あきらめることも大切」という発言は，自分の意見を捨てて相手の意見を生かし豊かな意味を生成した体験に根差すと理解され，西尾の社会意識の第三段階に当たる「自己が自己を否定する」学びが生じている。与えることが与えられることになるサイクルを組み込むことで，小我を脱皮して人間的に太らせる授業が可能になってくる。

（3）対話の質を高めるコミニュケーション能力としての思考力，メタ認知力の育成

　前項で参加者の協同的態度を発動させるために，複数ある異質の考えや意見を一つに絞る場を提案したが，それで十分というわけではない。たとえば，ある目的を実現するために方法Aと方法Bがあり，いずれかを選択しなければならないときに，ただ話し合うだけでは協同的態度が発動するはずもない。目的の実現に重要な条件に照らして，両者を比較して長所・短所を分析し，両方の案の特質を明らかにする。そうすることで，選択の判断も可能になり，納得尽くで主張を断念して他方に譲ることもできる。つまり，理を尽くす思考があって協同的態度もよい形で発動する。逆に，相手に配慮して安易に譲るやり方は，却って恨みやしこりの原因になり，参加者の人間性の育成の妨げとなる。

　思考が活発にはたらく話し合いにするためには，理由付けが明確な意見の表明や，理由付けを吟味する話し合いが大切である。これまでは，理由付けがはっきりしなくても，人間関係や声の大きさ，あるいは何となく流れで決まることも多かった。理由付けが明確でなければ，思考をはたらかせようがない。

　前掲の池田実践の振り返りに「必ず突っ込みを入れる」「反対意見はいっぱ

い言う」があったが，これらは質問や反対の発言に関するものである。質問や
反対は，コミュニケーションにおける対話性を高め，考えや意見を深化させる
機能を持つ。池田実践では，実際に質問や反対の発言が豊かな意味生成につな
がる，つまり成功体験と結びつくことによって，質問や反対の機能を正しく認
識し，それらを効果的に運用することができている。しかし，聞き手がこれを
認識せず，質問や反対を批判的な攻撃として受け止めれば，相手の発言に耳を
塞いだり過剰に反撃したりすることになり，両者は敵対関係に陥る。先に問い
続ける個の重要性を示したが，本来は質問や反対は他者に向ける以前に自らに
向けるべきもので，自己内対話の契機となる。話し手も聞き手も自己内対話を
続ける存在であれば，質問も反対も攻撃とみなされることはなく，むしろ自分
の考えや意見を成長させる契機として感謝されるであろう。成功した話し合い
を振り返り，質問や反対の意見が果たす機能を考える学習が大切である。

　質問や反対が対話性を高めることは，コミュニケーションの方法としてだけ
でなく，思考の方法としても重要である。質問や反対は既存の考えや意見に対
する問いかけとなり，そこから自己内対話や他者間の対話が発動し，探究的な
思考が動き出す。また，いろいろな方向から質問や反対を出すことは，物事を
多角的に考えることに通じる。香西秀信・中嶋香緒里（2004）は，ローマ時代
のレトリック訓練法を現代に活用する提案で，6，7点もの観点から反論や立
論を行う課題に関わって，「われわれが『私』にこだわる限り，『私』を越えて
ものを見，考えることはできない。……課題の要求に対して，現実の『私』と
は違うレトリカルな『私』を設定させ，それを表現の主体とする。こうするこ
とで，生徒は，現実の『私』が感じてもいないことを感じ，思いもかけないこ
とを思い，考えてもみなかったことを考えるようになる」（122頁）と述べる。

　反論や立論を多数の観点から多角的に論じさせることを通して，自分の狭い
ものの見方や考え方，それは言い換えれば小我の執着や囚われといってもよい
だろうが，それらを壊して，より広く新しい他者や異質の視点を自らの中に取
りこむ契機となる。それが，他者をよりよく理解することにつながる。

　先に，山元悦子が協同的態度の一つとして「課題達成に向けての態度」を挙

げていたが，話し合いがうまく行われない原因に，この態度に関わる指導の問題があるように思われる。平成28年度千葉市長期研修生の永岡佳子（2017）は，4月期における6年生の実態をとらえるために，縦割り活動で何の遊びを行うかを話し合わせた。永岡は，ある話し合いを分析して，「新しい論点にすぐ流され，深まりが見られないグループがほとんどであった。見通しをもち，それに沿って話し合えないことが要因に挙げられる。また，決定する際には，15グループ中，9グループが多数決を用いて決定していた」（7頁）という問題があることを明らかにした。論者がみるところ，理由付けがないがしろにされている点にも問題があるが，何より永岡が分析するように，話し合いの当初における見通しを持つことに問題があり，そのことが話し合いの探究的な展開を妨げる原因になっている。そこで，永岡は三宮真知子（2008）や村松賢一（2001）などの成果を踏まえ，対話過程におけるメタ認知の機能に着目し，とくに「全体の見通し」と「局面における展開の把握」に重点を置いた学習指導を行うことによって，「課題達成に向けての態度」が向上し，話し合いを軌道修正したり，より効果的に思考したりできるようになったとしている（永岡，2017，12頁）。

　平成29年版小学校学習指導要領・国語編では，〔第3学年及び第4学年〕の話すこと・聞くこと領域の(1)—オ「目的や進め方を確認し，司会などの役割を果たしながら話し合い，互いの意見の共通点や相違点に着目して，考えをまとめること」とされ，「目的や進め方を確認」するという点が示された。これは，村松が述べる「対話前」に話し合いを設計するメタ認知の操作としての「事前コントロール」にあたる。このような手続きがあるだけで，参加者の誰もが話し合いの流れを見通して，協力しながら話し合いを調整したり維持したりすることができるようになる。メタ認知をはたらかせるようにすることで，効果的に協同的態度が発動し，そのことが効果的な話し合いにつながるのである。メタ認知の能力が効果的にはたらくように学習指導の方法や計画を工夫する必要がある。

　人間教育にとって重要となる言葉の教育は，精神論の問題ではなく，実生

活・実社会に生きてはたらく言葉の力の育成を前提にして，目的や相手などの場，話題やものの見方や考え方，思考や情報，学習指導過程などの具体的な工夫によって成し遂げられるものである。生きることに役立つ言葉を真摯に見つめた先に人間教育としての言葉の教育が成立する。

 さらに学びたい人のための図書

桑原隆（1998）『言語活動主義・言語生活主義の研究——西尾実国語教育論の展開と発展』東洋館出版社。

　▶西尾実の国語教育論を批判的発展的に考察し，人間教育としての言語活動や言語生活を重視した国語教育の考え方を論じている。

首藤久義（2004）『書くことの学習支援——場を作り個に即して書く生活の向上を助ける』東洋館出版社。

　▶従来の作文教育を批判し，書き手としての子どもを尊重し，生活の向上に役立つ書くことの学習指導の在り方を論じている。

村松賢一（2001）『対話能力を育む話すこと・聞くことの学習——理論と実践』明治図書出版。

　▶相互作用モデルに基づき対話の学習指導やカリキュラムについて，小学校低・中・高学年と中学校の実践例を示しつつ論じている。

引用・参考文献

池田健介（2009）『平成19年度千葉県長期研修生研究報告書　編集会議を通した目的的・協同的なコミュニケーション能力の育成』（私家版）。概要は，池田健介（2008）「雑誌編集による協同的なコミュニケーション能力の育成」『日本国語教育学会』第434号，10-15。

大友奈緒（2015）『平成27年度千葉県長期研修生研究報告　効果的に読み豊かにコミュニケーションする児童の育成——周郷博文庫を中心とした読書コミュニティづくりを通して』（私家版）。概要は，千葉県総合教育センター教育コンテンツ・データベース「Wakaba」[https://ap.ice.or.jp/_wakaba2013/_docs/2014/w14-0158/w14-0158.pdf]（2019年10月8日確認）に掲載されている。

大村はま（1983）『大村はま国語教室　第11巻　国語教室の実際』筑摩書房。

大村はま（1984a）『大村はま国語教室　第7巻　読書生活指導の実際（一）』筑摩書房。

大村はま（1984b）『大村はま国語教室　第8巻　読書生活指導の実際（二）』筑摩書房。

桑原隆（1996）『言語生活者を育てる』東洋館出版社。

高校野球ドットコム編集部（2013）『野球ノートに書いた甲子園』KKベストセラーズ。

香西秀信・中嶋香緒里（2004）『レトリック式作文練習法——古代ローマの少年はどのようにして文章の書き方を学んだか』明治図書出版。

国立教育政策研究所教育課程研究センター（2018）「平成26年度全国学力・学習状況調査の結果について（概要）」［https://www.nier.go.jp/14chousakekkahoukoku/summaryb.pdf］（2019年10月8日確認）

小森茂（2006）『国語科の学力保証の説明責任・結果責任』明治図書出版。

三宮真知子（2008）『メタ認知　学習力を支える高次認知機能』北大路書房。

首藤久義（2004）『書くことの学習支援』東洋館出版社。

首藤久義・卯月啓子／桑の実会（2004）『翻作法で楽しい国語本作法』東洋館出版社。

中央教育審議会（2016）「幼稚園，小学校，中学校，高等学校及び特別支援学校の学習指導要領等の改善及び必要な方策等について（答申）」（平成28年12月21日）。

塚田泰彦（2003）「リテラシー教育における言語批評意識の形成」『教育學研究』第70巻第4号，日本教育学会，484-497。

寺井正憲（2007）『語りに学ぶコミュニケーション教育　上・下巻』明治図書出版。

寺井正憲（2009）『聞き手参加型音読学習』東洋館出版社。

東井義雄（1972）『東井義雄著作集3　子どもを伸ばす生活綴方』明治図書出版。

永岡佳子（2017）『平成28年度千葉市長期研修生・研究報告書　メタ認知を中核とした対話能力の育成のためのカリキュラムに関する研究』（私家版）。概要は，千葉市教育センター委託研究生論文一覧［http://www.cabinet-cbc.ed.jp/data/tyouken_ronbun/h28tyouken_ronbun/h28_nagaoka.pdf］（2019年10月8日確認）に掲載されている。

西尾実（1975）『西尾実国語教育全集　第六巻』教育出版。

浜本純逸（1996）「地域に根ざす学習材」『月刊国語教育研究』第290号，日本国語教育学会，2-3。

村松賢一（2001）『対話能力を育む話すこと・聞くことの学習——理論と実践』明治図書出版。

山元悦子（2004）「聞き話す双方向性のある音声言語活動の学習指導——対話と話し合い」倉澤栄吉・野地潤家監修『朝倉国語教育講座3　話し言葉の教育』朝倉書店，134-153頁。

ライチェン，ドミニク・S.＆サルガニク，ローラ・H.／立田慶裕監訳，今西幸蔵他訳（2006）『キー・コンピテンシー——国際標準の学力をめざして』明石書店。

第12章

自らの身体を考える授業
—— 身体知，健康，体力など，身体的自己とつなぐ ——

岡出美則

1　教科としての体育に期待されている多様な成果

（1）体育をめぐる四つの立場

　学校教育における身体の位置付けやそれに関わる教科の名称は，多様に変化してきた。その背景には，学校教育の中で身体や運動，スポーツを位置付ける価値観やその実現可能性に対する認識の違いがみられる。たとえば，第二次大戦後の我が国の学習指導要領に示された小学校の教科体育の目標記述は，表12-1のように変化してきた。

　しかし，この変化は，発展図式で理解されるべきではない。実際，アーノルドは，運動と教育の関係を，関する教育，通しての教育，ならびに，中の教育という三つに次元を整理した（Arnold, 1979, p. 176）。しかし，我が国のみならず，世界各国においてモノとしての身体の機能向上のための体育という考え方は，教育の中で確固たる地位を築いてきたし，現在もそれは根強く残っている。したがって，アーノルドの指摘にこのモノとしての身体の教育を加えると，身体と教育の関係は，①モノとしての身体の教育，②スポーツを通しての教育，③スポーツに関する教育，ならびに，④スポーツの中の教育に大別できる。

　モノとしての身体の教育とは，モノとしての身体の機能向上を意図した概念である。そこでは，身体は通常，精神に従属するモノとされることになる。この身体は，刺激を与えることで機能改善が期待できるモノであった。しかし，そこでは，体育という教科が固有の指導内容を持つという認識は育まれにくか

表 12-1 第二次大戦後にみられる我が国の小学校体育の目標記述の変化

年	目標記述
昭和28年（1953）改訂版	(1)身体の正常な発達を助け，活動力を高める。 (2)身体活動を通して民主的生活態度を育てる。 (3)各種の身体活動をレクリエーションとして正しく活用することができるようにする。
昭和33年（1958）改訂版	1 各種の運動を適切に行わせることによって，基礎的な運動能力を養い，心身の健全な発達を促し，活動力を高める。 2 各種の運動に親しませ，運動のしかたや技能を身につけ，生活を豊かにする態度を育てる。 3 運動やゲームを通して，公正な態度を育て，進んで約束やきまりを守り，互に協力して自己の責任を果すなどの社会生活に必要な態度を養う。 4 健康・安全に留意して運動を行う態度や能力を養い，さらに保健の初歩的知識を理解させ，健康な生活を営む態度や能力を育てる。
昭和43年（1968）改訂版	1 運動を適切に行なわせることによって，強健な身体を育成し，体力の向上を図る。 2 運動のしかたや技能を習得させ，運動に親しむ習慣を育て，生活を健全にし明るくする態度を養う。 3 運動やゲームを通して，情緒（じょうちょ）を安定させ，公正な態度を育成し，進んできまりを守り，互いに協力して自己の責任を果たすなどの社会生活に必要な能力と態度を養う。 4 健康・安全に留意して運動を行なう能力と態度を養い，さらに，健康の保持増進についての初歩的知識を習得させ，健康で安全な生活を営むために必要な能力と態度を養う。
昭和52年（1977）改訂版	適切な運動の経験を通して運動に親しませるとともに，身近な生活における健康・安全について理解させ，健康の増進及び体力の向上を図り，楽しく明るい生活を営む態度を育てる。
平成元年（1989）改訂版	適切な運動の経験と身近な生活における健康・安全についての理解を通して，運動に親しませるとともに健康の増進と体力の向上を図り，楽しく明るい生活を営む態度を育てる。
平成10年（1999）改訂版	心と体を一体としてとらえ，適切な運動の経験と健康・安全についての理解を通して，運動に親しむ資質や能力を育てるとともに，健康の保持増進と体力の向上を図り，楽しく明るい生活を営む態度を育てる。
平成20年（2008）改訂版	心と体を一体としてとらえ，適切な運動の経験と健康・安全についての理解を通して，生涯にわたって運動に親しむ資質や能力の基礎を育てるとともに健康の保持増進と体力の向上を図り，楽しく明るい生活を営む態度を育てる。
平成29年（2017）改訂版	体育や保健の見方・考え方を働かせ，課題を見付け，その解決に向けた学習過程を通して，心と体を一体として捉え，生涯にわたって心身の健康を保持増進し豊かなスポーツライフを実現するための資質・能力を次のとおり育成することを目指す。 (1)その特性に応じた各種の運動の行い方及び身近な生活における健康・安全について理解するとともに，基本的な動きや技能を身に付けるようにする。 (2)運動や健康についての自己の課題を見付け，その解決に向けて思考し判断するとともに，他者に伝える力を養う。 (3)運動に親しむとともに健康の保持増進と体力の向上を目指し，楽しく明るい生活を営む態度を養う。
体育の見方・考え方（2017年）	運動やスポーツを，その価値や特性に着目して，楽しさや喜びとともに体力の向上に果たす役割の視点から捉え，自己の適性等に応じた『する・みる・支える・知る』の多様な関わり方と関連付けること。
保健の見方・考え方（2017年）	個人及び社会生活における課題や情報を，健康や安全に関する原則や概念に着目して捉え，疾病等のリスクの軽減や生活の質の向上，健康を支える環境づくりと関連付けること。

（出所）筆者作成。

った。さらにこの認識は，学校教育内での教科としての体育の地位をも規定してきた。精神に関わる上位の教科とそれに従属する下位の教科という，教科の二層構造である。

　スポーツを通しての教育は，この状況脱却に向けた提案であった。そこでは，身体の発達のみならず，精神や情緒，社会性の発達等，一般的な教育目標達成の手段としてスポーツが位置付けられることになる。たとえば，民主的な人間関係の育成にスポーツの学習が貢献するといった認識である。しかし，ここでも体育は教科固有の指導内容を認定されずに終わることになる。

　これに対しスポーツに関する教育は，体育の指導内容としてスポーツに関する科学的知見を位置付け，その学習を自己目的的に位置付けた（シーデントップ，1981）。このようなスポーツ科学の学習を体育とみなす考え方は，我が国にもみられた。「運動文化に関する科学的な研究成果とその方法を実践的に学ぶ」（中村，1983，222頁）といった指摘である。

　スポーツの中の教育という提案もまた，スポーツを通しての教育への批判から生み出されてくる。その典型が，アメリカのスポーツ教育論である。それは，教育的に価値ある競争を保証していくことがスポーツ教育であると提案した。また，そこで保証すべき人物像が，①有能なスポーツ人（a competent sportperson）（できる），②教養あるスポーツマン（a literate sportperson）（わかる，知る），③熱狂的なスポーツ人（a enthusiastic sportperson）（支える）の3点から提案されている（Siedentop, 1994, p.4）。

　なお，我が国で1970年代後半以降にみられたスポーツの中の教育に対する理解は，英語圏のそれとは異なっていた。我が国において運動の教育，あるいは運動の中の教育と表現されたそれは，運動の楽しさの体験を強調していた（宇土，1983，4頁）。しかし，上述したスポーツの中の教育は，楽しみ方のみを重視したわけではない。それは，スポーツの技能や科学的な知見，文化的な背景や人との関わり方等それ自体が，他の文化と同様に，学校教育で意図的に学習するに値するという認識に立っている。

　なお，これらの概念は，時代とともに消えていったわけではない。それは，

価値志向（Jewett et al., 1995）と呼ばれて，今日でも私たちの体育の考え方を強く拘束している。

（2）運動の意味

　体育概念の変化は，運動の意図的な学習の必要性に対する認識を反映している。しかし，一般論として論じられているそれらには，誤解が多い。

　たとえば，人間は生まれながらにして歩くことができるといった認識である。しかし，人間は歩き方を意図的に学習し続けている。また，投能力の低下が我が国では問題にされているが，その一因は，子どもを取り巻く遊びをめぐる環境の変化に求めることもできる。子どもは運動が好きであるといった指摘も社会的，歴史的文脈の中で理解される必要がある。実際，運動習慣の二極化が問題にされていることや経験していく運動の偏りは，運動することへの意図的な価値付けや動機づけがなければ，改善は容易ではない。実際，人間が動かなくなっていることは人間の可能性を侵害していくものであるといった認識や，動かない大人がそのパターンを子どもに伝えるといった認識，さらには，運動習慣に関する男女差がすでに9歳でみられるとの認識が国際的にも共有されている（ICSSPE, 2012, pp. 1-6）。

　それにしても，人間が運動を学習することは，人間の発達にとってどのような積極的な意味を持つのであろうか。この点をグルーペ（Grupe, 1981, pp. 39-40）は，①自分自身の身体の経験，②対象世界の経験，③社会の経験，④自分自身の経験，の4点に整理した。ヒトが人間になっていくためには，運動の意図的な学習が不可欠であり，現代社会はその必要性を一層高めているといえる。その具体的な現象の一つが，スポーツである。

（3）スポーツの価値

　スポーツは，多様な価値を具現化し，それを人々に伝えるメディアとして機能している。

　たとえば，我が国のスポーツ基本法ではスポーツが文化であることが明記さ

れ，その価値が，①体力の向上，②人格の形成，③地域社会の形成，活性化，④健康で活力に満ちた長寿社会の実現，⑤国民への感動の提供，⑥社会への活力の提供，⑦国際平和への貢献，ならびに，⑧国際的な地位の向上という観点から指摘されている（スポーツ庁，2011）。また，2017年に改訂された我が国の学習指導要領では，スポーツの価値として公正，協力，責任，参画，健康・安全等が示されている（文部科学省，2017，38頁）。さらに，スポーツの価値の一つとしてフェアプレイが位置付けられているが，その内容としては自己を信じて，最善を尽くすこと，仲間を信じること，他者を尊敬することが示されている（日本アンチ・ドーピング機構，2013）。

　国外に目を向ければ，体育の地位向上に長年取り組んできた国際スポーツ科学・体育協議会（ICSSPE）は，スポーツに期待できる便益を，①身体資源，②情緒的な資源（メンタルヘルス），③個人的な資源（ライフスキルや社会的スキルのような人格に関連する資源），④社会的資源（人的ネットワーク），⑤知的資源，ならびに，⑥経済的資源（ヘルスケアに要する費用を抑制すること，生産性，職能等）に整理している（ICSSPE, 2012, p. 10）。

　これらの指摘は，現代社会においてスポーツの持つ文化的機能や形態の多様化を示している。他方で，体育・スポーツ担当大臣等国際会議（MINEPS）Ⅳにおいてスポーツの高潔さが求められたように，スポーツの質保証に向けた国際的な取り組みが継続されている。体育の授業は，この点に関わっても重要な機能を担っている。

（4）保健と体育の関係論

　我が国では，小学校の教科の名称は体育であり，中学校ではそれが保健体育となる。そして，高校では教科保健体育に対して科目体育と科目保健が設定されている。

　このように，我が国では体育と保健は密接な関係にある。しかし，国際的にみれば，その関係は多様である。たとえば，ライフスキルや生物に保健関係の指導内容が組み込まれているケースもみられる。また，健康を身体の機能向上

に限定するのか，心身の健康を包括するのかによっても，体育と保健の関係論は大きく変わることになる。

　たとえば，健康な生活習慣を身に付ける，あるいは健康な生活が営めるようにするために体力を向上させるといった指摘がみられる。しかし，そこで言われる体力とは何であろうか。

　今日では，体力は競技で成果を上げることに代表される技能関連型体力と日常生活を健康に過ごすための健康関連型体力に大別されている。前者の場合，速く，強く，巧みさが強調されることになる。後者の場合，ゆっくり，無理なく，継続的にといった側面が強調されることになる。くわえて，健康に生活するために必要な知識や価値観は，たんに人間の身体のみに関わるものではない。環境や食等も包括され，きわめて膨大な指導内容が想定されることになる。それらの中には，スポーツとの関連付けが難しい指導内容も存在している。

　この立場の違いは，①スポーツという文化の学習の自己目的的な学習を志向する立場と，②一般的な教育目標達成を志向する立場に大別できる。いずれの立場を取るのかにより，体育の授業のイメージが大きく異なることになるが，現在では，①を前提とすることが②の実現に貢献するという認識が取られている。以下では，ユネスコの良質の体育をめぐる提案を踏まえてこの点について検討したい。

2　良質の体育の提案

（1）ベルリン・アジェンダ（1999）にみる体育の提案

　体育の授業時数が世界各国で減少している。この認識が国際的に共有され，その対応策を具体的に検討する行動が取られた。1999年にベルリンで開催された第1回体育世界サミットである。同サミットは，同年にユネスコが開催した第3回体育・スポーツ担当大臣等国際会議（MINEPSⅢ）への提案を意図していた。そのため，サミットでは体育の必要性を謳ったベルリン・アジェンダが採択された。それは，体育を「すべての子どもたちに生涯にわたり身体活動な

らびにスポーツを行っていくために必要な技能，態度，価値観，知識並びに理解を提供する，最も効果的で包括的な手段である」（ICSSPE, 1999）とした。

（2）ユネスコにみる良質の体育の提案

　ベルリン・アジェンダは，体育を身体や健康に関わる教科として位置付けた。しかし，そこではモノとしての身体や健康の向上のみが求められた訳ではない。自尊感情やレジャー，競争，知識という表現にみられるように，子どもたちが健康な社会人として自立していくために必要な資質・能力を身に付けることを可能にする教科という認識が，そこにはみられる。このような考え方を端的に表現したのは，ユネスコの良質の体育（Quality Physical Education：QPE）の定義であった。それは，次のように記されている。

　　良質の体育は，生涯にわたりスポーツや身体活動を営む基礎を培う場として機能することになる。体育の授業を通して子どもや青少年に提供される学習経験は，彼らが積極的に身体を活用するために必要な精神運動系技能，認識的理解度，社会的技能や情緒的技能の習得を支援することができるように，発達の段階に即したものでなければならない。（UNESCO, 2015, p. 9）

（3）身体的リテラシーの提案

　この良質の体育を支える一つの，広く国際的に受け入れられている概念が，身体的リテラシー（Physical Literacy）である。

　身体的リテラシーは，2001年の国際女子体育連盟大会におけるホワイトヘッド（Margaret Whitehead）の提案に起因している。彼女は，身体的リテラシーを「個人の才能に相応しく，身体的リテラシーは，生涯にわたり身体活動を営むために必要な動機，自信，身体的コンピテンシー，知識ならびに理解である」（Whitehead, 2010, p. 5）としている。

　この提案は，アメリカの体育の概念にも強い影響を与えた。アメリカでは2013年度のナショナルスタンダードの改訂において，それまで用いていた身体的教養を備えた人物（physically educated person）に代わり身体的リテラシーを

備えた個人（physically literate individuals）が標榜されるようになる（SHAPE, 2014, p. 12）。この名称変更の理由は，コア教科と同様，リテラシーという言葉を用いた方が教育をめぐる意思決定に影響を与えやすいという判断であった（AAHPERD, 2013, p. 6）。

　しかし，体育という教科が学校教育内で教科として位置付けられていくには，そこで提供し得る指導内容やその意図的，計画的な実現方法という観点から体育のカリキュラムを検討し直す必要がある。学習指導モデルは，その具体的な手がかりを提供することになる。

3　戦術学習モデルに基づく授業の成果

（1）学習指導モデルという発想

　教師であれば，誰もがいい授業をしたいと考える。また，その実現に向けた適切な方法を身に付けたいと考えている。そのため，そこでは，それを身に付けるとすべてがうまくいく授業の方法を期待することが多い。しかし，過去の授業研究は，そのような方法は存在せず，目的に応じた適切な方法の選択，実施が重要になることを指摘してきた（Kagan & Kagan, 2017, pp. 6, 10；Lund & Tannehill, 2015, p. 167；Metzler, 2011, p. 9）。このような認識を前提とする学習指導モデル（Instructional Models）は，次のように説明されている。

　　効果的な学習指導モデルは，理論的基盤，意図している学習成果，教師に求められる内容に関する専門的知識，発達段階に即した発展的な学習活動，期待されている教師行動と生徒行動，独自の課題構造，学習成果の評価ならびにモデルが確実に実行されているかどうかを判断する方法といった一連の内容を含み込んだ広範で一貫性のある計画である。（Metzler, 2011, p. 9）

　そのため，学習指導モデルでは，表12-2の要因について検討が加えられ，単元計画や本時の計画が作成されることになる。

　なお，個々の学習指導モデルに示されている学習領域の優先順序は，表12-3の通りである。以下では，これらの中から戦術学習モデル（Teaching Games

表12-2 モデルベースの学習指導のための計画づくり

単元計画		本時案の作成	
文脈の分析	学習活動	文脈の記述	学習活動
内容の分析	評価／グレーディング	学習目標	課題の提示方法と構造
学習目標	教師の役割	時間と空間のマネジメント	評 価
モデルの選択	生徒の役割		総 括
マネジメントの計画			
モデルベースの学習指導展開に効果的な教授技能			
1 計 画 2 時間とクラスのマネジメント 3 課題の提示方法と構造 4 コミュニケーション		5 学習指導に関わる情報の提供 6 学習促進に向けた発問の活用 7 総 括	
体育の授業実施のための方略			
マネジメント関係		学習指導関係	
1 予防的 2 双方向的 3 グルーピング		1 課題の提示　　5 課題の展開 2 課題の構造　　6 生徒の安全確保 3 課題への従事　7 総 括 4 学習活動	
モデルベースの学習指導実施に際して求められる知識			
1 学習の文脈 2 学習者 3 学習理論 4 発達の適時性 5 学習の領域と目標		6 体育の内容 7 評 価 8 社会的／情緒的雰囲気 9 体育館内での平等性の確保 10 体育のカリキュラムモデル	

（出所）Metzler（2011）p. 132.

for Understanding Model）と協同学習モデル（Cooperative Learning Model）を紹介したい。

（2）戦術学習モデルの基本的考え方

　戦術学習モデルは，個々のスポーツ種目に共通して解決すべき戦術的課題や解決方法の転移を前提とした提案となっている（図12-1，図12-2）。

　もっとも，ゲーム中の課題を適切に解決するにはボール操作のみではなく，実際に効率的に体を動かすことや一定の制約条件下で多様な判断を下すことが

表 12-3　学習指導モデルにみる学習領域の優先順序

モデル	第一	第二	第三
直接指導モデル	精神運動	認識学習	情意学習
個性化モデル	精神運動	認識学習	情意学習
協同学習モデル	情意ならびに認識学習		精神運動
	情意ならびに精神運動学習		認識学習
スポーツ教育	三つの学習領域すべて		
仲間学習（学習者にとって）	精神運動	認識学習	情意／社会学習
仲間学習（チューターにとって）	認識学習	情意／社会学習	精神運動
発問指導モデル	認識学習	精神運動	情意学習
戦術学習モデル	認識学習	精神運動	情意学習
個人的，社会的責任モデル	情意学習を運動のパフォーマンスならびに認知的知識に統合しながら三つの学習領域すべて		

（出所）Metzler（2011）より筆者作成。

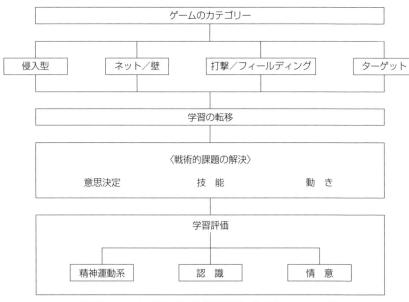

図 12-1　アメリカにおける戦術学習のカリキュラムモデル

（出所）Mitchell et al.（2013）p. 39.

図 12-2 アメリカにおける簡易化された戦術学習モデル
(出所) Mitchell et al. (2013) p. 40.

表 12-4 小学校低学年のバルシューレの目標領域

戦術(A)	コーディネーション(B)	技術(C)
コート上の位置取り（フリーになる動き／スペースの利用）	ボール感覚（ボールを巧みにコントロールする）	ボールの軌跡の認識
個人でのボールキープ	時間のプレッシャー（最小限の時間）	味方の位置と動きの認識
協働的なボールキープ	正確性のプレッシャー	相手の位置と動きの認識
個人での数的優位づくり	連続性のプレッシャー（切り替わる運動を連続的に行う）	ボールへのアプローチの決定（ボールにアプローチするために動く距離，方向，速度の先取り）
協働的な数的優位づくり	同時性のプレッシャー（多くの運動を同時に行う）	着球点の決定
ギャップとスペースの認識（突破のチャンスを生じさせるオープンスペースを見付ける）	可変性のプレッシャー（変化する状況の中で運動する）	ボールキープのコントロール（飛んでくるボールのキャッチ，キープ，操作）
スコアリングチャンスの活用	負荷のプレッシャー（身体的，体力的，精神的負荷）	パスのコントロール（ボールの投射角や力の入れ方を調整）

(出所) 奥田 (2017) 28頁より筆者作成。

必要になる。このような課題解決の多様性を考える上で参考になるのが，ドイツで開発されたバルシューレの提案である（表12-4）。

（3）戦術学習モデルの学習指導方略

　ゲームのルール理解ならびにゲームで解決すべき課題の難度は，戦術学習の成果を大きく規定することになる。そのためアメリカでは，図12-3に示す授業の展開手続きが提案されている。ここでは，修正されたゲームで解決すべき戦術的課題が発問により確認される。同時に，その解決方法が，練習を通して

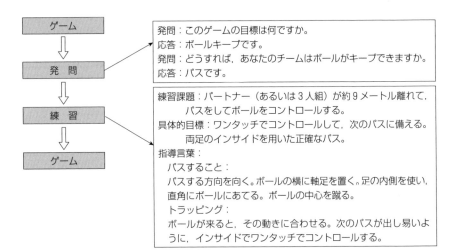

図 12-3　戦術学習モデルの展開例

（出所）Mitchell et al.（2013）p. 228.

	1	2-4	5-7	8-10	
		チームを知る	対戦相手を知る	確定した方針を実行する	
オリエンテーション		テーマ1	テーマ2	テーマ3（クライマックス）	何がテーマになるのか？期待する学習成果は？
単元のねらい確認		準備運動	準備運動	準備運動	準備運動は同じものを行うのか？
チーム分け		授業のねらい，手続きの確認	授業のねらい，手続きの確認	授業のねらい，手続きの確認	
テーマ1で行う修正されたゲーム		修正されたゲームの課題解決に向けた練習	修正されたゲームの課題解決に向けた練習	修正されたゲームの課題解決に向けた練習	修正されたゲームと準備運動，練習の関係は？
		修正されたゲーム（前半）	修正されたゲーム（前半）	修正されたゲーム（前半）	
		作戦タイム（グループ）	作戦タイム（グループ）	作戦タイム（グループ）	
		修正されたゲーム（後半）	修正されたゲーム（後半）	修正されたゲーム（後半）	
		ゲームの総括（グループ）	ゲームの総括（グループ）	ゲームの総括（グループ）	
まとめ。次時間の課題確認		まとめ。次時の課題確認。	まとめ。次時の課題確認。	まとめ。次時の課題確認。	教師と生徒の主導性の関係は？

単元はいくつの段階で展開するのか？　　　一時間は，いくつの段階で展開するのか？

図 12-4　戦術学習論とスポーツ教育論を踏まえた単元構想案

（出所）筆者作成。

習得されていくことになる。さらにそこでは，ボール操作やボールを持たない時の動きに関して生徒が意識すべき技術的課題が，教師からのフィードバックを通して確認されていくことになる。さらには，最初に実施したゲームを最後

に再度行うことで，練習の成果を確認する場面が設定されている。戦術的課題を意識し，その解決方法を実際に行うゲームに近い状況の中で習得し，実際のゲームで活用していくというサイクルが設定されている。また，ボール操作の改善に向け教師と生徒が共有すべき情報として指導言葉が設定されている。

　なお，図 12-3 の展開を，45分や50分の授業で実施するのは時間的に難しい。練習方法等に慣れる時間が必要になるためである。そのため，このアイデアを効果的に活用するには，単元構成の工夫が必要になる。図 12-4 は，その例である。

（4）戦術学習モデルに基づく授業研究の成果

　戦術学習モデルが提案されて以降，戦術中心の学習指導と技術中心の学習指導のいずれが好ましい成果を生み出すのかという論議がみられた。この問題を単元時数やゲームの機会保証という観点から検討したのは，フレンチら（French et al., 1996）であった。この結果は，個々の学習指導モデルの成果は，それを適用する文脈に強く影響されることを示唆するものであった。

4　協同学習モデルに基づく授業の成果

（1）協同学習モデルの基本的考え方

　スポーツは競争にその特性がある。しかし，そこでは，結果としての勝利のみが問題にされ，チームの勝利のためには技能の低い生徒が授業から排除されることも多い。しかし，それは教科としての体育の授業で期待される現象ではない。この状況改善の手がかりを与えるのが，協同学習モデル（Cooperative Learning Model）である。

　協同学習は，1970年代半ばにスラヴィン（Robert Slavin）によって提案された試みであり，今日では世界中で最も認知されている。体育関係者は，近年，その特徴を表 12-5 のようにまとめている。

　また，協同学習モデルを適用した体育の授業の成果として，①上手に人間関

表 12-5　協働学習の主たる特徴

特　徴	説　明
肯定的な相互依存関係	生徒は，「彼がいないと自分たちが成功することはない」という関係で互いにつながっていると思っている。
個人の責任	グループ内の個々のメンバーの発揮したパフォーマンスと貢献は，評価され，その結果がグループにフィードバックされる。
肯定的な相互作用	生徒たちは，グループの目標達成に向けて努力するように，互いに励まし合う。彼らは，信頼できる方法で，利用できる資源を交換し，フィードバックを与え，他人の視点を受け入れる。
改善に向けたグループでの省察	生徒たちは，メンバーのどの行動が有益であり，そうではなかったのかを振り返るとともに，どの行動を継続し，どの行動をやめるのかを判断する。
適切な社会的スキル	生徒たちは，互いが信頼し合い，明確かつ正確なコミュニケーションを営み，互いを受け入れ，支援し合い，問題を解決できる能力を向上させるために，適切な，少人数で関わり合うスキルを教えられ，それを使えるようになる必要がある。
ファシリテーターとしての教師	生徒たちは，教師からのみではなく，互いに学び合う。教師は，学習やグループの必要性を踏まえて支援するために，生徒に関わる。
異質集団	生徒たちは，4-5人で構成され，異なる能力や社会関係を持つグループ内で作業する。
協働学習の構造	教師は，たとえば，ジグソーやチームでの達成分担方針等の，協働学習の構造を選択する。

（出所）Goodyear（2017）p. 84.

係を構築する理由付けができるようになっていく，②人と関わるスキルが向上する，③積極的に参加する率が向上する，④運動技能やゲームで発揮させる戦術能が向上する，⑤他人の技能を向上させるようになっていく，⑥チーム内で自分の責任を喜んで果たそうとするようになることが報告されている（Metzler, 2011, p. 240）。

（2）協同学習モデルの学習指導方略

　我が国では，「協同学習（Cooperative Learning）」（国立教育政策研究所，2016，181頁）あるいは，協働的探求学習（Collaborative Inquiry Learinig）（藤村，2012，121頁）のように，協同学習（Cooperative Learning）の概念をめぐる混乱がみら

表 12-6　ソーシャルスキル一覧

・積極的に耳を傾ける	・他人を励ます
・他人に感謝する	・支援する
・援助を求める	・リーダーシップのスキル
・他人のアイデアを参考にする	・忍　耐
・配慮する	・他人の立場に立つ
・争いを解決するスキル	・尊敬する
・同意を得る	・責任感
・協同する	・共有する
・異なるものと関わるスキル	

(出所) Kagan & Kagan (2017) pp. 5, 9.

れる。協同学習に対するある種の誤解がみられる。同時に，協同学習の指導内容の理解にも混乱がみられる（石井，2015，185頁；大野，2017，89-91頁）。

　これに対し，体育の授業における協同学習の実施に際しては，運動の技能や認知的スキルと同様に，ソーシャルスキルも明確に指導される必要がある（Vidoni & Ulman, 2012, p. 26）。表 12-6 は，その一覧である。

（3）協同学習モデルに基づく単元例とその成果

　この協同学習モデルを適用した我が国の体育の授業の例は，体つくり運動で用いられたチャレンジ運動であろう。図 12-5 は，その一時間の展開過程を示している。

　授業に際しては，多様な児童が一つのグループにまとめられる。また，そのグループは，単元期間中は固定されることになる。その上で，教師が提示した一人では解決できない課題の解決にグループで取り組むことになる。その際，教師が提示する課題に対して，グループ内のメンバーが話し合いや実際に課題解決に向けた活動を通してその解決を模索することになる。また，この取り組みの過程では，生徒はつねに肯定的な関わり合いを求められることになる。グループのメンバーの提案に耳を傾けることやアイデアの良さを称賛すること等である。また，課題が解決できた際にはハイタッチや称賛の言葉を通して，互いに肯定的に関わることを求められることになる。この過程では，上述したソーシャルスキルの学習が促されることになる。

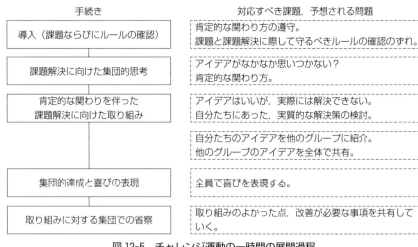

図 12-5　チャレンジ運動の一時間の展開過程

（出所）筆者作成。

 さらに学びたい人のための図書

高橋健夫他編著（2010）『新版　体育科教育学入門』大修館書店。

▶体育科教育学の研究成果を踏まえ，教師に必要な基本的な知識，技能を理解しやすく示している。

高橋健夫編著（2003）『体育授業を観察評価する』明和出版。

▶体育授業の実態把握に向けて開発された多様な観察法とその活用方法を分かりやすく紹介している。

岡出美則他編（2015）『新版　体育科教育学の現在』創文企画。

▶カリキュラム論，学習指導論，体育教師教育，科学論から体育科教育学の研究成果を幅広く紹介している。

引用・参考文献

石井英真（2015）『増補版　現代アメリカにおける学力形成論の展開——スタンダードに基づくカリキュラムの設計』東信堂。

宇土正彦編著（1983）『体育科教育法入門』大修館書店。

大野栄三（2017）「学習指導要領・理科を支える柱——知識・技能の習得と熟達」日本教育方法学会編『学習指導要領の改訂に関する教育方法学的検討』明治図書出版。

奥田智靖編（2017）『子どものボールゲーム指導プログラム　バルシューレ』創文企画。

学習指導要領データベース［http://www.nier.go.jp/guideline/］（2018年3月10日確認）。

国立教育政策研究所編（2016）『資質・能力［理論編］』東洋館出版社。

シーデントップ，D.／高橋健夫訳（1981）『楽しい体育の創造』大修館書店。

スポーツ庁（2011）「スポーツ基本法」［http://www.mext.go.jp/sports/b_menu/sports/mcatetop01/list/detail/1372293.htm］（2018年3月5日確認）。

中村敏雄（1983）『体育実践の見かた・考えかた』大修館書店。

日本アンチ・ドーピング機構（2013）『アンチ・ドーピングを通して考える——スポーツのフェアとは何か』日本アンチ・ドーピング機構。

藤村宣之（2012）『数学的・科学的リテラシーの心理学』有斐閣。

文部科学省（2017）「小学校学習指導要領解説　体育編」［http://www.mext.go.jp/component/a_menu/education/micro_detail/__icsFiles/afieldfile/2017/07/25/1387017_10_1.pdf］（2018年3月10日確認）。

AAHPERD (2013) Momentum Summer.

Arnold, P. J. (1979) Meaning in Movement, *Sport and Physical Education*.

French, K. E., Werner, P. H., Taylor, K., Hussey, K., & Jones, J. (1996) "The Effects of a 6-Week Unit of Tactical, Skill, or Combined Tactical and Skill Instruction on Badominton Performance of Ninth-Grade Students", *Journal of Teaching in Physical Education*, Vol. 15, No. 4, 439-463.

Goodyear, V. A. (2017) "Sustained Professional Development on Cooperative Learning: Impact on Six Teacher's Practices and Student's Learning", *Reseach Quarterly for Exercise and Sport*, Vol. 88, No. 1, 83-94.

Grupe, O. (1981) "Aufgaben und Ziele des Sports in der Schule", In Bundesvorstand des WLSB Hrsg., *Schulsport in Baden-Württemberg*, Stuttgarter Druckerei GmbH.

ICSSPE (1999) The Berlin Agenda for Action for Government Ministers.

ICSSPE (2012) Designed to Move. A Physical Activity Action Agenda, Nike.

Jewett, A. E. et al. (1995) *The Curriculum Process in Physical Education*, 2nd. ed., WCB McGraw-Hill.

Kagan, S. & Kagan, M. (2017) *Cooperative Learning*, Kagan Publishing.

Lund, J. & Tannehill, D. (2015) *Standards-Based Physical Education Curriculum*

Development, 3rd ed., Jones & Bartlett Learning.

Metzler, M. (2011) *Instructional Models for Physical Education*, 3rd ed., Holcomb Hathaway.

Mitchell, S. A., Oslin, J. L., & Griffin, L. L. (2013) *Teaching Sport Concepts and Skills*, 3rd ed., Human Kinetics.

SHAPE (2014) National Standards & Grade-Level Outcomes for K-21 Physical Education.

Siedentop, D. (1994) *Sport Education: Quality PE Through Positive Sport Experiences*, Human Kinetics.

UNESCO Quality of Physical Education Guidelines for Policy-Makers (2015) [http://unesdoc.unesco.org/images/0023/002311/231101E.pdf] (2015年 1 月30日確認)

Vidoni, C. & Ulman, J. (2012) "The Fair Play Game: Promoting social skills in Physical Education", *Strategy*, Vol. 25, No. 3, 26-30.

Whitehead, M. ed. (2010) *Physical Literacy*, Routledge.

第 **13** 章

インクルーシブな保育や教育
──一人一人がユニークな存在であることからはじめる教育──

久保山茂樹

1　日本におけるインクルーシブ教育システム

（1）障害者の権利に関する条約と教育

2007年12月13日，国連総会で「障害者の権利に関する条約」（Convention on the rights of persons with disabilities）が採択され，2008年5月3日発効した。この条約は，外務省によれば，「障害のある人の人権及び基本的自由の享有を確保し，障害のある人の固有の尊厳の尊重を促進することを目的として，障害のある人の権利の実現のための措置等について定める条約である」とされている。

日本は2007年9月28日に署名し，2014年1月20日に批准した。これは，世界で141番目であった。その後，同年2月19日に同条約は日本国内で発効した。

この条約の中で教育については，第24条で以下のように記されている。

締約国は，教育についての障害者の権利を認める。締約国は，この権利を差別なしに，かつ，機会の均等を基礎として実現するため，障害者を包容するあらゆる段階の教育制度及び生涯学習を確保する。当該教育制度及び生涯学習は，次のことを目的とする（外務省訳）。

この中にある「障害者を包容する教育制度」とは，英語では，inclusive education system と表記されている用語である。後の中央教育審議会初等中等教育分科会報告（2012）（以下，「中教審報告（2012）」）では，英語により近い「インクルーシブ教育システム」と訳しているため，本章でも「インクルーシブ教育システム」という表記を用いることとする。

　この「インクルーシブ教育システム」について，中教審報告（2012）では，条約の表現を要約する形で，以下のように記している。

　人間の多様性の尊重等の強化，障害者が精神的及び身体的な能力等を可能な最大限度まで発達させ，自由な社会に効果的に参加することを可能とするとの目的の下，障害のある者と障害のない者が共に学ぶ仕組みであり，障害のある者が「general education system」（署名時仮訳：教育制度一般）から排除されないこと，自己の生活する地域において初等中等教育の機会が与えられること，個人に必要な「合理的配慮」が提供される等が必要とされている。

（2）諸外国のインクルーシブ教育システム

　欧州特別支援教育機構（European Agency for Special Needs and Inclusive Education）は，ヨーロッパ各国のインクルーシブ教育システムについて概観し，大きく「単線型」「二線型」「多重線型」の三つに分類した。

- ・単　線　型：一般学校（日本の幼稚園，小・中・高等学校にあたる）ですべての子どもがインクルージョンされることをめざし，一般学校を中心にサービスを提供する（スウェーデン，ノルウェー，イタリア，スペインなど）。これは，完全にインクルーシブな教育システムと呼べるものである。
- ・二　線　型：特別なニーズのある子どもは，特別な学校または特別な学級に在籍しており，一般学校の教育カリキュラムによらない教育を受けている（ベルギー，スイス，オランダ，ドイツなど）。これは，インクルーシブとは呼べない教育のシステムである。
- ・多重線型：一般学校の教育と特別なニーズのある子どもの教育との間で多様な教育を提供する（イギリス，フランス，デンマーク，フィンランド，オーストリアなど）。これは，一人一人の子どもの教育的ニーズに応じやすい教育システムである。

　このうち，日本は，「多重線型」に該当すると考えられる。ヨーロッパ以外で日本と同様の形態（多重線型）であると考えられるのは，韓国，オーストラ

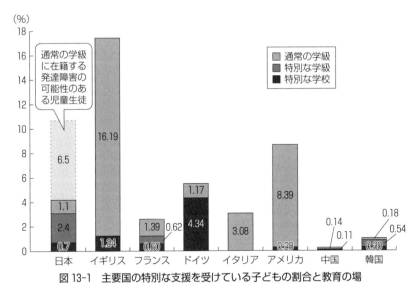

図 13-1　**主要国の特別な支援を受けている子どもの割合と教育の場**
（出所）『国立特別支援教育総合研究所ジャーナル』第 5 号（2016）をもとに筆者作成。

リア等である。

　この分類を踏まえ，アジア諸国も含めて主要国の障害のある子どもの教育について具体的に整理したものが，図 13-1 である。図中の各国のグラフの高さは，特別な支援を受けている子どもの割合を示しており，教育を受ける場（通常の学級，特別な学級〔日本の特別支援学級〕，特別な学校〔日本の特別支援学校〕）ごとに区分している。

　図からわかるように，日本，フランス，韓国は 3 種類の教育の場が用意されている。イギリスとアメリカは通常の学級に在籍する子どもに特別な支援を提供する仕組みを持っている。これらの国々は多重線型である。ドイツは 2 種類の教育の場で別々に教育されており二線型，イタリアはほとんどが通常の学級で教育を受ける単線型である。中国では，特別な支援を受けている子どもの割合自体が少ないことがわかる。なお，日本は，全体で10％近い割合が示されているが，これには，通常の学級に在籍する発達障害の可能性のある子ども（6.5％）を含んでおり，実際には，特別な支援を受けていない子どもも含んで

表13-1　インクルーシブ教育システム構築に向けた経過

・2006年12月　『障害者の権利に関する条約』　国連で採択
・2007年4月　『特別支援教育の推進について』（文部科学省初等中等教育局長通知）
→　「特殊教育」から「特別支援教育」への転換
・2007年9月　『障害者の権利に関する条約』　日本が署名
・2011年8月　障害者基本法改正
・2012年7月　『共生社会の形成に向けたインクルーシブ教育システム構築のための特別支援教育
の推進（報告）』　中央教育審議会初等中等教育分科会
→　日本におけるインクルーシブ教育システムの理念や方向性，取り組みの在り
方を提示
・2013年6月　障害を理由とする差別の解消の推進に関する法律（障害者差別解消法）成立
・2013年9月　学校教育法施行令一部改正
→　障害のある子ども等の就学に関する手続きを改正
・2014年1月　障害者の権利に関する条約　日本が批准
・2016年4月　障害者差別解消法施行
・2017年3月　学習指導要領等告示
→　幼稚園，小・中・高等学校の通常の学級における障害のある子どもへの配慮
等を提示

（出所）筆者作成。

いる。

（3）日本におけるインクルーシブ教育システム構築の動向

　日本における障害のある子どもの教育は，従来「特殊教育」と呼ばれ，通常の学級とは別の場で特別に行われるものを指していた。しかし，障害者の権利に関する条約のめざす方向も踏まえ，2007年に「特別支援教育」へと転換された。これは，養護学校や特殊学級などの特別な場だけではなく，通常の学級にも特別な支援が必要な子どもは存在しており，すべての学校において必要な支援を実施することをめざしたものである。それは，たんに特別な支援を必要とする子どもの教育にとどまらず，障害の有無など，一人一人の違いを認識しつつ多様な人々が活躍できる共生社会の形成をめざすものでもあった。

　その後，インクルーシブ教育システムの理念を取り入れていくために，「障がい者制度改革推進会議」において，慎重かつ広範囲な協議がなされ，この会議の論点整理は，2011年の障害者基本法の改正（第16条教育）に反映された。また，2013年には学校教育法施行令が一部改正され，障害のある子どもの就学

について，一定程度の障害がある子どもは原則特別支援学校に就学することとしていたものから，原則をはずすなどの改正が行われた。さらに，2017年告示の学習指導要領等にも，インクルーシブ教育システムの理念が反映されるに至った。その経過を概観したものが，表13-1である。

2　幼児期　一人一人の発達過程に応じた教育と保育

（1）保育の基本

　ここまで，日本におけるインクルーシブ教育システムの構築にむけた取り組みを概観してきた。ここでは，より具体的に保育所・認定こども園・幼稚園ではどのような取り組みをめざしているのかを論じたい。

　幼児一人一人の特性に応じた特別支援教育は，一人一人の幼児の姿を丁寧に見取り，適当な環境を整え，遊びを通した教育を進める幼稚園教育の考えそのものである（函館市立はこだて幼稚園，2015）。

　これは，ある幼児教育研究大会における特別支援教育分科会の実践報告の冒頭部分である。これは保育現場で日々障害のある子どもと向き合っている保育者が，一人一人の姿を大切に必要な教育を行っていくという点で，幼児教育と特別支援教育は通底することを，実感を込めて明確に述べた印象的な文章である。

　保育所・認定こども園・幼稚園では，もともと一人一人の子どもの姿に応じた教育および保育を行うことを基本としている。同じ3歳児クラスの中に，満3歳前後の発達段階である子どももいれば，4歳の発達段階を越えている子どももいるという状況を踏まえている。換言すれば，同一のクラス集団でも，子ども一人一人の発達段階に違いがあるということを前提にして，教育および保育の計画が立てられ，展開されている。

　たしかに，保育所・認定こども園・幼稚園は，大きな集団の中での生活の場であり，クラスという集団での保育ではあるが，子どもを集団に合わせさせるのではなく，集団という場において，一人一人の子どもの発達に応じた保育を

行っているのである。

　保育所・認定こども園・幼稚園で行われる教育および保育は，小学校以降の教育に比べると柔軟さがあるものになっている。子どもたちの活動の展開状況によっては，当初の設定時間を越えて活動を続けたりすることがある。保育室に机を出すか出さないかなども，保育内容や子どもたちの動きによって柔軟にかえることがある。また，保育者と子どもとの距離も比較的近く，子どもの求めに対して保育者が対応しやすいなど，保育者と子どもの関係もゆるやかなものになっている。このような柔軟さのある教育や保育が，障害のある子どもたちに安心を与え，過ごしやすい空間や時間を生み出していると言える。

　こうした幼児期の教育および保育について，たとえば，保育所保育指針では，第1章総則の1.　保育所保育に関する基本原則の（3）保育の方法に，以下のような記述が見られる。

　ア　一人一人の子どもの状況や家庭及び地域社会での生活の実態を把握するとともに，子どもが安心感と信頼感を持って活動できるよう，子どもの主体としての思いや願いを受け止めること。

　ウ　子どもの発達について理解し，一人一人の発達過程に応じて保育すること。その際，子どもの個人差に十分配慮すること。

　これは，保育所の保育においては障害の有無にかかわらず，一人一人の子どもを丁寧に見取り，一人一人の発達過程に応じたり，個人差に配慮したりすることが，保育の基本原則であることを示したものである。

　同様に，幼稚園教育要領では，第1章総則の第1.　幼稚園教育の基本に，次のような記述がある。

　3　幼児の発達は，心身の諸側面が相互に関連し合い，多様な経過をたどって成し遂げられていくものであること，また，幼児の生活経験がそれぞれ異なることなどを考慮して，幼児一人一人の特性に応じ，発達の課題に即した指導を行うようにすること。

　これは，幼稚園の教育において，障害の有無にかかわらず，一人一人の子どもの生活経験の違いや特性を把握し，一人一人の発達の課題に応じた教育をす

ることが基本であることを示したものである。

　このように，保育所・認定こども園・幼稚園においては，障害があるから特別なことをするという発想ではなく，本来，一人一人の子どもに合わせたかかわりをするのが保育だということを示しているのだと言える。

（2）一人一人に応じるとは

　それでは，保育所・認定こども園・幼稚園では，障害のある子どもに対して，どのような教育や保育をしているのだろうか。事例から，具体的に述べていきたい（以後の各事例は，個人情報保護の視点から，名前はすべて仮名であり，事例の本質を損なわない程度に変更を加えてある）。

　ある幼稚園の5歳児の男の子，しげちゃんのことである。4月に5歳児クラスに進級したのだが，3月まで過ごしていた4歳児の保育室で過ごすことを好み，自分のクラスである5歳児の保育室に入ろうとしないことが続いた。しげちゃんには「弱視」，つまり，眼鏡をかけても，ものが十分に見えにくいという障害があり，併せて，知的発達も年齢に比してゆるやかなものであった。

　しげちゃんは，担任の保育者が見ていないと，自分の5歳児の保育室から出て行って，4歳児の保育室で楽しそうに過ごすという毎日であった。担任の保育者は，とても悩んでおり，しげちゃんが，4歳児の保育室に居ることを見つけると，手を引っ張ったり，背中を押したりして，とにかく5歳児の保育室に戻そうとしていたのだった。しかし，それはあまり効果がなく，ちょっと目を離すと4歳児の保育室にいるということの繰り返しが続いていた。

　担任の保育者は，園内委員会（支援が必要な子どものケース会議）で，何度かしげちゃんのことを相談していた。「どうしたら，5歳児の保育室で過ごせるのでしょうか」とかという問いかけだけではなく，「しげちゃんは，私のことが嫌いなんじゃないかと思うんです」とまで言うことがあった。

　4歳児の部屋に居たがる理由はわからなかったが，もしかすると，担任の保育者が，しげちゃんを見るときのまなざしが険しく，「この部屋は，あなたのお部屋ではありません！　早く5歳児さんのお部屋に入るのですよ！」と顔に

書いてあるかのようなものだったかもしれない。やがて，しげちゃんは，保育者が近づこうとすると，離れていくようにもなってしまった。園内委員会で検討しても，なかなか良い方法がないまま，時間は経過し夏になった。

　じつは，担任の保育者は，シャボン玉が大好きだった。シャボン玉液についていろいろと調べて，割れにくく，きれいに光るシャボン玉液を調合し，夕方遅くなるまで，シャボン玉液づくりをしていた。こんな保育者であるから，シャボン玉をするときの表情はいつもよりはるかにいきいきとしたものだった。ハンガーを円形にしてつくった手づくりの道具を駆使して，とても大きなシャボン玉を大はしゃぎでつくり，遊びこんでいた。その姿は，魅力的であったに違いない。いつもなら，担任の保育者が近づけば，離れていくはずのしげちゃんも，このシャボン玉のときは担任の保育者に自ら近づいていったのだった。このときのしげちゃんの表情は，「先生は，大きな声を出して，何をやっているのだろう？」とでも言いたげなものであった。

　しげちゃんは，担任の保育者から道具を借りるとすぐにシャボン玉をやり始めた。弱視という障害があるため，シャボン玉の膜を張るのはとても難しいはずであった。しかし，何回か試行するうちに，大きなシャボン玉ができた。しげちゃんはもちろん，担任の保育者も「しげちゃん！　すごいすごい！」と大喜びであった。このとき，二人はしっかりと目を合わせ，大声で笑いあっては，シャボン玉を繰り返しつくった。二人がそうしていると，5歳児のクラスの子どもたちが集まってきた。しげちゃんと担任の保育者のまわりには，シャボン玉で集団で遊びこむ子どもたちの輪ができていたのだった。

　「自分のクラスの保育室に入らない，クラスの活動に入らない，何とかして入れなくては！」と担任の保育者が焦っているときには，なかなか解決の糸口が見つからなかった。そして，子どもとの関係も苦しいものとなっていた。しかし，担任の保育者が，自分の得意分野であるシャボン玉で，本気になって遊びこんだとき，つまり，保育者の頭の中から「この子を自分のクラスに入れなくては！」という考えがなくなったとき，しげちゃんは，自ら保育者に近づいたのだった。そして，いつの間にか，5歳児クラスの子どもの輪の中にいたの

だった。

　この出来事で，しげちゃんに関する気がかりなことのすべてが簡単に解決したわけではなかった。しかし，この日以降，しげちゃんが5歳児クラスにいることが少しずつ増えてきた。担任の保育者のひざに座ってニコニコしている姿も見られるようになった。

　このしげちゃんの変化の背景には，担任の保育者との関係の変化があると考えられた。しげちゃんにとって，自分を5歳児の保育室に連れ戻そうとする存在に見えた担任の保育者が，自分とともに遊びに没頭してくれる存在に変わったのである。

　子どもとの関係に課題が生じて，なかなか解決ができないとき，子どもの側から自分はどう見えているのだろうということを考えてみることが必要である。子どもへのまなざしを少し変えてみたり，課題になっていることを一時的にでも棚上げにしてみたりすることによって，解決の糸口が見えてくることがあるのかもしれない。そう簡単ではないかもしれないが，しげちゃんと担任の保育者との関係を間近で見ていて，そんなことを考えた。

　保育者の思いが強すぎるとき，つまり，保育者が子どもになにかをさせたいと強く願うとき，子どもとの関係は苦しいものになってしまう。そうなってしまったとき，子どもへのまなざしを振り返る必要がある。自分のまなざしが，子どもに「それでいいよ！」「だいじょうぶだよ！」というものになっているだろうか。安心できる関係をつくっているかどうかと。

　子どもは「これならだいじょうぶ」という安心感が十分にあってはじめて「これでもだいじょうぶ」という新しい世界に入っていけるのではないだろうか。それは，障害の有無にかかわらず，すべての子どもに言えることであろう。

　しげちゃんが，自分から保育者に近づいていったのはなぜだろうか。近くで見ていた筆者には二つ考えられた。一つは，前述のように，保育者自身が，シャボン玉が大好きで，夢中になって遊びこんでいたことであろう。その姿が，しげちゃんには，とても魅力的に見えたに違いない。そして，もう一つは，保育者のまなざしである。大好きな遊びに夢中な保育者のまなざしは，とても柔

らかなものであった。しげちゃんの困った行動に向けられるような険しいものではなかったのである。

　大人の関心が，子どもの困った行動に向けられるとき，そして，子どもを変えようとするとき，子どもへのまなざしは厳しく，険しいものになる。それは「評価のまなざし」と言えるであろう。そして「評価のまなざし」に対して，子どもは敏感に反応する。その結果，大人と子どもとの関係は苦しいものとなってしまうのである。言うまでもなく，「評価のまなざし」を受け続けている子どもは，好きな遊びに夢中になり遊びこむことなどできないであろうし，心から楽しいとは思えないであろう。

　反対に，大人の関心が，子どもが「いま　ここ」で夢中になっていることに向けられ，「いま　ここ」の姿を認め，受け入れようとするとき，子どもへのまなざしは柔らかく，あたたかいものになっている。それは「共感的なまなざし」と言えるであろう。そんなまなざしに対しても，子どもは敏感に反応する。その結果，大人と子どもとの関係は穏やかなものになるであろう。子どもは安心して好きな遊びに没頭し，楽しさを味わい，その遊びの楽しさを大人と振り返ることができるのだ。

　子どもたちは，大人から「評価のまなざし」と「共感的なまなざし」の両方のまなざしを受けながら成長する。障害のない子どもであれば，この二つはうまくバランスが取られているのかもしれない。しかし，障害のある子どもの場合はどうだろうか。「評価のまなざし」を受けることの方が多いのではないだろうか。保育者が，意図的に「共感的なまなざし」を向けることが求められている。

（3）集団の中で育つ

　しげちゃんの例で示したように，各園では悩みながらも保育を工夫し，子どもへのまなざしやかかわりを変えることによって，多様でユニークな存在である子どもたちを受け入れてきた。しげちゃんの例は，子どもと保育者との関係に関するものであったが，園では，子ども同士の豊かなかかわりあいも生まれ

ている。

　子ども同士のかかわりあいを生み出すきっかけとして，保育者の姿勢がある。それは「子どもの横に並ぶ」ということだ。子どもと大人の関係は，向かい合う関係になりがちである。向かい合うことで，視線が合いやすく表情もわかる。教える‐教えられるという関係は，まさに向き合う関係である。しかし，保育者は，子どもの横に並んで関係を築こうとしている。

　子どもが，何か夢中になって遊んでいる姿を見つけると，静かに横に座って，「○○ちゃん，いま何をしているのかな？」などと言って，その子どもが夢中になっているものを探ろうとする。そして，「そうか，だいすきな電車の線路を描いたのね」などと声をかけたりしている。大人は並ぶことによって，子どもがどこを見ているのだろう，何に興味があるのだろう，心がどこに動いているのだろうということがよくわかるような気がする。子どもからすれば，自分のことをわかろうとしてくれたという心持ちにつながるのではないだろうか。そして，この保育者の姿勢は，子どもたちに映っていく。

　障害の特性から，クラスの活動に入ることが難しかった男の子が，少しずつクラスの輪の中に入れるようになった。ある日，クラスの子どもたちが給食に向けて手を洗うために立ち上がって水道に向かい列をつくっている場面があった。しかし，この男の子は動かずに座ったままだった。担任の保育者は，その子に近づきながらも，すぐには声をかけず待っていた。そこに，一人の女の子が列から戻ってきて，この男の子の横に並び，そっと背中に手を当てて，静かにトントンと叩いた。このトントンにはっとした様子で男の子も立ち上がった。

　この女の子が横に並んで背中に手を当てるという姿は，とても自然で柔らかなものだった。押したり，ひっぱったりはせず，「○○くん，一緒にやろうよ」と静かに誘う姿勢であった。それは，担任の保育者が，男の子にかかわるときにいつもしていることであった。保育者が子どもに接する姿勢を子どもたちはよく見ている。そして，それを取り込んでいく。保育者のかかわりが適切なものであれば，それは，子ども同士の関係づくりにつながっていくのである。

　こうして，障害のある子どもを理解し，かかわり方を体得する子どもが育っ

ていく。障害のある子どもがクラスに在籍することが，保育の困難さにつながることもあるが，周囲の子どもたちもともに育っていくのである。こうして育った子どもたちは，将来「共生社会の担い手」となっていくであろう。

（4）子どもの視点で保育を見直す

　これまで述べてきたように，保育所・認定こども園・幼稚園では，子どもたちから学び，保育を見直している。その結果，子どもが生活しやすい環境が生まれている。ここで，その要点を整理する。

　○子ども一人一人が尊重され，安心できる関係性をつくるということ

　保育者が子どもとかかわるとき「できる‐できない」の視点で見てしまうと「できないこと」が多い子どもは，つまり，「気になる子ども」は，ほめられることが少なく不安になる。しかし，乳幼児の世界は，言うまでもなく「○か×か」の世界ではない。

　たとえば，「○○くん，また鉄道のことしらべているのね。いいなぁ！」という言葉かけは，内容的には○でも×でもなく，子どもの行動を評価するものではない。「いま　ここ　であなたがしていることに，私（保育者）は関心を持っていますよ！」「あなたの行動には意味があるのですよ！」という，子どもを肯定する強いメッセージになる。それを聞いた子どもは保育者との関係に安心感を持つ。保育者は，このようなメッセージを子どもの心に，たくさん入れていきたいと考えている。子どもが，自分の手持ちの力でなにかに没頭している姿を見たとき，その姿を尊重し，肯定する言葉かけを心がけたいと考えている。それは子どもの安心や保育者への信頼につながる。そして，その信頼があれば，子どもは「この先生にだったら自分の弱点もさらけ出せる」という気持ちにもなれるはずである。同時に，不適切な自己表現を減らすことにつながるのだと考えられる。

　○園のさまざまなところに子どもの居場所をつくるということ

　子どもたちの基本の居場所は，もちろんクラスである。しかし，状況によっては混乱したり，気持ちが乱れたりすることがある。そのようなとき，少し落

ち着いて気持ちを立て直せる場所（たとえば，職員室），人（たとえば，園長），あるいは，いつもと同じ行動（たとえば，お絵かき，工作など）などがあることで，気持ちが落ち着いて，楽に過ごせる子どもがいる。園では，こうした居場所づくりを意図的に行っている。

○一人一人の子どもに伝わる「ことば」を使うということ

　子どもの年齢が上がるにつれて，子どもたちに対して話し言葉だけで伝えてしまうことが増える。5歳児のクラスでは就学に向けて意図的にそうすることも必要かもしれない。しかし，5歳児であっても，話し言葉だけでは内容を理解しにくい子どもがいることに留意する必要がある。

　私たちのコミュニケーションの手段は，話し言葉，すなわち「音声のことば」だけではない。写真や絵，文字などを使うコミュニケーションである「視覚のことば」がある。表情や身振りを使う「動作のことば」もある。園では，「音声のことば」では伝わらないと判断すると，「視覚のことば」や「動作のことば」を適切に使いながら，子どもたちにわかりやすく伝えることを心がけている。

　言葉かけの際のテンポ（速度）も気をつけることが重要である。筆者の友人で自閉スペクトラム症の診断のある人がいるが，その人が言うには，私たちの話し言葉が「CDの早回し」のように聞こえるとのこと。これでは，どれだけ努力しても理解することはできない。このことから，5歳児に話しかけるときも，1歳児や2歳児に話しかけるようなテンポの方が良い場合があるかもしれない。

○子どもにわかりやすい予告で見通しを持ってもらうということ

　保育所・認定こども園・幼稚園の保育は，基本的には時間で区切らないはずである。しかし，行事等があり，クラスや園全体の活動をするような場面では，時間に区切りを入れる必要がある。そのようなときに，わかりやすい予告があって，見通しを持つことができると，子どもたちは安心できる。

　ただ，そのようなとき，保育者が一方的に約束を決めるのではなく，「長い針いくつまでにしますか？」などと問いかけ，子どもたちと話し合い，納得す

るという過程を入れると，子どもたちは納得できるし，約束を守れたという達成感を得ることにもつながる。

3　学齢期　子どもの教育的ニーズに応える多様な学びの場

（1）障害のある子どもの学びの場

特別な支援を必要とする子どもの小学校段階の就学先としては，小学校の通常の学級，特別支援学級，特別支援学校の小学部がある。また，通常の学級に在籍しながら通級指導教室で通級による指導を受けることができる。これらをあわせて，小学校段階の学びの場の選択肢は，四つあると言える。図13-2には，それぞれの場において，どのくらいの子どもが教育を受けているのかを示した。これは，義務教育段階，つまり，小学1年生から中学3年生までの合計である。全体の子ども（児童生徒）の数は減少傾向にあるのに対して，通級による指導，特別支援学級，特別支援学校で支援を受けている子どもの割合は増加の傾向にあり，2017年では4.2％であった。くわえて，通常の学級には6.5％程度発達障害の可能性のある子どもが在籍しているとの調査があるため，全体では，1割強の子どもが特別な支援の対象ということになる。

就学先の決定方法については，学校教育法施行令に示されている。2013年に一部改正され，それまでは，一定程度の障害がある子どもは，原則として特別支援学校で教育を受けることとしていたが，その原則をなくした。また，この改正では，障害の状態だけではなく，必要な支援の内容，地域における教育体制の整備状況，本人および保護者の意見，専門家の意見，その他の事情を含めた「総合的判断」によって就学先を検討することの重要性が指摘されている。また，就学先の決定に当たっては，本人・保護者の意見を最大限尊重することも明記されている。さらに，「就学先決定後も柔軟に就学先を見直していく」とされた。この改正により，インクルーシブな教育の実現に向けて大きく前進したと考えられる。

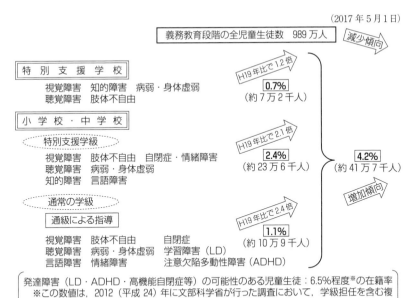

図 13-2　義務教育段階において特別な支援を受ける子どもたちの割合

（出所）文部科学省。

（2）こんな学校になるといいな

　国立特別支援教育総合研究所（2018）は，インクルーシブ教育システムの構築にむけてめざしたい学校の姿を以下の七つの視点で整理し提言している。①管理職のリーダーシップが発揮されている，②特別支援教育コーディネーターが機能的に活動している，③機能的な校内体制が構築されている，④教師間のチームワーク（同僚性）が良好である，⑤子どもに関する情報が収集され活用されている，⑥一人一人の教育的ニーズに応じた支援を行っている，⑦わかりやすい授業づくりがなされている，である。七つの姿は，いずれも教師の日常の教育活動であり，その充実は，学習指導案の作成の工夫や，学校共通の「スタンダード」の作成など，特別支援教育やインクルーシブ教育システムの視点で，日常の教育活動を充実させる取り組みに含まれるものである。全国の学校でこのような学校をめざすことでインクルーシブ教育システムの構築は進んで

いくと考えられる。

4　共生社会の担い手を育む

　本章では，インクルーシブな保育や教育の実現に向けた国内外の動きや，保育現場における実践等について述べてきた。障害があると言われているユニークな存在である子どもたちが，障害がないと言われている子どもたちとともに暮らし学ぶには，まだまだ解決しなくてはならない課題がある。それでも，本章で述べたように，保育の現場では日々一人一人の子どもに真摯に向き合い，教育的ニーズに沿った保育やかかわりを工夫している。保育における取り組みは，特別な発想によるものというよりも，むしろ従前から保育現場が大切にしてきたことをさらに深め，充実させていくものであると考えられる。

　一方，小学校以降の学校教育の場においても，すべての子どもにわかりやすい授業やすべての子どもが過ごしやすい学級づくりの実践が積み重ねられている。ユニバーサルデザインの考え方による授業づくり，とか，〇〇学校スタンダードなどという言葉が，小・中学校はもちろん，高等学校でも普通に使われるようになった。また，特別支援学校や特別支援学級に在籍する子どもたちと通常の学級の子どもたちがともに学ぶ時間である交流および共同学習を実施する学校が増えてきた。交流および共同学習においては，特別支援学校や特別支援学級に在籍する子どもたちも学びやすく過ごしやすい工夫をすることが求められる。

　以上のような保育者や教師たちの「保育や教育を変えていこう」とする姿勢は，子どもたちに映り，移っている。保育者や教師の姿勢は重要である。学習指導要領総則の解説は「教師の理解の在り方や指導の姿勢が，学級内の児童（生徒）に大きく影響することに十分留意」することを求めている。たとえば，現時点で通常の学級においてタブレットPCを使って学習する子どもがいることは，珍しいかもしれない。しかし，それが当たり前になるのはそう遠くないと考えている。メガネを使う子どもが教室にいるのがすでに当たり前になって

いるのと同じでことある。そのためには，教師がタブレット PC の使用を当然と思えることが何よりも重要なのである。

　タブレット PC の使用等，個別の配慮をする際に気をつけたいのは，「○○さんは，これがないと勉強ができない」という発想ではなく「○○さんは，これがあるとみんなと同じように勉強することができる」という発想である。周囲の人たちすべてがこのような発想を持つことができれば，障害のある子どもたちが安心して必要な支援を受けることができ，持てる力を十分に発揮できるはずである。

　今後の日本は，障害のある子どもだけではなく，外国につながりのある子どもや家庭環境が不安定な子どもなど，多様な子どもたちが存在することを前提に保育や教育の在り方を考えていかなくてはならない。保育や教育の現場では，障害のある子どもへの対応に苦慮することがあり，悩みを抱える保育者や教師も多い。しかし，障害のある子どもと真摯に向き合った経験は，今後，多様でユニークな子どもたちを含む保育や教育を組み立てていく上で，必ず役立つものと確信している。

 さらに学びたい人のための図書

青山新吾・岩瀬直樹（2019）『インクルーシブ教育を通常学級で実践するってどういうこと？』学事出版。

　▶学校現場で優れた実践をしてきた二人がインクルーシブ教育システムの方向性を語り合った実践書。

久保山茂樹・小田豊編著（2018）『障害児保育——障害のある子どもから考える教育・保育』光生館。

　▶子どもの心持ちや視点から保育を見直すことが，すべての子どもが安心して過ごせる保育につながることを実践的に提案した書。

引用・参考文献

国立特別支援教育総合研究所（2018）「地域実践研究研究成果報告書『インクルーシブ教育システム構築に向けた研修に関する研究』」。

函館市立はこだて幼稚園（2015）「第１分科会提案」第64回全国幼児教育研究大会北海道
　　大会要項，13-14頁。

子どもの学びを真に支援する

鎌田首治朗

（1）人間教育の教授学が求めるもの

　プロローグで述べた人間教育の二つの面——「教育によって何を実現するかという教育目標に関わる」面と「教育活動やカリキュラム，制度といった教育の具体的な在り方に関する」面（梶田，2016，175頁）——は，学習者を守り育てようとする教師の在り方において統一されるものである。人間教育の教授学は，教師に深い学習者理解を可能にする人間性，困難な課題に立ち向かう人間力，そして，自らの人格を磨こうとする「教師の在り方」を求める。本書第4巻の一つの結論は，ここにある。これを一段具体化して言い換えれば，「学習者理解力×授業力（指導力)」と表現できる。

（2）学習者理解

　学習者理解の重要性は，本書の多くの章で論じられている。たとえば，学校にはどの教科も振るわない学習者がいる。彼らは，学校で学ぶ喜びと手応え，自分への自信を傷つけられた学習者といえるかもしれない。各教科が苦手であるということを，能力の問題にし，学習者のせいにするのではなく，どの教科も頑張ろう，学ぼうと思えないほど自信をなくし，学ぶことが嫌いになってしまった学習者の姿としてとらえた方がいい。その方が，その学習者にアプローチする次の一手を生み出しやすいからである。対して，芳しくない結果を学習者の能力のせいにしていると，教師は学習者を熱心に指導しなくなる。能力のない学習者だから教えても仕方がない，いくら指導しても無駄だ，とばかりに

学習者を放置すらする。学習者が学びから逃避する背景には，学ぶことを通して生み出される学習者の辛さ・悲しさ・寂しさを理解できていない教師の姿がある。

　人間教育の教授学が求めるものは，結果の芳しくないことを学習者のせいにすることではなく，その対極にある，芳しくない結果を自らの指導の課題としてとらえ，指導改善を探究する教師の姿である。学習者のために，必ず次の自分の指導を前進させる——そういう気概をもって，指導と評価の一体化に取り組む教師の姿である。

　そもそも，我々にできる確かな改革は他者に変容を求める前に，自己を変容させることである。学習者の変容は，自らを改革し，変容した結果，それについてくるものとして考えるぐらいの方がいい。「自分が学習者を変えた」などと傲慢な物言いをする教師は，少ない方がいい。我々が追い求めるべきは自己改革，自己変容であって，そこに向かう教師の愚直で真摯な努力である。この改革，変容の先に，学習者の抱える辛さ・悲しさ・寂しさを理解する教師が生まれ，その教師が学習者にかける言葉，関わる行動が変わっていく。学習者の変容は，その中でこそ生まれてくるものである。

　教師が自己の指導を磨いていこうとする存在であるならば，その教師は学習者を理解しようとする。学習者理解ができなければ，自己の指導を磨くことはできないからである。自己の指導を磨く上で，自らの指導が学習者実態とマッチしていたかどうかの点検は必須のことである。しかし，学習者理解を疎かにしている教師に，学習者実態がわかるはずもない。学習者への効果的な指導は，教師の学習者理解の深さの中にこそある。

　学習者理解について，大村はまは「生徒が何を求めているかということ」を「形のないものを見，声のない声を聞く努力で，とらえなければならない」（大村，1991，123頁）と述べている。学習者理解の難しさとその本質を突いた言葉である。「形のないものを見，声のない声を聞く努力」は，容易なものではない。自分を磨く教師は，学習者理解のこの難しさに直面する。自分が思うほど学習者を理解できていないということを，教師は授業を通して学習者から教え

てもらう。この現象に遭遇できて教師は，学習者が自分に教えを与えてくれる存在であることを実感する。

　理解の難しさという「謎」を解く鍵は，自己理解にある。自分のことも理解できていない自分が，他者の内面を理解できるはずもない。自分を本当に理解しようとし，不都合で不格好な思い出したくもない自分も含めて，自分を少しずつ理解しようとする努力は，他者を理解することに生きてくる。自分のことを理解できていないのに他者の内面を理解できないと嘆く自分から，自分のことを理解しようとし，理解の難しさを自覚するからこそ，以前よりも一層真摯に他者理解に努める自分への変化である。自己理解を基にした学習者理解への教師の終わりなき努力があってこそ，教師は人間的に成長する。自分も含めたすべての学習者に，辛さ・悲しさ・寂しさや事情があることも理解できるようになっていく。このような教師の人間的成長が実現してこそ，学力差に関わる問題も，特別支援も，外国にルーツがある学習者の抱える問題も，実は一人一人の学習者の困り事に応じて行う問題であり，それは教育そのものなのだということに，教師が気づく地平が拓かれていく。このことにより，すべての学習者が，お互いに困り事や事情を抱えていることを共に理解し合い，支え合い，その解決を共にめざす仲間となることのできる地平が拓けていく。

（3）授業力（指導力）を磨く

　学習者理解力があってこそ，教師の授業力は向上する。しかし，学習者理解力があれば，自動的に指導力が向上するものでもない。そこには，前提として教師の人間力が求められる。それは，いかなる困難があっても諦めない力のことである。このことを最もわかりやすく示しているものに，第5章，6章に登場する「極地方式研究会」がある。会のめざすものを気象条件の厳しい「極地」とし，教授原理を「ジグズデン－ザグズデン法」と名付ける在り方には，教育には困難が待ち受けていることを自覚し，いくら転んでもそこから学んで必ず起き上がろうとする教師の決意と覚悟がある。

　授業力を磨くには，上手くいかない原因を自分の授業，指導に求める基本的

な教師の在り方とともに，教科の本質に精通し，授業力そのものを磨く努力が求められる。この実現には，授業研究が何より求められる。本シリーズ，本巻を通して教師の在り方に思い至った方の中で，まだ教科教育研究会に所属されていない方がいれば，すぐにでも入会して授業研究の道を歩んで欲しい。

　授業研究というと，校内研究しか思い浮かばない人が少なくないが，それだけでは決して十分とはいえない。多くの学校の校内研究は，各学年の代表が1回提案授業をすれば多い方で，その下で身を隠すようにし，何年もの長きにわたって研究授業を避けている教員も存在する。その上，数年経てば学校の研究領域は変わり，教職員の顔ぶれも変わる。このように，校内研究には研究蓄積上の課題がある。また，事後の授業研究会でも，明日からも続く人間関係を考え，良いことも悪いことも何でも褒めるという傾向も否めない。忘れた頃に研究授業をしたり，忌憚のない意見をいただけなかったりするようでは，教師の成長は進みにくくなってしまう。また，教師の成長には，教科の本質をふまえ，授業者の成長のために的確に指導助言できる「教師の教師」とも呼ぶべき方の存在が何より必要であるが，学校内のメンバーだけではこの点が難しい場合もある。「目から鱗が落ちる」学びの体験は，教師の成長にも必要なのである。

　だからこそ，教科教育に精通した人物のいる可能性が高い教科教育研究会に入って学ぶことが重要になる。校内研究はもちろん，教科教育研究会にも自ら身をおき，研究授業に多く挑戦する――深い教材研究をめざして努力を重ね，多くの指導案を書き，参観者の前で多くの授業をし，授業後の研究会では厳しい意見も多くいただき，自分の学んだことを指導案に朱書きする。そうして，次の授業へと再挑戦する――主体的な「ジグズデン－ザグズデン」の学びに挑戦して欲しい。この挑戦を繰り返した先に，退職する際に教師になってよかったと思える教師の幸せ，自分なりの努力を悔いなくやりきれたという教師の手応えが生まれる。

　この教師の生きる幸せや手応えなしに，学習者だけが自分の生きる幸せや手応えにめぐり会うことは容易いことではない。それほど学習者と教師には密接な関係性があり，教師の懸命で真摯な自分を磨く努力が，教師と学習者の互い

の人間的な成長につながるのである。だからこそ，求められるものは教師の人間的成長である。教師自身の人生を充実させるためにも，それは求められる。

　日本の教師は，共に人間として成長し，自らの人生を豊かにしていこう。

　学び，自分を磨き，学習者の人間的成長を実現していこう。

引用・参考文献

大村はま（1991）「単元学習への出発のために」『大村はま国語教室　第1巻　国語単元学習の生成と深化』筑摩書房，121-135頁。

梶田叡一（2016）『人間教育のために／人間としての成長・成熟（Human Growth）を目指して』金子書房。

索　引

（＊は人名）

《監修者》

かじ た えい いち
梶 田 叡 一

桃山学院教育大学学長
1941年　島根県生まれ。
　　　　京都大学文学部哲学科心理学専攻卒業。文学博士。大阪大学教授，京都大学教授，兵庫教
　　　　育大学学長などを経て，2018年より現職。中央教育審議会副会長・教育課程部会長などを
　　　　歴任。
主　著　『〈いのち〉の教育のために』金子書房，2018年。
　　　　『自己意識論集（全5巻）』東京書籍，2020年。

あさ だ　　　ただし
浅 田　　匡

早稲田大学人間科学学術院教授
1958年　兵庫県生まれ。
　　　　大阪大学人間科学部人間科学科卒業。大阪大学大学院人間科学研究科博士後期課程教育学
　　　　専攻退学。大阪大学助手，国立教育研究所研究員，神戸大学助教授，早稲田大学助教授を
　　　　経て，2006年より現職。
主　著　『成長する教師』（共編著），金子書房，1998年。
　　　　『中等教育ルネッサンス』（共編著），学事出版，2003年。

ふる かわ　　　おさむ
古 川　　治

桃山学院教育大学人間教育学部客員教授
1948年　大阪府生まれ。
　　　　桃山学院大学社会学部卒業。大阪府立公立学校教員，小学校長，中学校長，箕面市センター
　　　　所長，甲南大学教職教育センター教授を経て，2019年より現職。
主　著　『ブルームと梶田理論に学ぶ』ミネルヴァ書房，2017年。
　　　　『21世紀のカリキュラムと教師教育の研究』ERP，2019年。

《執筆者》（所属，執筆分担，執筆順，＊は編著者）

＊鎌田首治朗 （編著者紹介参照，プロローグ，第6章，エピローグ）

中山洋司 （恵泉女学園学園長，第1章）

老松克博 （大阪大学大学院人間科学研究科教授，第2章）

金澤孝夫 （元・聖ウルスラ学院英智小・中学校副校長，桃山学院教育大学客員教授，第3章）

遠藤野ゆり （法政大学キャリアデザイン学部教授，第4章）

進藤聡彦 （放送大学教養学部教授，山梨大学名誉教授，第5章）

上淵寿 （早稲田大学教育・総合科学学術院教授，第7章）

＊角屋重樹 （編著者紹介参照，第8章）

渡辺弥生 （法政大学文学部教授，第9章）

坂口謙一 （東京学芸大学教育学部教授／東京学芸大学附属小金井中学校長，第10章）

寺井正憲 （千葉大学教育学部教授，第11章）

岡出美則 （日本体育大学スポーツ文化学部教授，第12章）

久保山茂樹 （国立特別支援教育総合研究所インクルーシブ教育システム推進センター
　　　　　　上席総括研究員，第13章）

《編著者》

鎌田首治朗（かまだ・しゅうじろう）

桃山学院教育大学人間教育学部教授（プロローグ・第6章・エピローグ：執筆）

1958年　生まれ。

2014年　広島大学大学院教育学研究科文化教育開発専攻博士課程後期修了
　　　　京都市立小学校教頭，環太平洋大学次世代教育学部教授，奈良学園大学人間教育学部教授
　　　　を経て，
　　　　2018年より現職。

　主　著　『真の読解力を育てる授業』図書文化社，2009年。
　　　　　『教職とは？——エピソードからみえる教師・学校』（共著），教育出版，2012年。
　　　　　『人間教育を視点にした教職入門』（共著），大学教育出版，2014年。

角屋重樹（かどや・しげき）

日本体育大学大学院教育学研究科長／児童スポーツ教育学部教授（第8章：執筆）

1949年　生まれ。

1980年　広島大学大学院教育学研究科博士課程教科教育学（理科教育）専攻単位取得後退学／博士
　　　　（教育学）
　　　　広島大学教育学部助手，宮崎大学教育学部助教授，文部省初等中等教育局教科調査官，広
　　　　島大学教育学部教授，教育学研究科教授，広島大学附属福山高等学校校長，国立教育政策
　　　　研究所教育課程研究センター基礎研究部部長を経て，
　　　　2013年より現職。

　主　著　『小学校理科，確かな学力を育てる PISA 型授業づくり』明治図書出版，2008年。
　　　　　『改訂版　なぜ，理科を教えるのか——理科教育がわかる教科書』文溪堂，2019年。
　　　　　『教育法規の基礎』（共著），共同出版，2014年。

シリーズ・人間教育の探究④

人間教育の教授学
——一人ひとりの学びと育ちを支える——

2021年1月20日　初版第1刷発行　　　　　　　　〈検印省略〉

定価はカバーに
表示しています

監 修 者	梶 田 叡 一
	浅 田 匡
	古 川 治
編 著 者	鎌 田 首治朗
	角 屋 重 樹
発 行 者	杉 田 啓 三
印 刷 者	田 中 雅 博

発行所　株式会社　ミネルヴァ書房

607-8494　京都市山科区日ノ岡堤谷町1
電話代表　(075)581-5191
振替口座　01020-0-8076

©鎌田・角屋ほか, 2021　　　創栄図書印刷・新生製本

ISBN978-4-623-08846-1

Printed in Japan

シリーズ・人間教育の探究（全5巻）

梶田 叡一／浅田 匡／古川 治 監修

A5判・上製カバー・256〜296頁・各巻本体3000円（税別）

杉浦 健／八木 成和 編著

①人間教育の基本原理
—— 「ひと」を教え育てることを問う

古川 治／矢野 裕俊 編著

②人間教育をめざしたカリキュラム創造
—— 「ひと」を教え育てる教育をつくる

浅田 匡／古川 治 編著

③教育における評価の再考
—— 人間教育における評価とは何か

鎌田 首治朗／角屋 重樹 編著

④人間教育の教授学
—— 一人ひとりの学びと育ちを支える

浅田 匡／河村 美穂 編著

⑤教師の学習と成長
—— 人間教育を実現する教育指導のために

——————— ミネルヴァ書房 ———————

https://www.minervashobo.co.jp